D1936149

Rupert Lay

Wie man sinnvoll miteinander umgeht

Rupert Lay

Wie man sinnvoll miteinander umgeht

Das Menschenbild der Dialektik

ECON Verlag
Düsseldorf · Wien · New York · Moskau

Die Deutsche Bibliothek – CIP-Einheitsaufnahme

Lay, Rupert: Wie man sinnvoll miteinander umgeht: Das Menschenbild der Dialektik / Rupert Lay. – Düsseldorf; Wien; New York; Moskau: ECON Verl., 1992.
ISBN 3-430-15935-0

Copyright © 1992 by ECON Executive Verlags GmbH, Düsseldorf, Wien, New York und Moskau. Alle Rechte der Verbreitung, auch durch Film, Funk und Fernsehen, fotomechanische Wiedergabe, Tonträger jeder Art, auszugsweisen Nachdruck oder Einspeicherung und Rückgewinnung in Datenverarbeitungsanlagen aller Art, sind vorbehalten. Lektorat: Wolfgang Drescher. Gesetzt aus der Times, Linotype. Satz: Formsatz GmbH, Diepholz. Papier: Papierfabrik Schleipen GmbH, Bad Dürkheim. Druck und Bindearbeiten: F. Pustet, Regensburg. Printed in Germany.
ISBN 3-430-15935-0

Inhaltsverzeichnis

Einführung

Dieses Buch will Ihnen keine Rezepte verordnen, die es Ihnen erlauben, etwas menschlicher mit Ihren Mitmenschen umzugehen. Solche Rezepte sind meist nichts anderes als Ausdrucksweisen fundamentaler Menschenverachtung. Sie unterstellen, daß Menschlichkeit durch eine Reihe von Regelbeobachtungen möglich ist. Damit verkennen sie, daß Menschlichkeit zunächst einmal eine Sache der Grundüberzeugungen eines Menschen ist, die allerdings mit seinen Weisen, mit anderen umzugehen, eine dialektische Einheit bilden.
Mehrere Elemente bilden eine dialektische Einheit, wenn sie drei Bedingungen erfüllen:

1. Sie sind nicht miteinander identisch.
2. Sie können nicht ohne einander sein.
3. Veränderungen eines Elements bewirken eine Veränderung aller anderen.

Wir gehen also davon aus, daß Bewußtseinsinhalte (etwa Grundüberzeugungen vom Typ Werteinstellungen, Vorurteile, Menschen-, Selbst- und Weltbilder) eine dialektische Einheit bilden mit Seinsweisen (vor allem der Weise, mit anderen Menschen umzugehen). Das Gemeinte mag folgende Skizze verdeutlichen:

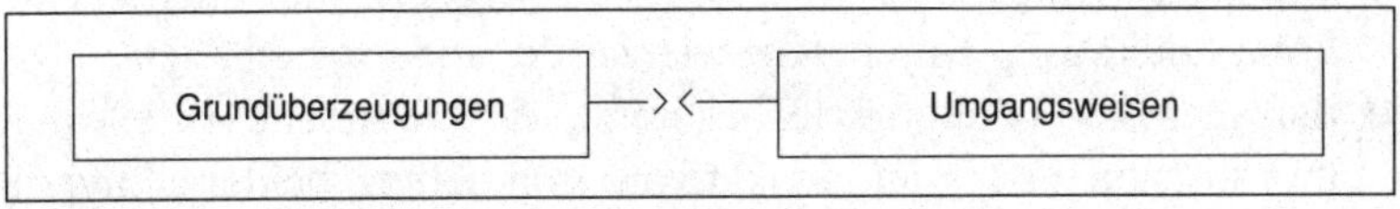

Das bedeutet, daß etwa das konkrete, oft unbewußte Menschenbild weitgehend die Muster bestimmt, die unser Miteinander-Umgehen

definieren. Das bedeutet aber auch, daß eine Veränderung der Grundüberzeugungen mit einer Veränderung der Umgangsweisen verbunden ist (und umgekehrt). Dieses Buch verfolgt den kühnen Plan, die Grundüberzeugungen seiner Leser so weit zu dynamisieren, daß sie in der Lage sind – auf einem humaneren Niveau als bisher –, ihre Weisen, mit anderen umzugehen, zu stabilisieren.
Insofern die Moral die Aufgabe hat, Sozialverträglichkeit menschlichen Handelns und Entscheidens zu sichern, und menschliches Miteinander-Umgehen und Sozialverträglichkeit des Miteinander-Umgehens eng zusammenhängen, ist dieses Buch auch ein Beitrag zur konkreten Moral.
Das Miteinander-Umgehen ist bestimmt von der sozialen und moralischen Kompetenz der Menschen, die miteinander umgehen, und dem Zweck des Miteinander-Umgehens. Auch hier bilden Mensch A, Mensch B und das (oft unbewußte) Ziel des Miteinander-Umgehens eine dialektische Einheit. Sie kann etwa so vorgestellt werden:

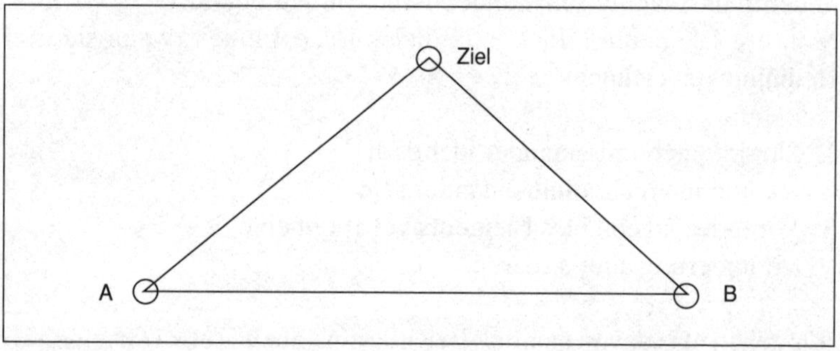

Das bedeutet,

- daß jeder Mensch mit jedem anderen anders umgeht,
- daß dieses Umgehen sowohl von seiner eigenen moralischen und kommunikativen Kompetenz wie der des anderen abhängt,
- daß auch das Handlungsziel bestimmt, wie und welche Anteile der moralischen und kommunikativen Kompetenz beider aktiviert werden. Den Anteil der Kompetenz, der in konkreten Lebenssituationen tatsächlich aktiviert werden kann, wollen wir Performanz nennen.

Damit wird ein Mehrfaches deutlich:

1. Die Realisierung moralischer und kommunikativer Kompetenz eines Menschen (also seine moralische und kommunikative Performanz) hängt ab von der des Partners und dem Ziel des Miteinander-Umgehens.
2. Es kommt also darauf an, sowohl die moralische als auch die kommunikative Kompetenz zu entfalten, und zwar so, daß situationsunabhängig erhebliche Anteile dieser Kompetenz auch in schwierigen Situationen realisiert werden können. Die Performanz sollte also möglichst weite Bereiche der Kompetenz abdecken.

Da dieses Buch vor allem über das Menschenbild handelt, das – als Bewußtseinsinhalt – mit jedem Miteinander-Umgehen – als dem menschlichen Sein – dialektisch wechselwirkt, soll eine Eingangsüberlegung zum Thema »Menschenbild« folgen.
All unser Erkennen, Erklären und Verstehen (und nicht nur das im Miteinander-Umgehen realisierte) ist bestimmt von der nicht weiter zu begründenden Selbstverständlichkeit unseres Menschenbildes. Vor allem aber ist unser Bild vom Menschen nicht nur entscheidend für unser Selbstverständnis, sondern auch für unser Umgehen mit anderen Menschen. In diesem Umgang objektivieren wir unser Bild, das wir vom anderen haben. Es mag sein, daß das in einer Welt, in der die Gebote und Verbote einer überkommenen Moral nicht mehr solchen Umgang bestimmen, angezweifelt werden mag. Dennoch ist unser Umgehen mit anderen Menschen das, was wir verantworten müssen – vor uns selbst, vor anderen und, wenn wir religiös sind, auch vor dem, der größer ist als wir Menschen, mögen wir es Gott oder das Leben oder die Menschlichkeit nennen.
Das konkrete Miteinander-Umgehen wird bestimmt von dem konkreten Bild, das wir uns von unserem Gegenüber machen. In diesem Bild vereinigen sich unser Bild vom Menschen und unsere spezielle Wahrnehmung *dieses* Menschen. Beide Bilder, unser Menschenbild wie auch das Bild vom konkreten Menschen, sind uns ganz oder doch weitgehend unbewußt. Es gilt also, die Bilder aus dem Gefängnis des Unbewußten zu befreien, um sie bewußt- und damit verantwortbar

zu machen. Diese Befreiungsaktion ist nicht ganz ungefährlich. Es könnte sein, daß unser tatsächliches Menschenbild in keiner Weise mit dem übereinstimmt, das wir in unserem Idealbild von uns selbst (Selbst-Ideal) konstruierten. Die Differenz kann erschreckend sein. Ich lernte in meiner analytischen Praxis Menschen kennen, die abstrakt-bewußt (vermutlich ist alles Bewußte abstrakt – von Realität abgelöst) ein außerordentlich hehres Bild vom Menschen kultivierten. Sie erhoben das stets glorifizierende, stets abstrakte (realitätsferne oder gar realitätsabgelöste) Selbstbild zum Menschenbild. Das abstrakte Bild wurde bestimmt von Würde, Freiheit, Gottähnlichkeit. Eine Analyse aber des im Mit-anderen-Umgehen realisierten Menschenbildes war nicht selten bestimmt von Arroganz, Egoismus, Heuchelei.

Da dieses Buch nicht auf der Ebene abstrakter Erbaulichkeit handeln, sondern auch die Möglichkeit eigener Lebensorientierung vermitteln möchte, seien hier einige Merkmale von Arroganz, Egoismus und Heuchelei vorgestellt. Sollten Sie das eine oder andere Merkmal bei sich entdecken, wäre es nützlich, die Differenz zwischen Selbst-Real und Selbst-Ideal gründlicher zu bedenken. Wie das Selbst-Ideal meist die Grundlage des abstrakten Menschenbildes ist, so ist das Selbst-Real die des konkreten Bildes konkreter Partner.

Arroganz kann sich auf folgende Weise darstellen:

- Im Verurteilen. Der einen anderen moralisch oder charakterlich Verurteilende erhebt sich in arroganter Anmaßung über den Verurteilten.
- Im Verkündigen von Dogmen (das sind Aussagen, von denen der sie Verkündende behauptet oder unterstellt, sie seien frei von Irrtum und Täuschung). Der Dogmenverkünder nimmt für seine Gewißheiten in arroganter Anmaßung in Anspruch, sie seien den abweichenden Gewißheiten anderer überlegen.
- Im Etikettieren anderer. So gibt es Menschen, die anderen Etiketten anhängen wie »Streber«, »Chaot«, »Neurotiker«, »Egoist«, »Faulpelz« . . . und sich dabei für etwas Besseres halten. Der, der anderen Etiketten zuordnet, um sie damit in Schablonen einzupassen, bildet sich in arroganter Verkennung der Sachlage ein, daß

diese Etikettierungen etwas Wesentliches eines konkreten Menschen erfassen.

- Im Kleinmachen anderer. Es gibt Menschen, die sich nur wohl fühlen, wenn sie den Eindruck haben, daß sie ein Stück »größer« sind als ihre Mitmenschen, mit denen sie umgehen. Um dieses Ziel zu erreichen, ist es oft nötig, den anderen kleinzumachen. Das kann geschehen durch Schuldvorwürfe, durch ungerechtes Kritisieren, durch Besserwisserei. Der relative Ehrgeiz, der einen Menschen dazu treibt, besser zu sein als andere, ist nicht selten Ausdruck von (mitunter früher gedemütigter) Arroganz.
- In der Unfähigkeit, Hilfe gegen sich gelten zu lassen. Nicht wenige Menschen sind ausgesprochen hilfsbereit, weil sie so ihr Idealbild von sich selbst kultivieren können. Sie sind aber zu stolz, um fremde Hilfe anzunehmen. Dieses Helfersyndrom ist zumeist ein Ausdruck latenter oder manifester Arroganz. In der entwickelten Form versuchen Menschen Situationen zu erzeugen, in denen sie Helfer, Retter, Richter, Lehrer, Pastor . . . sind und der Partner somit Hilfloser, Geretteter, Missetäter, Belehrter, Schaf... ist oder besser: dazu gemacht wird.

Erstaunlich ist auch, daß viele Personen mit hehren abstrakten Menschenbildern ihr Miteinander-Umgehen von Ausdrucksformen des Egoismus (den eigenen Nutzen suchend, ohne die Interessen anderer zureichend zu bedenken) bestimmt sein lassen.

Egoismus kann sich repräsentieren:

- Im Ausbeuten anderer Menschen. Damit ist in erster Linie nicht ein finanzielles Ausbeuten gemeint. Manche Menschen beuten andere in ihrem Egoismus emotional und sozial aus, indem sie sie über das Maß des Sozialverträglichen in Anspruch nehmen. Oder sie beuten sie egoistisch aus, indem sie deren Zeit für sich beanspruchen. Kinder sind in diesem Sinne Egoisten. Aber sie benötigen solchen Egoismus, um emotional und sozial gesund aufzuwachsen. Ihr Egoismus ist daher sozial verträglich.
- Im Übervorteilen anderer Menschen. Gemeint ist eine Einstellung, nach der ich den eigenen Nutzen zu mehren suche und dabei

fremden Schaden billigend in Kauf nehme oder ohne verantwortete Güterabwägung zulasse.

Schließlich repräsentiert sich ein realitätsabgelöstes Selbstbild in vielen Formen der Heuchelei.
Heuchelei kann sich unter den verschiedensten Gestalten verbergen. Ihnen allen ist gemeinsam, daß ein Mensch versucht, in den Augen anderer besser dazustehen, als seinem Selbst-Real entspricht. Heuchelnde Menschen versuchen, ein Fremdbild von sich zu erzeugen, das dem Idealbild, das sie von sich selbst besitzen, entspricht. Dazu verwenden sie häufig folgende Strategien:

- Verbergen eigener Schwächen,
- Darstellen eigener Überlegenheit,
- Verleugnen eigenen Versagens.

Welchen Zugang haben wir nun zu unserem Selbst-Real, das stets von unserem Selbst-Ideal meilenweit entfernt ist? Wir können es am sichersten ausmachen, wenn wir – möglichst redlich – versuchen, die Weisen zu verändern, wie wir mit anderen Menschen umgehen. Das ist ein mühseliges und oft enttäuschendes (von Selbsttäuschungen befreiendes) Unterfangen, das viele Jahre in Anspruch nehmen kann. Doch ist die Sache nicht ganz so kompliziert, wie sie auf das erste erscheinen mag, gibt es doch bestimmte Rahmenvorgaben, in die wir normalerweise unser Bild vom und von Menschen einzeichnen. Diese Rahmenvorgaben sind zu einem guten Teil zeitbedingt. Sie hängen von dem ab, was die Philosophen zumeist *Allgemeines Bewußtsein* nennen. Damit sind Bewußtseinsinhalte gemeint, die in einer soziokulturellen Einheit zu einer bestimmten Zeit typisch – weil sehr verbreitet – sind.
Mein Buch stellt sich die Aufgabe, diese Rahmenvorgaben auszufüllen.

Kapitel 1

1

Menschsein in einer interaktionellen Welt

Das Allgemeine Bewußtsein hat sich in den letzten Jahrzehnten deutlich geändert. Während die vergangenen Jahrhunderte einen Kult des Individuums zelebrierten und annahmen, daß ein Mensch nachdenkend herausfinden könne, wer *er* sei, wird in den letzten Jahrzehnten dem Allgemeinen Bewußtsein Mitteleuropas immer deutlicher, daß Menschen sich vor allem als Sozialwesen zu verstehen beginnen, die nur herausfinden können, wer *sie* denn eigentlich seien, wenn sie ihre sozialen Vollzüge analysieren. Diese Drift objektiviert sich in einem »Paradigmenwandel« der Philosophie. Sie verläßt das autonome und in seiner Autonomie vereinsamte und vereinzelte Subjekt und wendet sich »Interaktionen« als ihrem zentralen Thema zu.

»Interaktionen« (hier immer als soziale verstanden) bezeichnet alle Formen menschlicher Beziehungsaufnahme und Beziehungsvollzüge. Beziehungen können aufgenommen und vollzogen werden durch Sprache (Wort und Schrift), Ausdruck (Sprache und Körper), Tun (Handeln und Verhalten). Interagierende Partner können sein:

- Personen (interpersonale Beziehungen),
- Personen und soziale Gebilde (soziale Beziehungen),
- soziale Gebilde unter-, gegen- und miteinander (intersoziale Beziehungen).

Sozialgebilde können sein:

- Paare,
- Gruppen (alle Mitglieder interagieren regelmäßig unmittelbar mit allen) oder

- Gesellschaften (die Mitglieder sind regelmäßig nur über interaktionelle Brücken miteinander verbunden).

Ferner unterscheiden wir

- spontane und
- institutionalisierte Sozialgebilde,

je nachdem ob die Weisen des Miteinander-Umgehens durch spontan ausgemachte Normen bestimmt werden oder die Normen den Interaktionen vorausliegen.

Solche interaktionellen Beziehungen sind bestimmt und beschreibbar durch die gegenseitige dialektische Beeinflussung der interagierenden Partner.
Das die Beziehung begründende Ereignis nennen wir »Interaktionsangebot«. Es kann aufgenommen oder verweigert werden – in beiden Fällen wird es beantwortet: Es kommt also zu einer Interaktion. Nur wenn es in keiner Weise wahrgenommen wird, also keine wie auch immer geartete soziale Reaktion zustande kommt, sprechen wir von einem *vergeblichen Interaktionsangebot*. Es kann durchaus vorkommen, daß ein solches Interaktionsangebot (etwa eine Werbeaussage in einer Illustrierten) zunächst nur eine psychische Reaktion (etwa Neugier, Interesse, Abscheu, Langeweile) hervorruft. Wenn diese psychische Reaktion jedoch eine Orientierung, eine Einstellung, ein Interesse oder einen anderen Bewußtseinsinhalt ändert, schafft sie eine veränderte Disposition im interaktionellen Bereich. Das Interaktionsangebot wird zwar aufgenommen, aber erst später soziale Konsequenzen haben. Wir sprechen dann von *vermittelter Interaktion*.
Es ist also für eine Interaktion unerheblich, ob die Reaktion auf das Interaktionsangebot im Erwartungshorizont des Anbietenden liegt oder nicht. Liegt sie im Erwartungshorizont, sprechen wir von *gelingender Interaktion*, liegt sie nicht im Erwartungshorizont des Anbieters, sprechen wir von *mißlingender Interaktion*. Wenn jemand auf die Frage: »Können Sie mir sagen, wieviel Uhr es ist?«, zutreffend die Uhrzeit angibt, handelt es sich um einen Fall gelungener Interaktion.

Beantwortet er die Frage jedoch mit einem einfachen Ja, dürfte die Interaktion mißlungen sein.
Erfolgt auf ein gelingendes Interaktionsangebot eine Reaktion, die ihrerseits in ein gelingendes Interaktionsangebot mündet, d. h. ein Angebot, das eine Anschlußreaktion hervorruft, die im Erwartungshorizont des Reagierenden liegt, sprechen wir von *sinnvoller Interaktion*. Sinnvoll sind also Interaktionsketten, wenn jede sinnvolle (d. h. gelingende anschlußfähige) Reaktion ihrerseits als sinnvolles (gelingendes anschlußfähiges) Interaktionsangebot realisiert wird. Die lakonische Antwort unseres nach der Uhrzeit Befragten ist durchaus anschlußfähig. So könnte der Befragte ihn etwa als Idioten beschimpfen, worauf der Partner ihm Prügel anbietet ... Da es sich jedoch (zumindest in der ersten Stufe) nicht um eine gelingende Interaktion handelt, ist sie als Ganzes nicht sinnvoll. Sinnvoll wird sie erst von der zweiten interaktionellen Handlung (dem Ja) des Befragten an, denn jetzt liegen alle Anschlußhandlungen im Erwartungshorizont der Beteiligten.
»Kommunikation« ist ein Sonderfall der Interaktion. Wir sprechen von Kommunikation, wenn die interaktionellen Ereignisse

- den Partnern bewußt sind (interaktionelle Ereignisse, wie etwa Interaktionsangebote über den somatischen Ausdruck, z. B. Blinzeln, müssen nicht bewußt sein),
- sprachliche Elemente aufweisen (interaktionelle Ereignisse wie etwa Fußballspiele benötigen an sich nicht der Sprache),
- der Partner in seinen Einstellungen, Wertungen, Interessen, Erwartungen ... beeinflußt werden soll, wenngleich dieses Ziel dem Kommunizierenden nicht bewußt sein muß und in der Regel auch nicht ist.

Damit sinnvolle Interaktionen leichter möglich werden, müssen die interaktionellen Angebote und Reaktionen (die interaktionellen Ereignisse also) reglementiert werden.
Das geschieht auf eine doppelte Weise: Die einzelnen Ereignisse erhalten in einem sozialen Gebilde eine ganz bestimmte Bedeutung. So kann, je nach der Art des sozialen Systems, ein An-der-Hand-Halten die Bedeutung haben:

- »Wir lieben uns« (System: »Liebespaar«).
- »Lauf nicht weg« (System: »Mutter – Kind«).
- »Lauf nicht weg« (System: »Polizist – Übeltäter«).
- »Ich bin bei dir« (System: »Trauernder – Tröster«).

Das letzte Beispiel macht deutlich, daß die Bedeutung unter Umständen erst im Interaktionsverlauf festgelegt werden kann. Sind solche Formen der Bedeutungsfestlegung in einem sozialen System die Regel, nennen wir das Gebilde *Interaktionsgemeinschaft.* Sind sie eher die Ausnahme, nennen wir das Gebilde *Institution*.

Neben den Bedeutungen werden auch die Regeln festgelegt, welche Anschlüsse als sinnvoll gelten können und welche nicht. Die Regeln sind meist stabiler als die Bedeutungen. Das Ja auf die Frage nach der Uhrzeit verletzt solch eine Regel.

Die Menge der Regeln und Bedeutungen bestimmt die Seins-Struktur eines sozialen Gebildes (sei es eine Institution, sei es eine Interaktionsgemeinschaft). Diese werden stabilisiert, kritisiert, gewandelt durch die Elemente der Bewußtseins-Struktur (dazu gehören die kollektiven Selbstverständlichkeiten, Wertvorstellungen, Interessen, Erwartungen, Hoffnungen, Befürchtungen ...) eines sozialen Gebildes.

Im folgenden sollen nun einige Fragen behandelt werden, die für ein verantwortetes Menschenbild heute von einiger Wichtigkeit sind. Vor allem ist zu fragen:

- Bedeutet die Hinwendung zu einem interaktionistischen Menschenbild nicht den Verlust des Individuums?
- Bedeutet die Hinwendung zum Interaktionismus nicht den Verlust moralischer Normen?
- Bedeutet die Hinwendung zum Interaktionismus nicht die Aufgabe der Grundwerte, die doch stets als Individualwerte verstanden wurden?

1. Interaktionismus und der Verlust des Individuums

Durch lange Jahrhunderte war in Europa das Verstehen des Menschen von seiner Individualität her vorgegeben. Erst *Arthur Schopenhauer* (1788–1860) stellte, vermutlich eine hinduistische Tradition aufnehmend, fest, daß das Individuum *»nur ein kurzer Traum«* des unendlichen Willens zum Leben sei. Und *Wilhelm Wundt* (1832–1920) bemerkte: *»Überall wird der einzelne getragen von dem Gesamtgeiste, an dem er mit all seinem Vorstellen, Fühlen und Wollen teilnimmt.«*
Auffallend ist, daß schon die ersten anthropologischen Bestimmungen vom Individuum dieses in existentiellen Bezug auf einen »unendlichen Willen«, einen »Gesamtgeist«, setzen, der im Individuum zu sich kommt. Von *Martin Heidegger* (1938) stammt das berühmt gewordene Wort, nach dem *»das Subjektsein des Menschentums weder die einzige Möglichkeit des anfangenden Wesens des geschichtlichen Menschseins je gewesen noch je sein wird. Ein flüchtiger Wolkenschatten über einem verborgenen Land, das ist die Verdüsterung, die jene von der Heilsgewißheit des Christentums vorbereitete Wahrheit als Gewißheit der Subjektivität über ein Ereignis legt, das zu erfahren ihr verweigert bleibt.«*
Dieser philosophische Ansatz, der Individualität nicht als monologisch versteht, sondern sie einbettet in einen größeren Kontext, wurde empirisch bestätigt vor allem durch soziologische und sozialpsychologische Untersuchungen. Schon die frühe Soziologie vertrat nach *D. Greulen* die These, *»daß der Mensch durch die Gesellschaft und ihre jeweils historischen materiellen, kulturellen und institutionellen Bedingungen konstitutiert und geformt wird, und zwar in seinem eigensten Wesen«*. Für *Ch. H. Cooley* sind Individuum und Gesellschaft zwei Aspekte derselben Sache. Damit verschwindet das isolierbare, autonome und monologische Individuum im Nichts.
Als Folge dieser philosophischen und soziologischen Ansätze vertritt der Interaktionismus folgende Thesen:

1. Es gibt kein isolierbares Individuum, das sich von seiner Sozialität ablösen könnte. Es kann sich nur aus dieser heraus verstehen, kommt nur im Kontext dieser zu sich und zu Wirklichkeit.

2. Es gibt auch kein monologisches Individuum, da Personsein nur im ständige Sozialität realisierenden Dialog möglich ist.
3. Endlich gibt es auch kein autonomes Individuum. Es ist immer beschränkt durch seine Sozialität.

In einem folgenden Kapitel werden wir darlegen, daß nicht nur die Sozialität mit der Individualität eine dialektische Einheit bildet, sondern auch die Welthaftigkeit, die Geschichtlichkeit und die Grenzhaftigkeit dialektische Pole sind, zwischen denen Menschsein spielt.

2. Interaktionismus und die Revolution der Moral

Das Wort vom »Wertewandel« ist seit Jahren in aller Munde. Es verharmlost jedoch eine Situation, die durchaus revolutionär genannt zu werden verdient. Keineswegs sind es primär wandelnde Werte, die die Moral der Zeit bestimmen, sondern es handelt sich um eine Revolution der Moral selbst. Der Wandel vom subjektorientierten zum interaktionistischen und vom bewußtseins- zum handlungsorientierten Denken hatte zur Folge, daß die Moral nicht mehr aufgehoben wurde vom »moralischen Gewissen« eines einzelnen, sondern vom Allgemeinen Bewußtsein. Eine dominant endogene Moral wurde von einer dominant exogenen abgelöst.

a) Endogene und exogene Moral

Die Normen der Moral haben die Aufgabe, Sozialverträglichkeit im Handeln und Entscheiden zu sichern. Das können sie jedoch nur, wenn Normenverstöße durch Strafen geahndet werden oder normengerechtes Verhalten entsprechend belohnt wird.
Wir sprechen von *endogener Moral*, wenn im Fall des Verstoßes gegen die Normen einer solchen Moral psychische Strafen drohen – wie Schuldgefühle, Schamgefühle, Gefühle geminderter Selbstachtung, religiöse Ängste. Wir sprechen von *exogener Moral*, wenn im Fall des Normenverstoßes soziale, ökonomische, politische Strafen zu erwarten sind. Hier sind wiederum zwei Typen exogener Moral voneinander zu scheiden:

1. Die personale exogene Moral. Verstößt eine Person gegen die Normen exogener Moral, drohen ihr Strafen wie Entzug von Anerkennung, Dazugehören, Geborgenheit, sozialer Sicherheit.
2. Die systemische exogene Moral. Verstößt ein soziales Gebilde (etwa ein Unternehmen oder eine politische Partei) gegen die Normen einer exogenen Moral, wird das System ökonomisch (etwa durch eine verschärfte Umweltgesetzgebung, durch Kundenverlust) oder politisch (etwa durch Stimmenverluste) bestraft. So wurde etwa die chemische Industrie bestraft, weil sie die Rheinverschmutzung durch einige chemische Unternehmen (1985) nicht als Moralversagen, sondern als »Pannen« interpretierte, so die CDU wegen der »Barschel-Affäre« oder der »Steuerlüge«, die sie nicht als Moralversagen der Partei verstand, sondern als Versagen eines einzelnen oder unzureichenden volkswirtschaftlichen Sachverstandes zu erklären versuchte. Es kann also sehr teuer kommen, die Normen der exogenen Moral zu übertreten. Die Grenze des moralisch Erlaubten ist durch eine Grenzmoralkurve darstellbar.

b) Die Quellen moralischer Normen

Die wichtigste Quelle der Normen einer endogenen Moral (der sogenannten »Über-Ich-Normen«) ist die Bildung eines Menschen durch die Ursprungsfamilie im Vorschulalter. Ein Kind macht sich (zumindest strukturell) die Wertvorstellungen der Eltern oder anderer wichtiger Bezugspersonen (Kindergärtnerin, ältere Geschwister ...) über Introjektion zu eigen.

Und hier liegt der Ansatz für die moralische Revolution: Die für den Normentransfer über die Generationsgrenze hinweg Verantwortlichen wurden spätestens in den endsechziger Jahren in ihrer Überzeugung, die tradierten Normen der exogenen Moral seien brauchbar und nützlich, so verunsichert, daß sie sich – meist unbewußt – der Aufgabe des Normentransfers entzogen. Völlig zu Recht stellten sie sich die Frage, ob die alten Normen noch in einer Welt zureichend Sozialverträglichkeit sichern konnten, die bestimmt war von den Eindrücken:

- Die alten Normen reichen nicht aus, die Technik (und das meint nicht nur die physische, sondern auch die Öko-, Sozio- und Psychotechnik) und damit den Fortschritt sozialverträglich zu gestalten.

- Die alten Normen reichen nicht aus, um Auschwitz, Hiroschima, Katyn, Vietnam oder andere Formen des Massenmordens zu verhindern. Alle Massenmörder beriefen sich auf die Berechtigung, einen den Bestand oder die Sicherheit oder den Einfluß des eigenen Staates gefährdenden Feind zu liquidieren. Wer ein gefährlicher Feind sei, das bestimmen die Massenmörder aber bis hin in unsere Tage selbst.
- Die alten Normen reichen nicht aus, um soziale Systeme wie Staaten, Parteien, Kirchen, Unternehmen zu sozialverträglichem Verhalten zu zwingen.

Und so kam es denn, daß die alte Moral wegen erwiesener Unfähigkeit, wichtige Bereiche des menschlichen Miteinanders sozialverträglich zu regulieren, ihren Geist aufgab.

An die Stelle der (meist materialen) Normen der endogenen Moral traten die (formalen) der exogenen Moral. Material nennt man eine Norm, die inhaltlich feststellt, was zu tun oder zu lassen ist, während eine formale Norm eine Interpretation der Situation durch den Handelnden voraussetzt, in der er feststellt, ob ein Anwendungsfall der Norm vorliegt oder nicht. So war etwa Thomas von Aquin der Meinung, daß die formale Norm »Handle der Vernunft gemäß« Grundlage jeder Moral sei, während manche Moraltheologen der Ansicht waren/sind, daß die materiale Norm der göttlichen Gebote erst moralisch verantwortetes Handeln garantiere.

Die Normen der exogenen Moral unterscheiden sich von denen der endogenen Moral in wenigstens folgenden Punkten:

- Sie sind nicht appellativ, werden meist nicht einmal verbal formuliert.
- Sie passen sich dynamisch an die augenblickliche Situation der miteinander umgehenden Menschen und Gesellschaften an. Oft werden sie erst verbalisierbar, wenn sie Normenverfehlungen bestrafen.

- Sie regulieren keineswegs nur das Handeln von Personen, sondern auch Aktivitäten von Gesellschaften.
- Sie werden nicht – wie die Normen der endogenen Moral – im »moralischen Gewissen« einzelner Personen gespeichert, die, weil sie in der gleichen sozio-kulturellen Einheit stehen, einander recht ähnlich sind, sondern im Allgemeinen Bewußtsein. Das Allgemeine Bewußtsein einer sozio-kulturellen Einheit stellt fest, was innerhalb dieser Einheit als vernünftig und unvernünftig, was als gut und böse, was als sinnvoll oder unsinnig gilt. In ihm objektivieren sich also auch jene Normen, die Sozialverträglichkeit sichern.
- Die Menge der Normen nimmt sehr schnell zu. Immer mehr soziale, ökonomische, politische Verhaltensweisen, seien sie persönlicher oder systemischer Art, werden als sozialunverträglich moralisch verworfen. Das Anwachsen von Normen ist dann unproblematisch, wenn ein Mensch diese Normen nicht dauerhaft internalisiert, sondern sprachspielgerecht aktiviert. Andernfalls kann es – wie schon in der Vergangenheit bei den Normen einer individualphilosophischen Moral – zu einem Übermaß innerer Zwänge kommen, die alles andere als biophil ist.
- Sie sind also weder zeit- noch gesellschaftsinvariant, sondern unterliegen einer erheblichen Dynamik. Das hat zur Folge, daß wertkonservativ eingestellte Menschen sich nur begrenzt an ihnen orientieren, wenn sie mit den Normen ihrer endogenen Moral im Widerspruch stehen.

c) Das Problem des horizontalen Schismas

Zur Spaltung (Schisma) kommt es immer dann, wenn zwei Glaubens- oder Wertewelten aufeinanderstoßen. Das ist heute der Fall. Das wertkonservative Denken, noch weitgehend einer endogenen Moral verpflichtet, versteht nicht ein progressives Denken, das sich heute an einer exogenen Moral orientiert. Und so kommt es in Kirchen und Parteien, in Unternehmen und Familien nicht selten zu einem horizontalen Schisma. Die aufeinanderprallenden Wertewelten unterscheiden sich dabei nicht einmal unbedingt in ihren Inhalten, sondern in den Einstellungen zu Werten. Eine exogene Moral orientiert vor allem menschliches Miteinander-Umgehen. So werden »Freiheit«, »Würde«, »Gerechtigkeit« und andere Sachverhalte, die in beiden

Welten durch scheinbar identische Wertworte beschrieben werden, völlig anders interpretiert. In der Welt des Alten sind sie persönliche Eigenschaften, in der Welt des Neuen sind sie Eigenschaften des Miteinander-Umgehens.

Ein wichtiger Aspekt des Schismas ist die Einstellung zu den sogenannten sekundären Tugenden (wie Pünktlichkeit, Sauberkeit, Fleiß, Gehorsam). Da sich herausstellte, daß diese Tugenden beliebig mißbraucht werden können (etwa von faschistischen Systemen), erhalten sie in der neuen Wertewelt nur Wert, wenn ihnen primäre Tugenden vorangehen.

Hierzu zählen: Zivilcourage, Konfliktfähigkeit, die Bereitschaft zum kreativen Ungehorsam – etwa im Sinne der Epikie. Ein Handeln gehorcht der Regel der Epikie, wenn es zwar gegen den Wortlaut einer Norm verstößt, sich aber an der Intention eines als vernünftig anzunehmenden Normengebers orientiert.

Wer von den Vertretern des Alten von dieser Revolution, die wegen des Traditionsbruchs sehr viel radikaler ist als die meisten technischen, politischen, ökonomischen Revolutionen, nicht zureichend Kenntnis nimmt, den »bestraft das Leben«. Ein horizontales Schisma führt in der Regel dazu, daß alle Appelle oder Weisungen aus der Welt des Alten nicht nur wirkungslos bleiben, sondern sogar noch die Kluft vertiefen und den Ungehorsam so zum Institut im Innen einer Gesellschaft machen.

Der Verlust der Führungsrolle einer endogenen Moral dürfte endgültig und irreversibel sein. Wer sich heute noch von domestizierenden Appellen, von Geboten und Verboten irgend etwas verspricht, wird enttäuscht werden. Das soll aber nicht heißen, daß es keine Möglichkeiten gibt, die kommunikative Kluft zu schließen oder doch zu überbrücken.

Nun mag das Wort »Revolution« eine Nummer zu groß erscheinen, wenn es darum geht, den unter uns stattfindenden Prozeß des moralischen Wandels zu interpretieren.

Versteht man jedoch »Revolution« als den Prozeß, der zu einer qualitativen Veränderung menschlichen Verhaltens und menschlicher Werteinstellung führt, dann ist die Revolution, die jetzt abläuft, eine der wichtigsten in der Geschichte Europas. Stellen sich nicht Kirche und Staat, nicht Unternehmen und Parteien, nicht Familien

und Verbände darauf ein, werden sie in der Nachzeitigkeit untergehen, in der Bedeutungslosigkeit verschwinden.
Neben endogener und exogener Moral kennen wir im Rahmen der *Moralphilosophie* eine ethische Moral. Dieser liegen, wie noch auszuführen sein wird, personale Lebens- und Orientierungsentscheide zugrunde, die das höchste ethische Gut festlegen. Die konkrete Moral wird dann (a) die Anwendungsfälle solcher ethischen Vorlagen und (b) die Regeln auszumachen haben, die anzuwenden sind, wenn das höchste ethische Gut mit anderen höchsten Gütern (etwa egozentrischen, ökonomischen, politischen) konkurriert.

3. Interaktionismus und Grundwerte

Daß ein interaktionistisches Denken eine völlig andere Bestimmung von Menschenrechten, Grundrechten, Grundwerten finden muß als ein subjektorientiertes, ist evident. Die Subjektphilosophie reflektierte über das zeit- und gesellschaftsinvariante Wesen des Menschen. Sie versuchte aus diesem allen Menschen aller Zeiten gemeinsamen Wesen bestimmte Rechte herzuleiten, die ein Mensch habe, weil und insofern er Mensch ist. Grundrechte seien also individueller Besitz. Eine interaktionistische Philosophie wird sie als »Normen« bestimmen, die Interaktionen leiten oder nicht. Dann »geschieht«, »ereignet sich« Freiheit, Würde, Gerechtigkeit oder deren Gegenteil.
Die erste Kritik an den individualistisch verstandenen Grundrechten der Moderne übte *Karl Marx*. In den »Deutsch-Französischen Jahrbüchern« verweist er (1843) darauf, daß *»keines der sogenannten Menschenrechte . . . über den egoistischen Menschen«* hinausgehe, *»über den Menschen, wie er Mitglied der bürgerlichen Gesellschaft, nämlich auf sich, auf sein Privatinteresse, und seine Privatwillkür zurückgezogenes und vom Gemeinwesen abgesondertes Individuum ist«.*
Es wird also nötig sein, die »Menschenrechte« von diesem Makel potentieller Unmenschlichkeit zu läutern.
Ein interaktionistischer Denkansatz wird die Grundwerte nicht als Eigenschaften von Individuen verstehen, sondern als etwas, das sich

im Miteinander-Umgehen ereignet – oder auch nicht. Wichtige interaktionelle Grundwerte sind:

1. Die personale Würde, d. h. das strikte Verbot, im interaktionellen Geschehen, den oder die anderen Menschen zum reinen Mittel zu machen.
2. Die personale Freiheit, bestimmt als die Fähigkeit und Bereitschaft, interaktionell selbstverantwortet sein Leben zu gestalten. Eine erste interaktionistisch brauchbare Bestimmung von »Freiheit« findet sich in der »Deutschen Ideologie« (1846). Marx merkt an: *»Dieses Recht, innerhalb gewisser Bedingungen ungestört der Zufälligkeit sich erfreuen zu dürfen, nannte man bisher persönliche Freiheit... Erst in Gemeinschaft existieren für jedes Individuum die Mittel, seine Anlagen nach allen Seiten hin auszubilden; erst in der Gemeinschaft wird persönliche Freiheit möglich . . . In der wirklichen Gemeinschaft erlangen die Individuen in und durch ihre Assoziation zugleich ihre Freiheit.«* Das Recht auf systemische (etwa politische und ökonomische) Freiheit dürfte sehr kulturspezifisch sein.
3. Gerechtigkeit als der feste Wille, im interaktionellen Handeln einem jeden sein Recht zuteil werden zu lassen (seien die Quellen der Rechte nun Gesetze, Verträge oder das Menschsein) und
4. Biophilie als die Fähigkeit und Bereitschaft, im interaktionellen Geschehen eigenes und fremdes personales Leben eher zu mehren denn zu mindern.

Während diese Grundwerte in vielen, wenn auch keineswegs allen Kulturräumen erheblich sind (wennschon in anderer Bestimmung und Hierarchisierung), so gibt es einige, deren Universalität sehr umstritten ist. Hierher gehört etwa das »Recht auf Privateigentum«. Vermutlich kann es nur mittelbar (etwa über Gesetzesrecht) gerechtfertigt werden.

Im Gegensatz zum »Eigentum« bezeichnet »Privateigentum« kein dingliches Recht an einer Sache, sondern – insofern und insoweit ein Verfügungsrecht über fremde Arbeitskraft – ein »dingliches Recht über die Verfügung über fremde Arbeitskraft«. Offensichtlich führt

ein solches Recht zu der Überzeugung, daß Arbeitskraft eine »Sache« sei, an der man dingliche Rechte erwerben könne. Da über Arbeitskraft interaktionistisch verfügt wird, ist ein solches (kapitalistisches) Konzept von Privateigentum nicht interaktionistisch zu vertreten. Die Verfügung über Arbeitskraft kann nicht von dem, der seine Arbeitskraft einbringt, abgelöst werden.
Zum Privateigentum rechnet man (sekundär) auch alle Produktionsmittel, die nötig sind, fremde Arbeitskraft rentabel zu verwerten, sowie das Genußrecht an diesen Erträgen fremder Arbeit.
Von Privateigentum sorglichst zu unterscheiden ist das »persönliche Eigentum«, das eine Person besitzt und worüber sie persönlich verfügt und/oder das sie durch eigene Arbeit (also ohne fremde Arbeit zuzukaufen) verwertet. Es kann das durchaus »produktives Eigentum« sein. Es ist wichtig, diesen *qualitativen Unterschied* zwischen einem dinglichen Recht an einer Sache und einem Verfügungsrecht über fremde Arbeit und den damit verbundenen Eigentumsrechten, insofern diese dazu dienen, fremde Arbeitskraft profitabel zu verwerten, zu machen.

Der Interaktionismus stellt sich in bezug auf die Grundwerte in zwei Varianten vor:

1. Die Grundwerte sind *strukturelle Merkmale* (oder Eigenschaften der Regeln und Bedeutungen) eines Sozialgebildes, in dem allein sie sich realisieren. Außerhalb von Sozialgebilden werden sie niemals praktisch.
2. Die Grundwerte sind *funktionale Merkmale* menschlicher Handlungen, in denen sie sich realisieren.

Ich neige dazu, die erste Annahme zu favorisieren. Sie hat den Vorteil, daß die Grundwerte strukturell zu den ein Sozialgebilde leitenden und in ihm sich entfaltenden Grundüberzeugungen gehören. Vermutlich werden Grundrechte nicht wegen der »Tugendhaftigkeit« der Teilnehmer an einem Sozialgebilde entwickelt, sondern sind in solchen Gebilden regelbestimmend oder nicht. Die Bestimmung der Grundwerte von einer Tugendlehre her hat zudem den erheblichen Nachteil, daß

- die Anwendungsfälle für die Tugenden von der subjektiven Betrefflichkeit und Betroffenheit und
- die Interpretation des »Tugendgegenstandes« (etwa Würde, Freiheit, Gerechtigkeit) von dem subjektiven Verständnis des Interagierenden abhängen.

Interaktionistisch kann nicht angenommen werden, daß Grundwerte abstrakt (also auch unabhängig von Realisierung) bestehende Eigenschaften von Menschen sind. Es handelt sich stets um Bedeutungen, Regeln und Werteinstellungen, die sich entweder erst in Sozialgebilden entwickeln oder von Personen in Sozialgebilde eingebracht werden.

4. Interaktionismus, das Ursachenproblem und Systeme

Seit das Zeitalter der Naturwissenschaften von dem der Handlungswissenschaften (Psychologie, Soziologie, Ökonomie, Pädagogik, Politologie) abgelöst wurde, veränderte sich auch das Interesse an den Ursachen. Während das Zeitalter der Naturwissenschaften (übrigens nahezu identisch mit dem des Subjekts) nahezu ausschließlich den *Wirkursachen* (das sind Ursachen, die etwas Physisches hervorbringen, verändern und vernichten, indem sie Energie transportieren) zuwandte, stehen heute, im Zeitalter der Handlungswissenschaften, die *Informationsursachen* (das sind Ursachen, die Informationen hervorbringen, verändern und vernichten, indem Signale transportiert werden) im Mittelpunkt des Interesses. In Interaktionen, insofern sie wirklich Interaktionen sind, werden nun nicht etwa Energien, sondern derartige informationserzeugende Signale transportiert. Die energetischen Abläufe sind dabei keine konstitutive Ursache für Interaktionen, sondern allenfalls eine mehr oder minder notwendige Bedingung.
Der Interaktionismus lehnt jede Form eines Determinismus ab, der menschliche Freiheit unmöglich machte, da Menschen nicht wirkursächlich, sondern informationsursächlich agieren. Das entlarvt damit die dem Zeitalter der Naturwissenschaften zuzuordnende Diskus-

sion, ob menschliche Freiheit dem naturwissenschaftlichen Determinismus widerspreche, in das Reich der Scheinprobleme. Im Geltungsbereich von Informationsursachen kann wegen der essentiellen Unschärfe der Signale (die in entfernter Analogie zur »Heisenbergschen Unschärfe« interpretiert werden kann, insofern es unmöglich ist, Inhalt und Umfang des von Signalen erzeugten Sachverhalts mit beliebiger Genauigkeit gleichzeitig festzustellen) ein und dieselbe Ursache mehrere qualitativ voneinander unterschiedene Wirkungen haben. Ein und dieselbe Wirkung wiederum kann durch mehrere qualitativ unterschiedene Ursachen erzeugt werden.
Die Vorstellung eines realen Indeterminismus fällt allen Menschen schwer, die sich in ihrem Denken in der Welt der Moderne festgemacht haben.
Andererseits gilt jedoch auch keine absolute Indetermination. Die Selbstbildung und -entwicklung von Personen oder Sozialgebilden (= Subjekten) wird auf Interaktionen und deren Folgen (Wertungen, Vorlieben, Vorurteile, Erinnerungen . . .) zurückgeführt, ohne daß jedoch das Subjekt als bloße Wirkung dieser Interaktionen verstanden werden kann. Es ist insoweit autonom, als es unmöglich ist, durch Signale zu determinierten Informationen zu gelangen. Jedes Subjekt wird selbst unter der Voraussetzung physisch identischer Signale andere Informationen produzieren. Da anders als durch Signale Erkenntnisvermögen aber nicht aktiviert werden kann, gibt es also nicht nur keinen Determinismus der Erkenntnis, sondern auch keinen des Wollens, des Handelns oder des Entscheidens.
Mit dieser Einsicht wurde eine alte, von Aristoteles begründete Theorie wieder modern, die den Aufbau eines Sachverhalts (sei es ein Mensch, sei es eine biologische Art, sei es ein soziales Gebilde) über die in ihm ablaufenden Informationsströme zu erklären versuchte. Es ist das die *Systemtheorie*. Die Systemtheorie geht davon aus, daß unser Erkenntnisvermögen das Erkannte so organisiert, daß ein Konstrukt entsteht, das als System beschreibbar ist. Systeme existieren also nicht »an sich«, sondern sind Ausdrucksformen formaler Strukturen unserer Erkenntnisvermögen. So erkennen wir etwa Sozialgebilde als »soziale Systeme«.

Eine systemtheoretische Darstellung würde eine menschliche Person als durch die Signalströme gebildet verstehen, die sie verarbeitet oder nicht verarbeitet. Das Personsein stellt also den Rahmen zur Verfügung, in der sich »Person« konkret realisiert. Daß dieser Rahmen von einem noch umfänglicheren umfaßt wird, ist unsere alltägliche Erfahrung. Es ist das der Rahmen, der uns durch Vererbung gezogen wird. Unser Erbgut stellt uns eine Fülle von Dispositionen bereit: Begabungen wie Neigungen. Neigung zu bestimmten psychischen und somatischen Krankheiten sind hier ebenso zu nennen wie Begabungen für bestimmte Fertigkeit (etwa künstlerischer Art). Da jedoch dieser Rahmen schicksalhaft vorgegeben ist, soll er uns hier nicht weiter beschäftigen.

Wenn sich eine Person in einer bestimmten Weise interaktiv darstellt, so hat das also stets eine Vorgeschichte, von der wir zumeist nur wenig wissen:

- die genetische Ausstattung und
- die interaktionellen Erfahrungen und deren Verarbeitung.

Dazu treten dann aber auch noch die Erfahrungen der jüngsten Vergangenheit und deren Verarbeitung, insoweit sie für die Person eine kohärente Erlebniseinheit bilden.

Ferner sind die meisten Interaktionen nach Gestalt und Verlauf mitbestimmt von den augenblicklichen Stimmungen, den Enttäuschungen und Hoffnungen, den Erwartungen und Interessen, der Tagesform und dem körperlichen, psychischen und sozialen Wohlbefinden.

Doch von diesen ganz sicher nicht unerheblichen situativen Momenten wollen wir im folgenden zunächst absehen, da es uns zunächst um ein Menschenbild geht, das wir in Form eines Modells vorstellen, sehr wohl wissend, daß das »Modell-Original« stets sehr viel komplexer ist, als es von einem Modell jemals eingefangen werden könnte. Wer ein konkreter Mensch ist, bleibt uns unzugänglich, eben wegen dieses hohen Komplexitätsgrades. Er ist in seiner Verwobenheit von wirk- und informationsursächlichen Abläufen so komplex, daß die Komplexität unserer Erkenntnisvermögen nicht ausreicht, diesen Sachverhalt »konkrete Person« auch nur annähernd zu erreichen. In diesem Fall eines solch hohen Komplexitätsgefälles zwischen Er-

kanntem und Erkennendem helfen sich die Wissenschaften mit der Konstruktion von Modellen (etwa der einer makroökonomischen Ordnung). Solche Modelle können etwas verständlich machen, etwas erklären. Sie haben jedoch, im Gegensatz zu Theorien, keinerlei prognostischen Wert.
Unser Modell von Person ist zwar ein »Menschenbild«, aber ein von konkreten Menschen so weit entferntes, daß es uns zwar etwas von Menschen sagen kann, nicht aber alles. Vor allem aber erlaubt es uns niemals vorherzusagen, was ein konkreter Menschen in einer konkreten interaktionellen Situation erkennen oder verstehen wird – und erst recht können wir nicht seine interaktionellen Angebote und Reaktionen aus dem Modell herleiten.
Das macht deutlich, daß wir in einer wenigstens dreifachen Weise von »Menschenbild« sprechen können:

1. Unser Bild, das wir uns in einer konkreten Situation von einem Menschen machen (konkretes Menschenbild). Es kann das auch eine nichtinteraktionelle Situation sein. So vermitteln uns etwa die Massenmedien Menschenbilder von Sportlern oder Politikern.
2. Unser Bild von uns selbst (Selbstbild). In aller Regel nehmen wir an, daß sich andere Menschen von uns ein ähnliches Bild machen, aber auch, daß sie von sich selbst ein ähnliches Bild haben wie wir von uns.
3. Unser Bild, das wir von den Menschen haben (allgemeines Menschenbild). Nur über dieses Bild wird unser Buch handeln.

Dabei gilt es zu bedenken, daß die drei Bilder nicht beziehungslos nebeneinanderstehen. Das zweite Bild geht wohl immer in das erste ein, wie das erste das zweite modifizieren kann. Doch auch das dritte modifiziert die beiden ersten und wird von ihnen beeinflußt. Unser Bedenken des allgemeinen Menschenbildes hat also auch seine erhebliche Bedeutung für unsere konkreten Menschenbilder wie für unser Selbstbild. Wenn wir konkrete Bilder (das von uns und von anderen) verantworten müssen, dann auch unser allgemeines.

Das in den folgendem Kapitel Abgehandelte sei zunächst an einem Modell des »Systems Person« vorgestellt. Es geht davon aus, daß eine menschliche Person eine psycho-somatisch-soziale Einheit ist. In einer gewissen Abstraktion erlaubt uns das Modell,

- dem psychischen Aspekt der Einheit die Systemstrukturen,
- dem somatischen Aspekt der Einheit die innere Umwelt des Systems und
- dem sozialen Aspekt der Einheit die äußere Umwelt des Systems zuzuordnen.

Dabei ist sehr sorgfältig darauf zu achten, daß der Begriff »Umwelt des Systems« etwas bezeichnet, das durchaus Teil des Systems ist. Der doppelte Rahmen will das anzeigen. Zugleich zeigt das Modell, daß es außerhalb des Systems nur »unverständliche Welt« gibt. Damit ist der Weltteil gemeint, aus dem Informationen in das System einfließen, mit denen das System nichts anzufangen weiß. Andererseits gibt das System auch Informationen in die unverständliche Welt ab, die darauf in einer Weise reagiert, die außerhalb der Systemerwartungen liegt. Die Interaktionen des Systems mit seinem Außen, mit der unverständlichen Welt, sind also mißlingende Interaktionen.

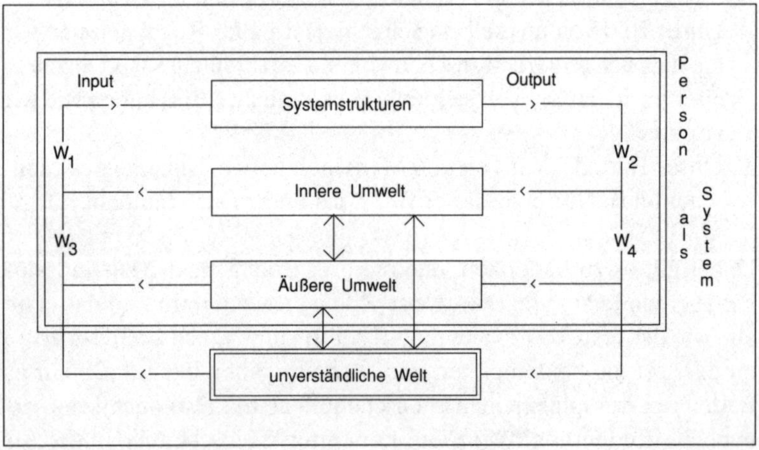

In unserem Modell betrachten wir also nur die sozialen Weltteile der Welt, in der unser System siedelt. Soziale Welt, die nicht unverständlich ist, gehört somit zum System. Das macht deutlich, daß der Begriff »Person« nicht ein Individuum bezeichnet, sondern einen »psychoso-

matischen Kern«, der in ein soziales Feld eingebunden ist, von dem her er weitgehend seine Identität erfährt.
Andererseits macht die Skizze deutlich, daß aus der unverständlichen Welt nicht nur Informationen in die Struktur eingehen, sondern auch unmittelbar in die beiden Umwelten, die also stets von der Gefahr des Unverständlichwerdens bedroht sind.
In den folgenden Kapiteln sollen zunächst die einzelnen Elemente des Systems behandelt werden. Dabei ist sorgfältig darauf zu achten, daß sie nur – jeweils modellhaft – einen Aspekt der psycho-somatisch-sozialen Einheit »Mensch« vorstellen.

Kapitel 2

2

Über Kommunikationsstörungen

Ein interaktionistisches Menschenbild ist eine wichtige Voraussetzung, damit Menschen menschlich miteinander umgehen. Dieses Kapitel will auf einige kommunikative Störungen aufmerksam machen, die menschliches Miteinander-Umgehen erheblich gefährden können. Hierher gehören vor allem:

- das dogmatische Vertreten von Positionen,
- Rücknahme auf bloß funktionale Kommunikation,
- ein Metaphernrealismus,
- das Verkennen von Widerstandsgründen.

1. Das dogmatische Vertreten von Positionen

Gelingende Interaktionen setzen keineswegs voraus, daß alle Beteiligten derselben Meinung sind. Zwar gibt es nicht wenige Menschen, die eine Unterhaltung für besonders geglückt halten, wenn sich herausstellt, daß alle Gesprächsteilnehmer nahezu identische Überzeugungen haben. Für sie gibt es kaum etwas kommunikativ Beglückenderes, als auf Menschen zu treffen, die ihre Vorurteile teilen, bestätigen und vertiefen. Man könnte hier von einer »kommunikativen Kollusion« sprechen. Kollusion bezeichnet (nach J. Willi) ein von Partnern unbewußt miteinander inszeniertes Zusammenspiel, durch das sie versuchen, ihre psychischen und/oder sozialen Störungen zu bewältigen und zugleich ihre Abwehr zu verstärken. Die Partner erzielen dabei unbewußt Übereinstimmung über die Regeln und Rollen dieses Zusammenspiels. Ihre vorliegende psychische und/oder soziale Störung manifestiert sich in der Überzeugung, auch in nichttrivialen (also nicht unmittelbar der Sinneserkenntnis zugänglichen) Bereichen über täuschungs- und irrtumsfreie Erkenntnis zu verfügen. Ferner objektiviert sich diese Störung in der Annahme, daß alle »vernünftigen« Menschen im Prinzip ebendieselbe Erkenntnis für frei von Irrtum und Täuschung halten müssen. Menschen, die diese Position vertreten, nennen wir *Dogmatiker*.

Dogmatiker akzeptieren nicht die sokratische Unterscheidung von Gewißheit und Wahrheit. Gewißheit bezeichnet einen psychischen Zustand, der uns nicht am Zutreffen eines Sachverhalts zweifeln läßt. Wahrheit dagegen schließt Irrtum und Täuschung aus. Beides hat, wie die Existenz von widersprüchlichen Vorurteilen zeigt, nichts, aber auch gar nichts miteinander zu tun. Dogmatiker sind also der pathologischen Überzeugung, sie verfügten über qualifiziertes (nämlich wahres) Wissen und seien damit und insoweit Menschen mit abweichenden Überzeugungen überlegen.

Unstreitig sind gelingende Interaktionen zwischen Menschen mit widersprüchlichen Vorurteilen unmöglich, wenn diese Vorurteile thematisch in die Interaktion eingehen, es sei denn, beide sind bereit, ihre Vorurteile zur Disposition zu stellen. Das aber ist in der Regel nicht der Fall.

Dogmatische Positionen werden selbst da vertreten, wo sie offensichtlich widerrational sind. Einige typische Beispiele seien erwähnt:

1. Die meisten Menschen sind der Ansicht, sie verfügen im Bereich des politischen oder ökonomischen Wissens über wahre Erkenntnis, obschon ihnen bei der Einrichtung ihres Wissens keine uninteressierten Quellen zugänglich waren (sondern nur politisch oder ökonomisch in einer bestimmten Weise interessierte: wie etwa die FAZ, die TAZ, die NZZ, die ARD, die Sprecher von Unternehmen oder Gewerkschaften).
2. Die meisten Wissenschaftler (seien es Vertreter von Natur- oder Handlungswissenschaften) sind der Meinung, sie verfügten über wahre Theorien, obschon es noch niemals in der Wissenschaftsgeschichte vorkam, daß Theorien nicht überholt wurden.
3. Die meisten Menschen in Führungspositionen (Eltern, Lehrer, Vorgesetzte in Politik und Wirtschaft) versuchen – meist völlig

unbewußt –, ihren Führungsanspruch durch das Verkünden von Dogmen zu sichern. Und da ihnen die Mittel zur Verfügung stehen, ihre Meinung gegen fremde Ansichten durchzusetzen, wird ihnen die Überzeugung von der scheinbaren Überlegenheit ihrer Meinung ständig bestätigt.

Vorurteilsgeleitete (dogmatisch bestimmte) Interaktionen sind stets kontraproduktiv. Sie machen menschliches Miteinander-Umgehen nahezu unmöglich. Dogmatiker neigen dazu, abweichende Positionen abzuwerten, zu verwerfen, zu exkommunizieren. Menschliches Miteinander-Umgehen dagegen verlangt, daß beim Begegnen widersprechender Meinungen alle Beteiligten darum wissen, daß hier »nur« verschiedene Gewißheiten einander gegenüberstehen. In dieser Situation ist nicht notwendig Kapitulation angesagt – und stehe sie auch unter dem Anspruch von Toleranz. Es ist auch möglich, mit den Methoden der dialektischen Diskurstechniken durch gemeinsamen Erkenntnisfortschritt von der These und der Gegenthese zu einer Synthese zu finden. So läßt sich nicht nur Konsens erreichen, sondern auch Probleme, die durch Nachdenken einer Lösung nähergeführt werden können, lassen sich aus dem Weg räumen. Die Beherrschung solcher Diskurstechniken in sachorientierter Kommunikation scheint eine wesentliche Voraussetzung zu sein, in solchen Situationen menschlich miteinander umzugehen.*

2. Rücknahme auf bloß funktionale Kommunikation

Wir unterscheiden personale Kommunikation von funktionaler. In der personalen Kommunikation stehen die miteinander kommunizierenden Menschen im Zentrum des kommunikativen Interesses. In der funktionalen Kommunikation steht das kommunikative Geschehen im Dienst von kommunikationsfremden Zwecken. Der funktional orientierte Kommunikator will vor allem sachliche oder sachbe-

* Ich habe die wichtigsten Techniken des dialektischen Diskurses in meinem Buch »Kommunikation für Manager« (ECON 1989) vorgestellt.

zogene Informationen erzeugen oder gewinnen, personale Kommunikation dagegen personale Informationen über den oder die Partner. Sie ist stets verbunden mit mehr oder minder erheblichen Anteilen von Kontaktvergewisserung, Selbstdarstellung und nicht ausgesprochenen Appellen. Personale Kommunikation ist nicht zu verwechseln mit Kommunikation *über* Personen – auch nicht über den Kommunikationspartner. Sie ist stets Kommunikation *mit* Personen.
Reduziert nun ein Mensch seine kommunikative Performanz ausschließlich oder doch weitgehend auf funktionale Kommunikation, in denen Menschen nur noch die Rolle sachbezogener Erzeuger, Empfänger oder Verarbeiter von informationserzeugenden Signalen spielen, kommt es früher oder später zu Beziehungsstörungen, zu Kontaktunsicherheiten, die auch die funktionale Kommunikation erheblich belasten.
Der funktionale Kommunikator rechtfertigt seine pathogene Einstellung zur Kommunikation meist mit einer der folgenden Entschuldigungen:

- Für personale Kommunikation habe ich keine Zeit.
- Für personale Kommunikation fehlt mir die Geduld.
- Für personale Kommunikation habe ich kein Verständnis.
- Mich interessieren beruflich vor allem Funktionen und nicht Personen.

Pathogen ist solche Kommunikation insofern, als sie alexithymische Dispositionen voraussetzt und verstärkt. Ein Alexithymiker ist ein Mensch, der seine eigenen Emotionen (vor allem Trauer und Freude) nicht mehr sozial darstellen kann und mit fremden Emotionen nichts anzufangen weiß. Emotionen sind ihm Störgrößen. Im Endstadium der Störung werden eigene und fremde Emotionen (außer den aggressiven) nicht einmal mehr wahrgenommen.
Menschlich miteinander umgehen setzt also voraus, daß die miteinander kommunizierenden Partner – wenigstens implizit – Thema der Kommunikation sind. Es setzt voraus, daß Menschen *mit*einander sprechen und nicht nur über ein Thema. Es setzt voraus, daß die miteinander Sprechenden etwas mitteilen (= bereit sind, etwas von sich selbst mit anderen zu teilen).

Dazu gehört sicherlich einiger Mut. Es ist das der Mut, der erforderlich ist, die Angst vor der niemals ganz auszuschließenden Möglichkeit zu überwinden, daß das Mitgeteilte mißbraucht wird, daß man sich in personaler Kommunikation verwundbar macht. Menschliche Kommunikation setzt (vor allem, wenn sie häufiger enttäuscht wurde) immer ein gewisses Maß an angstüberwindender Tapferkeit voraus.
Es gibt Menschen, die diese Angst überwinden, indem sie pseudopersonale Kommunikation versuchen. Pseudopersonal sind etwa:

- »Small talk« und andere Formen des »geselligen Lärmens«. Sie haben zwar die Funktion, die Kontaktaufnahme zu erleichtern, bestehenden Kontakt zu vergewissern oder zu verstärken. Aber es wird nicht zugehört. Das Zuhören ist nichts als die Vorbereitung des eigenen Redens. Mit-teilen findet nicht statt.
- Die schulterklopfende Freundlichkeit, die einzig den Zweck verfolgt, sich selbst in besseres Licht zu rücken, sich soziale Vorteile zu verschaffen.
- Das witzelnde (oder gar spöttische) Reden, das jede personale Begegnung nur in erheblicher Oberflächlichkeit zuläßt.
- Die verbalen Geistreicheleien, die nahezu ausschließlich dazu dienen, die narzißtischen Bedürfnisse des Redenden zu befriedigen.

3. Der Metaphernrealismus

In der Kommunikationstheorie bezeichnet »Metapher« ein Bild von etwas Bekannterem, das etwas Unbekannteres erklären soll. In unserem Fall geht es um die Erklärung von Kommunikation. Da es nicht ganz einfach ist, das mit diesem Wort Bezeichnete zu erklären, verwendet man Metaphern (ähnlich wie in den Naturwissenschaften Theorien oder in den Handlungswissenschaften Modelle). Die wichtigsten Metaphern, die, wenn sie realistisch oder universalistisch gebraucht werden, menschliche Kommunikation degenerieren lassen können, sind:

- *Die Containermetapher*: Sie suggeriert die Ansicht, Kommunikation geschehe durch den Transport von Informationen und Bedeutungen.

- *Die Dialogmetapher*: Sie suggeriert die Ansicht, Kommunikation erzeuge gemeinsame Ansichten und Werteinstellungen.
- *Die Kampfmetapher*: Sie suggeriert die Meinung, Kommunikation sei letztlich stets Kampf, etwa ein Kampf, um sich durchzusetzen, recht zu behalten, Anerkennung zu finden.
- *Die Metapher von der sozialen Kontrolle*: Sie insinuiert die Ansicht, Kommunikation habe als wichtigste Funktion, soziale Felder zu kontrollieren.

Diese Metaphern sind sicherlich im Kontext sehr verschiedener realer kommunikativer Situationen entstanden. Werden sie nicht durchschaut, reflektiert und metakommunikativ relativiert, sind sie nicht ganz ungefährlich: Sie bestimmen nicht selten zwischenmenschliche Beziehungen.

Wir sprechen von Metaphernrealismus (wie auch von Modell- oder Theorienrealismus), wenn das Bild mit der Sache verwechselt wird. Der Metaphernrealismus nimmt also das Bild für die Sache.

Die Grundlage jedes Metaphernrealismus ist die Ansicht, Sprache habe die Funktion, im kommunikativen Geschehen zwei (oder mehr) autonome Partner Informationen austauschen zu lassen. Informationen könnten (gleichartige Sprachbeherrschung vorausgesetzt) durch die invariante Vernunft inhaltlich in sehr ähnlicher Weise kommunikativ erzeugt und verstanden werden.

»Metaphern . . . überleben kommunikative Praktiken, solange sie in der Praxis funktionieren. Zugleich bringen sie aber auch bedenkliche Implikationen mit sich. Daher ist es wichtig, zu sehen, was die Metaphern bedeuten

- *für die soziale Konstruktion zwischenmenschlicher Beziehungen,*
- *für die institutionellen Entwicklungen, die sie selektiv fördern . . .*
- *und nicht zuletzt für die Gesellschaftstheorien, in die sie einfließen« (K. Krippendorf).*

a) Die Containermetapher

Diese weit verbreitet als »real« interpretierte Metapher meint, daß Informationen (wie in einem Container) transportiert werden können. Der heutige Sprachgebrauch nennt als potentielle Container: Sätze, Briefe, Reden, Berichte, Klagen . . . Sprachlich wird sie realisiert in Redewendungen wie:

- »In« diesem Brief steht etwas geschrieben.
- Dieser Satz wurde »aus« einem Vortrag entnommen, »aus« einem Buch zitiert.
- Diese Rede war »bedeutungsvoll«.
- Dieser Bericht »enthielt« wertvolle Informationen.
- Hier wurde etwas »in« Sätze »hineingelesen« oder »in« Feststellungen »hineingehört«, was nicht gemeint gewesen sei.

In besonderer Weise aber können voraussetzende Redewendungen wie:

- »Du hast gesagt, behauptet, geleugnet . . .«
- »Das hast du niemals gesagt, behauptet, gefragt . . .«

menschliche Kommunikation belasten, ja zerstören.

Statt dessen müßte es heißen:

- »Ich habe in dem Brief (Buch, Artikel . . .), gelesen, daß . . .«
- »Ich habe in dem Vortrag (der Vorlesung, dem Bericht . . .) gehört, daß . . .«
- »Mir brachte der Bericht viel Neues . . .«.
- »Ich habe dich so verstanden . . .«.

Es sollte möglich sein, daß alle, und nicht nur die genannten »Du-Anreden« (Du hast . . .! Hast du mal wieder . . .?), die nichts anderes sind als Methoden, den Partner zu mindern, ihm Schuld zuzuweisen, aus interaktionellen Handlungen verbannt werden. Ihre Elimination ist jedenfalls ein Postulat humaner Kommunikation.
Die Containermetapher verkennt, daß durch die genannten Medien niemals Informationen transportiert werden, sondern nur Signale, die erst wenn sie informationsursächlich wirksam werden können, Informationen erzeugen. Informationen bestehen nirgends anders als im

menschlichen Gehirn. Sie werden wirkursächlich durch Aktivitäten der Großhirnrinde erzeugt.
Die Containermetapher macht den Signalträger zum Behältnis, das eine Information transportiert. Wörter, Sätze, Briefe werden so zu Behältern von Bedeutungen. Verändert sich während des Transports die Information oder die Bedeutung, liegt ein Übertragungsfehler vor. Stillschweigend wird meist vorausgesetzt, daß der Empfänger die Sache »Information« aus der Zeitung, dem Briefe, dem Sprechen des anderen, der Fernsehsendung so auspackt, wie sie in diese eingepackt wurde. Ist das aber nicht der Fall und liegt kein Transportschaden vor, ist der Empfänger der Information oder der Bedeutung entweder inkompetent, bösartig oder verrückt. Container (wie akustische oder optische oder elektronische Pakete) enthalten jedoch keine Informationen, sondern Signale.
Das wird ganz offensichtlich, wenn eine bestimmte Signaldichte überschritten wird. Es wird dann keine Information mehr erzeugt. Die kommunikative Situation wird als repressiv empfunden und auf die Dauer zumeist aggressiv abgewehrt. Man könnte in diesem Fall – in gewisser Analogie zur Informatik – von der Produktion von 8-bit-Bytes sprechen. Die Signale sind so dicht gepackt, daß sie entweder keine oder allenfalls eine »bedrängende« Information erzeugen. Kommunikativ optimal sind Signale mit etwa 6-bit-Bytes, die es dem diese Bytes in Informationen übersetzenden Subjekt gestatten, das Byte zu komplementieren, indem es etwas von sich aus dazutut. Nur in einem solchen Fall wird es die Information als die eigene wahrnehmen und akzeptieren.
Mit der Containermetapher verwandt ist die *Botschaftsmetapher*. Hier werden metaphorisch nicht Informationen im Container verpackt, sondern Botschaften, die als speichervermittelte Informationen verstanden werden. Botschaften sind dagegen gespeicherte, informationsursächlich Informationen erzeugende Signalmengen, die so beschaffen sind, daß mit dem Urheber der Botschaft keine Kommunikation (mehr) möglich ist. Signale, die Botschaften erzeugen, gründen meist entweder

- in im Gedächtnis gespeicherten Informationen (wie etwa die Botschaft, die der sagenhafte Läufer, der 490 v. Chr. vom Sieg des

Miltiades über die Perser in der Ebene von Marathon berichtete, bei seinen Athener Mitbürgern erzeugte)
- oder in schriftlichen Texten (wie etwa die Botschaft, die die schriftlich fixierten Signale der Heiligen Schrift bei den Lesern erzeugen).

Auch die *Kanalmetapher* ist der Containermetapher eng verwandt. Diese Metapher geht davon aus, daß Informationen »fließen« können. Sie ist spätestens seit Erfindung des Telefons (1876) gebräuchlich. »Durch« die Telefonleitung fließen Informationen. Nachrichten werden durch den Draht gedrängt – wie Wasser durch Leitungsrohre. Kommunikanten sind durch zahlreiche verbale und nichtverbale Kanäle (etwa optische, taktile) miteinander verbunden.
Die realistische Interpretation dieser Kanalmetapher – gelegentlich spricht man heute auch von »Nachrichtenmetapher«, da gleichsam über den »Draht«, vermittelt durch Relaisstationen, Nachrichten übermittelt werden – führt zu der Vorstellung, daß Informationen als Nachrichten im Prinzip problemlos über mehrere »Relaisstationen« identisch übertragen werden können. Mißlingt eine solche Übertragung, hat das technische Gründe, oder aber die »Relaisstationen« versagen, indem sie »Nachrichten« zurückbehalten, verändern, unerlaubt produzieren. Dies ist der Ausgangspunkt der These von den »Informationsflußkosten in einem sozialen System« (etwa einer Familie, einer Partnerschaft, einem Unternehmen, einer Gemeinde, einer Partei). Diese entstünden genau dann, wenn bewußt oder unbewußt Nachrichten zurückbehalten, verändert oder unerlaubt erzeugt würden. Richtig an dieser These ist die Vermutung, daß Signale bewußt und/oder unbewußt verändert (projektive Signalverarbeitung), zurückbehalten (blockierende oder selektive Signalverarbeitung) oder in Störungsabsicht geschaffen werden können. Dabei entstehen, ebenso wie durch lange Signalwege, nicht selten erhebliche »Signalstromkosten«.
Falsch an dieser These ist die Annahme, daß Signale unverändert eine »Relaisstation« verlassen könnten. Es gilt vielmehr, daß jedes Subjekt, das (gleichsam als Relaisstation) die Signale empfängt, sie über sein kognitives System zu Informationen verarbeitet und aus diesen nun seinerseits Signale erzeugt. Dabei sind Blockaden, Projektionen,

Selektionen, kontraproduktive kreative Bildungen nicht etwa Störgrößen, sondern unvermeidlich. Ihre Erheblichkeit ist um so wahrscheinlicher, je mehr das Subjekt die erzeugten Emotionen mit Interesse oder Wertung besetzt.
Nicht selten sind Signalflußstörungen auch darauf zurückzuführen, daß Kommunikanten den Zweck, das Ziel oder das Interesse des anderen nicht kennen oder verstehen. Erheblich sind Signalflußstörungen vor allem dann, wenn die primäre kommunikative Intention verschieden ist. Das gilt ganz besonders, wenn der eine Partner die Signale zum Zweck der Bildung sachorientierter Information aussendet, der andere sie aber als zur Bildung personenorientierter Informationen (etwa Kontaktvergewisserung, Selbstdarstellung, versteckte Appelle) versteht oder verstanden haben möchte.
Die Containermetapher (ähnlich wie auch die Botschafts- und die Nachrichtenmetapher) führt, wenn sie realistisch interpretiert und nicht kritisch bedacht und metakommunikativ reflektiert wird, zum Ende des Respekts vor der Erkenntnisautonomie des anderen. Diese Autonomie ist jedoch die Grundlage jeder Autonomie. Jeder Mensch hat das Recht, Signale auf seine Weise zu Informationen zu verarbeiten. Dieses Recht gründet in der elementaren Einsicht, daß die Erkenntnisvermögen eines jeden Menschen durch die bislang gespeicherten Inhalte anders organisiert sind und somit in aller Regel Signale unvermeidbar andere Informationen erzeugen. Wer dieses leugnet, kommuniziert entmenschlicht, weil er kontrafaktisch annimmt, daß die Erkenntnisvermögen aller Menschen prinzipiell gleichartig Signale verarbeiten. Hier wird auch die Torheit jedes Dogmatismus offensichtlich, setzt er doch voraus, daß identische Signale bei allen Menschen zu identischen Informationen führen.
So wird deutlich, wie sehr sich der Interaktionismus von jedem Kollektivismus (der identische Bedeutungen und Regeln innerhalb einer institutionalisierten sozialen Einheit behauptet und in seinen Wertungen wie seinen Handlungsanforderungen voraussetzt) unterscheidet.

b) Die Dialogmetapher

Die nun folgenden Metaphern sind typische Kinder des subjektorientierten Denkens. Sie haben im Horizont dieses Denkens durchaus ihren realistischen Grund. Vermutlich wird ein Mensch, der noch in

dieser Welt des Subjektivismus lebt, notwendigerweise Formen der Kommunikation wählen, die diesen Metaphern gerecht werden. Hier scheint also der Metaphernrealismus angebracht.
Ein Mensch, der aber im »neuen Paradigma« denkt, weiß darum, daß, wie noch zu zeigen sein wird, Kommunikation vor allem den Zweck hat, das eigene und das fremde Bild von der Welt, von sich selbst, von Sozialgebilden zu überprüfen und zu dynamisieren, um so zu einer biophileren Organisation des eigenen und des fremden Lebens zu kommen.
An dieser Stelle wird deutlich, daß die Orientierung an einem subjektorientierten Paradigma (wie es etwa von 1650 bis 1950 eher die Regel war) nicht nur im Gegensatz zu einer Orientierung im interaktionistischen Paradigma, also einer verschiedenen *theoretischen* Sicht von Welt, Selbst und Sozialgebilden, steht, sondern auch zu völlig verschiedenen *lebenspraktischen* Einstellungen führt. Nicht nur die Selbstverständlichkeiten (wie Werteinstellungen, Vorurteile, Überzeugungen von dem, was wichtig und unwichtig, was gut und böse, was nützlich und unnütz ist) ändern sich, sondern – weil mit diesen zu dialektischer Einheit verbunden – auch die Weisen des Miteinander-Umgehens.
Die folgenden drei Metaphern zeugen von unmenschlichen Formen des Miteinander-Umgehens, wie es die Praxis der subjektivistischen Orientierung schon nahezu wie selbstverständlich vermuten läßt.
Die erste dieser Metaphern, die Dialogmetapher, gründet in der an sich zutreffenden Einsicht, daß Kommunikation

- Allgemeines Bewußtsein und kollektive Überzeugungen, Werteinstellungen und Vorurteile, aber auch alle Sozialgebilde erzeugt und erhält,
- emotionale Widerstände überwinden helfen kann.

Die Metapher wird realistisch unzulässig verallgemeinert, wenn angenommen wird, gelingende Kommunikation führe dazu, daß Menschen ihre Meinungen und Ansichten und Werteinstellungen stets einander annähern könnten, falls sie dieses nur wünschten oder zuließen.
In den sechziger Jahren glaubten nicht wenige, viele menschliche

Meinungsverschiedenheiten ließen sich über »den Dialog« beheben. Es entstand sogar eine »Kommunikative Philosophie« der Konfliktbewältigung. Im Verlauf eines solchen Dialogs entwickeln die Kommunikanten eine Durchschnittsmenge von identischen Regeln und Bedeutungen (»Venn-Diagramm«). Man war der eigenartigen Überzeugung, daß im Dialog, da alle Menschen wesensgleich und die Ebene der Vernunft zeit- und gesellschaftsinvariant seien, solche Durchschnittsmengen durch bestimmte dialogische Randbedingungen (der Dialog müsse herrschaftsfrei sein, die Dialogpartner müssen ein »offenes System« bilden) beliebig groß gemacht werden könnten. Eventuelle formale und/oder materiale Restmengen von Bedeutungen und Regeln, von Überzeugungen und Werteinstellungen, die außerhalb der Schnittmenge lägen, führten zwar zu vertäuschter Kommunikation, seien aber kommunikativ aufzuheben oder metakommunikativ zu relativieren. Restmengen, denen so nicht beizukommen sei, seien als für die Kommunikation unerhebliche Subjektivität, als Ideosynkrasien (»Ideosynkrasie« bezeichnet eine hochgradige Abneigung gegen bestimmte Meinungen, Wertvorstellungen, Ideologien) oder als Neologismen aus dem dialogischen Geschehen zu exkommunizieren.

Nicht wenige Menschen »objektivieren« diese Metapher, wenn sie der Meinung sind, daß ein Satz oder ein Text eine objektive Information enthalte, die man kommunikativ erheben kann. Auch Fragen wie:

- »Hast du das verstanden?«
- »Kannst du dem zustimmen?«
- »Haben wir dieselben Interessen?« . . .

unterstellen die Möglichkeit eines »Cognitive sharing«. Sie setzen die Möglichkeit einer Einigung auf genau eine Bedeutung voraus. Wenn so »Gemeinsamkeit« einen sozial hoch bewerteten Sachverhalt bezeichnet, wird der, der sich nicht zu dieser »kommunikativen Gemeinsamkeit« bekennt, sozial bestraft – bis hin zur Exkommunikation.

Der Interaktionismus ist der Überzeugung, daß dialogisch nicht einzuholende Restmengen keineswegs ein Übel vorstellen. Ihre Akzeptation ist vielmehr die Voraussetzung für Interaktionen, in denen Würde, Freiheit, Gerechtigkeit geschehen. Selbst Ideosynkrasien

ohne Krankheitswert sind, als werthaft positiv besetzt nicht nur zuzulassen, sondern vielmehr positiv zu akzeptieren.
Erst einer Kommunikation, die gezielt Gemeinsamkeiten vernichten will – wie etwa eine verurteilende und somit aktiv intolerant werdende –, ist, damit Toleranz sich nicht selbst vernichtet, mit reaktiver Intoleranz zu begegnen.
Der Metaphernrealismus der Dialogmetapher führt mit seiner Verpflichtung, sich in eine dialogische Einheit zu fügen, zu einer inhumanen Entwürdigung, einer inhumanen Beraubung von Freiheit, einem fundamentalen Unrecht in der Verkennung des Rechts auf eine dialogisch nicht zu vereinnahmende Eigenmenge von Vorstellungen und Werten. Er läßt repressive soziale Einheiten entstehen – bis hin zu denen, die Auschwitz ermöglichten.

c) Die Kampfmetapher

Auch diese Metapher beschreibt einen möglichen Typ kommunikativer Situationen. Die Sprache der Mächtigen (Männer, Vorgesetzte, Faschisten . . .) bevorzugt Kampfmetaphern. Davon zeugen Redewendungen wie:

- »Ihre Ansicht ist unhaltbar!«
- »Er traf den schwachen Punkt der Argumentation!«
- »Seine Argumente wurden zunichte gemacht!«
- »Er ist mit dem Argument durchgekommen!«
- »Er verwandte eine geschickte Konferenzstrategie!«

Sie wird immer dann geltend gemacht, wenn Menschen kommunikativ Null-Summen-Spiele (das sind Spiele, bei denen es Sieger und Besiegte, Überzeuger und Überzeugte, Dominierende und Unterworfene, Herrscher und Beherrschte gibt) oder egoistische Optimierungsspiele (ohne Kooperation oder mit erzwungener Kooperation) versuchen.
Die Metapher wird unzulässig verallgemeinert, wenn Menschen mit verschiedenen Ansichten und/oder Werteinstellungen miteinander kommunikativ über diese Verschiedenheit, ihre Gründe und Folgen sowie die Chancen, sie gegebenenfalls zu überwinden, interagieren. Sie setzt fälschlich voraus, daß Menschen, die eine verschiedene

Ansicht äußern, auch verschiedener Ansicht sein müßten. Die Verschiedenheit liegt meist nicht in der Ansicht, sondern in der dieser zugrundeliegenden und als geltend vermuteten Begründung oder als erfüllt angenommenen Bedingung. Sinnvoll kann man sich also nur über Begründungen und Bedingungen »streiten«.
In diesem Fall handelt es sich um soziale Optimierungsspiele unter den Bedingungen der Kooperation. Nur die Tatsache, daß die Techniken solcher Spiele nicht mehr beherrscht werden, konnte dazu führen, die Kampfmetapher zu generalisieren. Solche Techniken sind in der Tat überflüssig, wenn man davon ausgeht, daß alle Menschen, etwa weil wesensgleich, auf der Ebene der Vernunft zu gleichen Ansichten und Wertvorstellungen kommen könnten. Die Kampfmetapher war nur zu generalisieren, solange man das individualphilosophische Dogma akzeptierte. Der Kampf gilt dann der Bosheit, der Unwissenheit und der Intoleranz.
Doch auch die Annahme, jede Interaktion gehöre zur Gattung des Kämpfens, ist falsch. Vor allem anderen funktionalsiert (und entpersonalisiert) sie damit Interaktionen. Personale Interaktionen sind etwa:

- Interaktionen, die Kontakt aufbauen, vergewissern oder stärken,
- Interaktionen, die der Selbstdarstellung und der Akzeptation solcher Selbstdarstellung dienen,
- Interaktionen, in denen versteckte personale Appelle ausgetauscht werden (»Ich möchte, daß du mir zuhörst!« – »Ich möchte, daß du meine Meinung ernst nimmst!«),
- Interaktionen, in denen um Hilfe, Rat, Verzeihung gebeten wird.

Diese aber werden von der Kampfmetapher nicht erreicht. Die Kampfmetapher geht zu Unrecht davon aus, daß das kommunikative Aufeinandertreffen verschiedener Werteinstellungen, Interessen, Vorurteile notwendigerweise Kampfsituationen einfordert. Sie weiß nichts davon, daß man über *gemeinsamen Erkenntnisfortschritt* (ohne alles Kämpfen) in diesen Fällen nicht nur Konsens erzielen, sondern auch Probleme lösen kann. Es zeugt von der inhumanen Naivität des individualphilosophischen Paradigmas, wenn es annimmt, daß zwei Menschen, die eine verschiedene Meinung äußern, auch verschiedener Meinung sein müßten. Der Interaktionismus ist dagegen der Ansicht, daß reale Differenzen nicht auf der Ebene der Thesen, sondern der ihnen zugrundeliegenden Begründungen und/oder Bedingungen aufzuspüren sind.

d) Die Metapher von der sozialen Kontrolle

Auch diese Metapher bezeichnet eine nicht selten reale (wenn auch unrealistische) kommunikative Situation. In solchen Situationen wird Kommunikation als ein vermeintliches Instrument der sozialen Kontrolle in Vergewisserungssituationen verstanden. Es gilt durch kommunikative Aktivitäten festzustellen, ob eine soziale Situation richtig bewertet, zureichend beherrscht und ein angestrebtes Ziel erreicht wurde.

Wird diese Metapher realistisch interpretiert und bewußt eingesetzt, wird angenommen, daß Sprache dazu diene, menschliches Verhalten zu beeinflussen, so daß sich eine erwünschte soziale (oder ökonomische, politische, kulturelle) Situation ergibt. Kommunikation wird hier zu einem bloßen Mittel gemacht, etwas zu erreichen und/oder diese Zielerreichung auch zu kontrollieren. Kommunikation gilt als gelungen, wenn der »Sprecher« sein Ziel erreicht. Sie verläuft also asymmetrisch vom »Sprecher« zum »Hörer«. Eventuelle Rückkoppelungen dienen ausschließlich der Erfolgskontrolle.

Das Gemeinte mögen Redewendung erläutern wie:

- »Der Wetterbericht *veranlaßte* mich, einen Schirm mitzunehmen.«
- »Dein Brief *machte* mich glücklich.«
- »Die Presseberichte *beeinflußten* das Wahlverhalten.«
- »Das Presseecho *zwang* den Vorstand, seine Position zu bedenken.«
- »Die Werbemaßnahme *brachte ihn dazu*, das Produkt A zu kaufen.«

Kommunikation wird hier, wie im Realismus der Container- oder Botschaftsmetapher vorwiegend als ein (wirkursächlicher) Ursache-Wirkungs-Zusammenhang verstanden: Die Information verfüge über die magische Kraft, etwas in der Welt zu verändern. Vor allem werden

Menschen, die zweckrational denken (»Handeln ist nur sinnvoll, wenn es einen Zweck außer sich selbst hat!«), von dieser Metapher angetan sein. Kommunikation wird funktionalisiert zu einem Mittel, fremdes Handeln, fremde Einstellungen, fremde Orientierungen zu beeinflussen.
Bei der Generalisierung dieser Metapher spielt uns unser Unbewußtes einen Streich. Tatsächlich wollen wir (unbewußt wenigstens) in aller Kommunikation meist die Einstellungen, Orientierungen und Wertungen des oder der anderen zu eigenen Gunsten – also manipulativ – ändern.
Dennoch ist es unzulässig, diese Metapher zu generalisieren. Keineswegs ist alle Kommunikation auf soziale Kontrolle zurückzuführen. Die Metapher setzt kontrafaktisch eine Verzwecklichung kommunikativer Interaktionen voraus.
Gefährlich ist die Metapher, weil sie zur Folge haben kann, daß

- nicht erkannt wird, daß kommunikative Interaktionen auch ohne Fremdzweck (also eigenzwecklich) ablaufen können,
- unbeabsichtigte, nicht im Horizont zweckrationaler Zielvorgaben liegende Folgen kommunikativer Handlungen übersehen werden,
- der Zweck der kommunikativen Interaktion fehlinterpretiert wird.

Die nicht kritisch bedachte Kontrollmetapher beschränkt unmenschlich das kritische Vermögen des Rezipienten. Die wesentliche Asymmetrie wird auch deutlich in »Spielen« der Erwachsenen – wie etwa in dem »Ja, aber . . .«-Spiel. Sie geht davon aus, daß Kommunikation den egoistischen Zweck hat, den Partner zu manipulieren.
Jeder Metaphernrealismus verkennt, daß (etwa interaktionelle) Handlung und Wahrnehmung eine informationsursächlich-zirkuläre Rückkoppelungsschleife bilden, durch die wir weder unsere eigenen Wirkungen auf die »reale Außenwelt« (das ist die Welt, insoweit sie außerhalb unsere Erkenntnisvermögen besteht) noch die Sachverhalte in dieser Welt »objektiv« (d. h. auf diese Welt bezüglich) kontrollieren können.

4. Das Verkennen von Widerständen

Endlich kann Kommunikation unmenschlich ausgehen, wenn im kommunikativen Geschehen Widerstände falsch interpretiert werden. Kommunikative Widerstände haben zumeist drei Quellen:

- aktuelle, virtuelle oder habituelle Antipathie,
- emotionale Sperren und
- sachliche Meinungsverschiedenheiten.

a) Antipathiewiderstände

Widerstände, die in einer Antipathiespannung gründen, sind nicht gerade selten. »Antipathie« bezeichnet den Widerwillen, der durch die Vorstellung oder die Wahrnehmung von Menschen oder deren Handlungen ausgelöst wird. In jedem Fall belastet Antipathie die kommunikative Situation mit Kommunikationsstörungen – bis hin zum Kommunikationsabbruch.

Habituelle und virtuelle Antipathie
gründet zumeist in unbewußten Vorgaben (verdrängten Erfahrungen, anerzogenen Abneigungen, individuellen oder kollektiven Vorurteilen). Häufig werden der antipathisch besetzten Person negative Merkmale zugesprochen (Ungerechtigkeit, Unzuverlässigkeit, Arroganz, Intrigantentum . . .). Die habituelle Antipathie unterscheidet sich von der virtuellen, als sie dem Betroffenen bewußt ist. Er reagiert zumeist aggressiv (aber auch resignativ) auf die Vorstellung oder die Anwesenheit der antipathischen Person. Um menschlich mit aktueller Antipathie umgehen zu können, sind zwei Schritte nötig:

1. Jeder Mensch muß akzeptieren, daß andere das Recht haben, ihn antipathisch zu finden. Ebenso muß jeder Mensch das Recht haben, einen anderen dauerhaft nicht leiden zu können. Die infantile Vorstellung, man habe das Recht, von allen Menschen geliebt oder geachtet zu werden, muß überwunden werden.
2. Damit andere Menschen nicht unter einer wechselseitigen Antipathie-Besetzung leiden, sollten Personen, die sich wechselseitig

»auf den Nerv fallen«, sich darüber verständigen, wie es gelingen kann, andere nicht leiden zu lassen.

Wer diese beiden Schritte gehen kann, wird nicht von seiner Antipathie besessen werden – das aber ist der einzig sinnvolle Weg, sie zu überwinden.
Solche Überwindung ist sehr viel schwieriger, wenn es sich um latente Antipathiefelder handelt, die dem oder den Betroffenen nicht bewußt werden. Nicht selten hat latente Antipathie ihren Grund in einer nicht zugelassenen aktuellen Antipathie. Sie zeigt sich an durch ein vermehrtes aggressives Potential. Wenn bestimmte Personen mit dem, was sie tun oder sagen, besonders leicht und häufig aggressive Reaktionen auslösen, besteht der Verdacht eines virtuellen Antipathiefeldes. Hier sollte die Wahrnehmung einer abgesenkten Aggressionsschwelle als Symptom einer latenten Antipathie verstanden werden. Auch hier gilt es, sinnvoll mit der eigenen Aggressivität umgehen zu lernen. Man sollte Emotionen des aggressiven Formenkreises zwar zulassen, aber nicht von ihnen besessen werden. Besessen wird man von solchen Emotionen, wenn man ihnen, infantilen Bedürfnissen nachkommend, unkontrolliert seine Erwachsenenstrategien zur Verfügung stellt. Das wäre ähnlich töricht, wie wenn ein Vater seinem vierjährigen, von einer Kindergärtnerin gekränkten Sohn seine Erwachsenenstrategien (etwa der Kindergärtnerin »eine zu knallen«) zur Verfügung stellen würde. Ein Vierjähriger würde seinen Vater vermutlich noch dafür bewundern, ein Fünfjähriger aber schon bedenklich den Kopf schütteln.

Aktuelle Antipathie
liegt vor, wenn der antipathische Mensch Verhaltensmuster oder Eigenschaften zeigt, die dem Betroffenen im Augenblick auf die Nerven gehen. Hierher gehören etwa:

- Hörerinadäquates Verhalten: Der Sprechende nimmt beim Hörenden Verhaltensmuster wahr, die ihm nicht mit aufmerksamem Zuhören zusammenzupassen scheinen (in Unterlagen blättern, mit Kugelschreiber spielen, auf die Uhr schauen, mit dem übergeschlagenen Bein wippen, unter die Decke schauen, gähnen).

- Zu häufiges und/oder zu langatmiges Reden.
- Unklares Reden (nicht auf den Punkt kommen oder den Punkt nicht zureichend deutlich machen).
- Rechthaberische Reaktionen.
- Herumreiten auf Formalien.
- Verletzende Kritik.
- Abwertendes Reden.
- Langatmige Selbstdarstellung. Sie erzeugt nicht selten die Sorge, mit der eigenen Selbstdarstellung nicht mehr zum Zuge kommen zu können.
- Fahrlässiges In-Frage-Stellen der Vorurteile des oder der Partner.
- Arrogantes oder elitäres Auftreten oder Darstellen.
- Zu hohe Perfektion in Auftreten und Darstellung.
- Mund- oder unangenehmer Körpergeruch.

Da solche aktuell aufgebauten Antipathiefelder kommunikativ sehr störend sein können, sollten ihre Auslöser tunlichst vermieden werden. Nicht immer hilft da guter Wille. Gelegentlich ist es erforderlich, sich einen Coach zu suchen, der auf solche Auslöser aufmerksam macht, da sie der Betroffene selbst, oft gerade, wenn es sich um schlechte Angewohnheiten handelt, nicht bemerkt.

b) Emotionale Sperren

Emotionale Sperren sind immer dann gegeben, wenn die Kommunikationspartner erheblich voneinander abweichende Interessen, Erwartungen oder Bedürfnisse einbringen. Kommt etwa der berufstätige Partner abends erschöpft nach Hause und will der andere noch streiten, so sind die Interessen, Erwartungen an die Situation und an den Partner sowie die Bedürfnisse fundamental voneinander unterschieden.

Auch hier kann es zu erheblichen Widerständen gegen die jeweiligen Interaktionsangebote kommen. Meist werden sie aggressiv abgewiesen.

Solche emotionalen Sperren führen dazu, daß nur noch selektiv (manches Gesagte wird nicht wahrgenommen) oder projektiv (es werden Inhalte wahrgenommen oder gewertet, die nichts mit einer sinnvollen Signalverarbeitung zu tun haben) zugehört wird.

Um emotionale Sperren zu überwinden, bieten sich zwei Möglichkeiten an:

- Ein Partner versucht das Interesse, die Erwartungen und die Bedürfnisse des anderen an seine anzugleichen.
- Beide Partner schließen einen Kompromiß, wessen Bedürfnisse und Erwartungen Vorrang haben. Nicht selten stellt sich eine solche Kompromißbildung über soziodynamische Prozesse »wie von selbst« ein.

c) Sachliche Meinungsverschiedenheiten

Kommunikative Widerstände auf Grund sachlicher Meinungsverschiedenheiten sind nicht allzu häufig. Nicht selten werden Antipathiewiderstände oder Widerstände aus emotionaler Sperrung als sachliche Differenzen maskiert.

Diese Maskerade muß aber unbedingt durchschaut werden. Ist das nämlich nicht der Fall, werden falsche Strategien eingesetzt, die Widerstände zu beheben. Argumentativ können aber Antipathiewiderstände oder Widerstände aus sozialer Sperrung nicht behoben werden. Ein solcher Versuch verstärkt die Widerstände in aller Regel eher noch.

Erst wenn solche Maskeraden ausgeschlossen sind, ist davon auszugehen, daß realisierte Widerstände allein auf sachlichen Meinungsverschiedenheiten beruhen.

Die wichtigsten Gründe für solche sachliche Meinungsverschiedenheiten sind:

- Gleiche oder doch gleichartige Signale führen zu verschiedenen Informationen. Um solche Widerstände zu beheben, muß man um das Versagen der Container- oder der Botschaftsmetapher wissen. Dann ist es nicht selten möglich, metakommunikativ (d. h. in einer Kommunikation über die Kommunikation, die zu Widerständen führte) den Widerstand zu beheben.
- Erzeugen die Signale gleiche oder doch ähnliche Informationen, können diese Informationen jedoch in andere Kontexte gestellt, anders interpretiert, anderes hierarchisiert werden.

Solche Widerstände können

- entweder suboptimal durch den Einsatz von Machtmitteln (hierarchischer Dominanz, aggressiver Dominanz, kommunikativer Dominanz, Beherrschung soziodynamischer Techniken)
- oder optimal durch die Verwendung dialektischer Diskurstechniken, die strukturell jeden Einsatz von Machtmitteln ausschließen,

behoben werden.

Kapitel 3

Über die Psyche

3

»Person« kann, wie gezeigt, als psycho-somatisch-soziale Einheit beschrieben und systemtheoretisch gedeutet werden. In diesem Kapitel soll ein Aspekt dieser Einheit behandelt werden: die Psyche.

»Psyche« bezeichnet das, worin Motive, Interessen, Bedürfnisse, Emotionen, Einstellungen und Orientierungen wurzeln, kurz: all das, was unsere Interaktionsgebote und die Weise, mit fremden Interaktionsangeboten umzugehen, bestimmen kann, sofern es nicht durch die Umwelten oder die unverständliche Welt *unmittelbar* ausgelöst wird. Daß die Welten durchaus mittelbar unsere Motive, Interessen, Emotionen und Bedürfnisse bestimmen, ist offensichtlich. Das kann in einer doppelten Weise geschehen:

1. Die Welten stellen Auslöser bereit, die unsere Psyche mit einem bestimmten Motiv, einem bestimmten Interesse, einer bestimmten Emotion reagieren lassen.
2. Die Welten erzeugen informationsursächlich Psyche ständig neu. Das soll nicht heißen, daß sie nicht in gewissem Umfang mit sich genidentisch (d. h. über einen gewissen Zeitraum mit sich identisch) sein könnte, wohl aber, daß sie sich ständig, und zwar nicht identisch reproduziert. Diese Reproduktion geschieht
   - entweder unter dem Einfluß der verschiedenen psychischen Verarbeitungsinstanzen (wie Bewußtes, Vorbewußtes und Unbewußtes) autonom (in einem autopoietischen Prozeß),
   - oder aber auf Grund von Verarbeitungsprozessen der aus den Welten angelieferten Informationen.

In einer systemtheoretischen Behandlung kann die Psyche – als Element einer psycho-somatisch-sozialen Einheit – als Struktur dieser

Einheit aufgefaßt und behandelt werden. Das soll hier geschehen. Zur Struktur eines Systems gehören Seins- und Bewußtseinselemente. Was sind nun die wesentlichen Elemente, die die Struktur des Subsystems »Psyche« bestimmen?

1. Das psychische Sein

Zum (psychischen) »Sein« gehören im Interaktionismus:

1. Die *Muster* (pattern), denen interaktionistische Aktivitäten folgen. Es sind das also die in der Vergangenheit oder der Gegenwart erworbenen oder erzeugten Bedeutungen und Regeln. Die Regeln und Bedeutungen können von einem Außenstehenden aus dem Ablauf von Interaktionen verstanden werden – ähnlich wie ein häufiger Beobachter von Fußballspielen früher oder später die Bedeutungen der interaktionellen Aktivitäten der Spieler und der Schiedsrichter sowie die Regeln, nach denen sich diese Aktivitäten verbinden, bewußt erkennt und somit das Fußballspiel versteht.
2. Die *Speicher*, in denen Erkanntes, Erklärtes, Verstandenes gelagert und verarbeitet wird. Es handelt sich dabei um aktive Speicher. Ihre wichtigsten Aktivitäten sind:

- Erkanntes, Erklärtes, Verstandenes wird *assoziiert* mit anderem Erkannten, Erklärten, Verstandenen. So könnte etwa ein erkannter Baum assoziiert werden mit einem Erlebnis, das unter einem Baum stattfand.
- Erkanntes, Erklärtes, Verstandenes wird *dissoziiert*, d. h., Sachverhalte, wie etwa Erkanntes und dessen Bezug auf den Erkennenden, werden voneinander getrennt. So kann etwa der als schön erkannte Baum von dem »Schönsein« abgetrennt werden und jetzt mit einem anderen Interesse (etwa der Frage nach seinem Alter) verbunden werden. Das Erkannte kann jetzt mit anderem Erkannten neue Verbindungen eingehen, die vorher nicht möglich waren.
- Erkanntes, Erklärtes, Verstandenes wird mit einer Emotion,

einem Bedürfnis, einem Interesse, einer Wertung *besetzt.* So kann etwa der erkannte Baum mit der Emotion der Trauer besetzt werden, nachdem die Erinnerung an ein vergangenes Ereignis mit ihm assoziiert wurde.

Wir nennen die drei uns bekannten Speicher Bewußtes, Vorbewußtes und Unbewußtes.

2. Das psychische Bewußtsein

Zum »Bewußtsein« gehören alle Inhalte, die den Zweck haben, das Sein zu stabilisieren. Hier sind vor allem zu nennen die Grundeinstellungen eines Menschen zu sich, zu anderen, zu Sachen, zu Gruppen und die Werteinstellungen, die ihm sagen, was werthaft und was wertlos, was gut und böse, was vernünftig und unvernünftig, was nützlich und was schädlich ist. Anzumerken ist, daß »Bewußtsein« hier nicht in demselben psychologischen Sprachspiel spielt (also nichts mit dem zu tun hat, was wir weiter oben mit »bewußt« im Gegensatz zu »unbewußt« oder »vorbewußt« bezeichnet haben). »Bewußtsein« meint hier jedes psychische Strukturelement, das nicht zum Sein gehört. Sowohl das Element als auch die ihm zugeordneten Inhalte können also durchaus unbewußt sein.
Wir wollen dieses als psychisches Subsystem verstehen. Dazu bietet sich an, es als eine dialektische Einheit aus (wenigstens) fünf Elementen zu interpretieren. Diese Elemente sind:

1. *Die konkrete Individualität.*
2. *Die konkrete Sozialität.*
3. *Die konkrete Welthaftigkeit.*
4. *Die konkrete Grenzhaftigkeit.*
5. *Die konkrete Geschichtlichkeit.*

Wir müssen hier unbedingt in jeder Bestimmung das »konkret« anführen, weil es sich andernfalls nicht um einen Bewußtseinsinhalt, sondern um ein Seinsmuster handeln würde, das im Vorhergehenden hätte dargestellt werden müssen. Strukturell-abstrakt sind diese fünf Pole sehr wohl Elemente des Seins. Da es uns aber in unserem

Menschenbild darum geht, das Abstrakte so zu zeichnen, daß es für das Konkrete und das Selbstbild relevant wird, wollen wir diese fünf dialektisch aufeinander bezogenen Pole unter »Bewußtsein« führen. Von »Polen« einer dialektischen Einheit spreche ich, weil man diese fünf Elemente in einem Fünfeck (einem Pentagramm) mit je einem Element an jeder Ecke anschaulich darstellen kann:

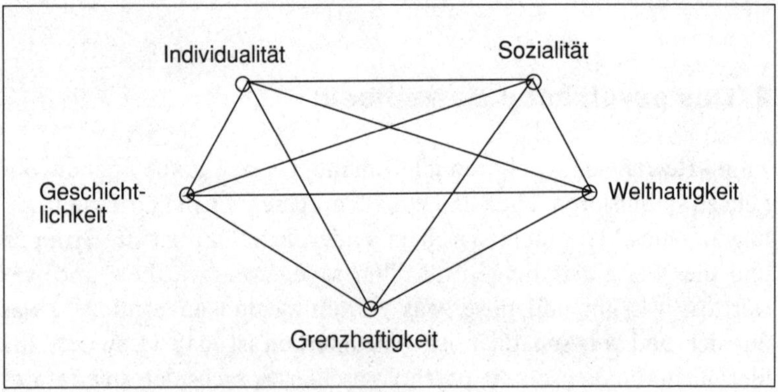

3. Zum Konstruktivismus

Um die Geheimnisse menschlicher Psyche so weit zu entschlüsseln, daß menschliches Miteinander-Umgehen leichter und sicherer möglich ist, müssen wir über formale Strukturen der menschlichen Psyche handeln, die man heute gemeinhin »Konstrukte« nennt. Es sind ebendiese Konstrukte, die die Ausbildung des Selbstbildes, des Weltbildes und des Bildes sozialer Gebilde (als Systeme) bestimmen. Diesen Ansatz, der die Autonomie des Erkennens auch erkenntnistheoretisch sichert, nennt man heute gemeinhin *Konstruktivismus.* Er gilt als einziger erkenntnistheoretischer Ansatz, der nicht falsifiziert wurde.
Dieser konstruktivistische Ansatz ist keineswegs eine Erfindung der philosophischen Neuzeit. Er findet sich in vielen »idealistischen« Erkenntnistheorien auch des nicht europäischen Denkens (etwa in den Upanischaden).

- *Protagoras von Abdera († 421 v. Chr.)* formulierte als erster im europäischen Denkraum die Abhängigkeit aller Erkenntnis vom Erkennenden: *»Der Mensch ist das Maß aller Dinge: Der Seienden, wie sie sind, der Nicht-Seienden, wie sie nicht sind«* (Homo-mensura-Satz). Das »Da« der Dinge sei zwar der Erkenntnis vorgegeben, nicht aber deren »So«. Dieses werde erst durch und in der Erkenntnis geschaffen.

- Sein Landsmann *Demokrit von Abdera († 380 v. Chr.)* lehrte, daß wir nicht erkennen könnten, wie in Realität ein jedes sei. Wir erfassen nichts untrüglich, sondern nur das, was dem wechselnden Zustand unseres Erkenntnisvermögens entspricht.
- *Pyrron von Elis* († 270 v. Chr.) war der Ansicht, daß der Erkennende niemals herausfinden könne, ob und in welchem Umfang seine Erkenntnis mit einer von seinem Erkenntnisvermögen unabhängigen Welt übereinstimmt. Um eine solche Übereinstimmung festzustellen oder zu prüfen, müßte das Erkannte mit der »Realität« verglichen werden können. Das aber würde voraussetzen, daß man das Erkannte dem noch nicht Erkannten gegenüberstellen könne. Der Zugang zu dem noch nicht Erkannten muß aber notwendigerweise wieder über ein Erkennen führen. Damit aber ist der erforderliche Vergleich unmöglich.
- *Sextus Empiricus*, der jede Form des Dogmatismus bekämpfte, schrieb an der Wende zum 3. nachchristlichen Jahrhundert: »*Wir können unsere Wahrnehmungen immer nur mit unseren Wahrnehmungen, nie aber mit dem Objekte unserer Wahrnehmung, wie es vor unserer Wahrnehmung war, vergleichen.*«
- Auch der *mittelalterlichen Philosophie* waren konstruktivistische Ansätze durchaus vertraut. Bedeutungen (von Sätzen, Handlungen) werden danach immer nur erkannt im Horizont des Selbstbildes. Sie sind immer schon interpretiert (wie ja auch Erkenntnisobjekte). Der Rahmen dieser Interpretationsvorgabe kann in der Regel nicht gesprengt werden. Das thomistische Prinzip »*Das Erkannte ist im Erkennenden auf die Weise des Erkennenden*« (»Cognitum est in cognoscente secundum modum cognoscentis«) ist unbedingt anzuwenden.
- Im Sinne moderner Philosophie, entwickelte *Immanuel Kant* vor allem in der »Kritik der reinen Vernunft« (1781) (gleichsam »nebenbei«) ein konstruktivistisches Konzept:

Die Dinge an sich affizieren unsere Sinnlichkeit, die dann autonom (über die Aktivierung der Raum- und Zeitform) Erkenntnisinhalte schafft.
Auf diese richtet sich mittels der Vorstellungskraft, die für die qualitative Einheit des Erkannten sorgt, der Verstand. Er bildet durch Aktivierung der Kategorien Erkenntnisobjekte.
Unsere Konstrukte entsprechen im wesentlichen den regulativen Ideen Kants. Der Idee »Seele« entspricht das Selbstkonstrukt, der Idee »Welt« das Weltkonstrukt, der Idee »Gott« die Konstrukte »soziale Systeme«. Ideen sind bei Kant keine Sachverhalte, die außerhalb unserer Erkenntnisvermögen bestehen könnten. Sie sind vielmehr strukturelle Vorgaben, die die Aktivitäten unserer Erkenntnisvermögen steuern. Dasselbe gilt auch für die Funktion der Konstrukte. Während Kant die Frage nach der Herkunft der Ideen unbeantwortet läßt, verstehen wir Konstrukte als zusammen mit der Psyche Werdendes.

Auch die klassische Psychoanalyse denkt weitgehend konstruktivistisch, wenn sie von Selbstobjekt oder Fremdobjekt spricht (»Objekt« bezeichnet psychoanalytisch eine emotional besetzte Repräsentanz). So nimmt es denn auch nicht wunder, daß ein Psychiater, *Paul Watzlawick*, empirisch den konstruktivistischen Ansatz belegen und mit seinen Arbeiten bekannt machen konnte.
In Anlehnung an die psychoanalytische Terminologie unterscheiden wir drei Typen von Konstrukten: Selbstkonstrukt, Weltkonstrukt und die Konstrukte sozialer Systeme. Konstrukte vom Typ »soziale Systeme« werden stets gebildet, wenn interaktionell die Brauchbarkeit und Nützlichkeit von Konstrukten getestet wird. Wir sprechen von »Bewährung von Konstrukten«. Konstrukte können sich aber nur dann interaktionell bewähren, wenn es sich bei den sich bewährenden Interaktionen um *reale* Interaktionen handelt, die nicht nur von unseren Konstrukten erzeugt, sondern ebenfalls von ihnen begleitet werden.
Konstrukte sind stabile Vorstellungen des kognitiven Systems, die einerseits auf Grund von Signalen, die nicht dem kognitiven System entstammen, zum anderen von selbsterzeugten Signalen des Systems autonom generiert wurden und werden. Konstrukte werden gebildet

von Informationen, entstehen zusammen mit ihnen und bilden wiederum Informationen. Zwischen Konstrukten besteht also eine dialektische Einheit mit den vom kognitiven System unter ihrer Mithilfe und Führung gebildeten Informationen.
Informationen werden konstruktivistisch verstanden als ein Bündel von Erkenntnissen (Inhalten und/oder Gegenständen), Erklärungen, Wertungen, Besetzungen (mit Emotionen, Interessen, Bedürfnissen).
Unser kognitives System wird – konstruktivistisch – mit der psychoanalytischen Theorie, insofern es bewußte Inhalte erzeugt oder verarbeitet, als Organ verstanden, das unbewußte Inhalte zum Bewußtsein bringt. Das bedeutet, daß Affektionen unserer Erkenntnisvermögen zunächst einmal das Unbewußte erreichen, das sie dann, wenn bestimmte Bedingungen erfüllt sind, zum Bewußten aufsteigen läßt.
Die wichtigsten dieser Bedingungen sind:

- Der zum Bewußtsein zugelassene Inhalt darf nicht im krassen Widerspruch stehen zu unseren Konstrukten, wohl aber darf er sie dynamisieren (andernfalls wird er abgewehrt oder entsprechend verändert).
- Der zum Bewußtsein zugelassene Inhalt muß einem offenen oder latenten Bedürfnis, einem Interesse, einer Erwartung oder einer Wertvorstellung entsprechen.

Die Selbsterzeugung (Autopoiesis) der Konstrukte wird durch solche Bedeutungssubstitutionen in Gang gesetzt, kann sie aber auch zur Folge haben. Ein gesundes kognitives System wird versuchen, die Zeichen, denen es semantische, funktionale und emotionale Bedeutungen zuordnet, so zu organisieren, daß gelingende Interaktionen wahrscheinlicher werden.
Weltkonstrukt, Selbstkonstrukt und die Konstrukte sozialer Systeme wechselwirken (über informationsursächliche Prozesse) *dialektisch* miteinander.

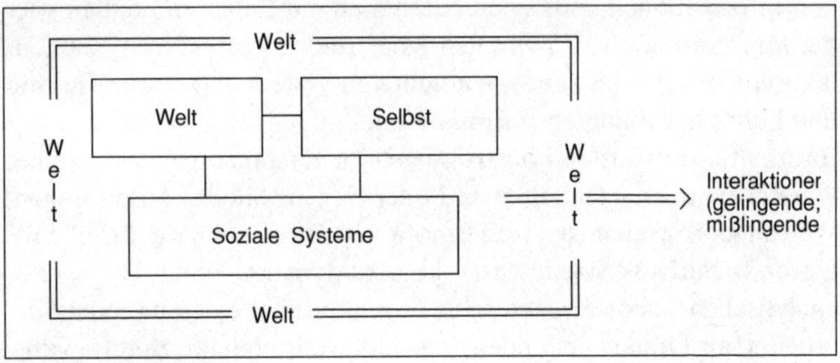

Festzustellen ist, daß von Mensch zu Mensch unterschieden sind:

- die Abgrenzungen der Konstrukte gegeneinander,
- die Dynamik der Konstrukte in sich und untereinander nach Intensität und Qualität,
- der Außenrahmen, der nicht etwa »an sich« existiert, sondern eine Bildung des Selbstkonstruktes in Abgrenzung zum Weltkonstrukt ist.

Da nun aber jeder Mensch über andere Konstrukte verfügt, ist also jede Erkenntnis, jedes Erklären oder Verstehen, jedes Werten aus der Sicht eines anderen Menschen nicht behebbar »unzuverlässig« (*G. Ungeheuer*). So ist etwa die Information nicht vorhersehbar, die das informationsursächliche Angebot erzeugt. In der Interaktion begegnen sich also zwei mehr oder minder unterschiedene Konstrukte, die miteinander Kontakt aufzunehmen versuchen.

Da den Konstrukten kein »Modelloriginal« entspricht, sondern sie reine Produktionen unseres kognitiven Systems sind, kann man zu Recht die verwunderte Frage stellen, wie es denn überhaupt zu »gelingenden Interaktionen« kommen kann. Nur ähnliche Reduktionen auf Grund ähnlicher Erfahrungen, vor allem aber das Verfügen über eine oder mehrere kommunikativ bestätigte Sprachen sichert die Möglichkeit erfolgreicher Interaktionen. Es gilt jedoch zu berücksichtigen, daß jedes stabile Interaktionsfeld eine Eigensprache entwickelt, deren Bedeutungen und Regeln in die Struktur des Feldes

wie – über dessen Internalisierung – in die des Selbstkonstruktes eingehen.
Die in Konstrukten abgelegten Wirklichkeitsvorstellungen werden sozial verbindlich, wenn sie einen dauerhaft brauchbaren Bezugsrahmen für gelingende Interaktionsfolgen abgeben.
In den folgenden Kapiteln sollen die Bedeutungen ausgemacht werden, die den Namen der Pole unseres Pentagramms (Seite 60) entsprechen. Wir beginnen mit dem Pol »konkrete Individualität«.

Kapitel 4

Über konkrete Individualität

4

1. Die Reduktion von Person auf Individuum

Wie schon erwähnt, reduzierte die philosophische Neuzeit Personsein auf Individualität. »Individuum« und »Mensch« wurden austauschbare (synonyme) Begriffe. Diese individualistische Verengung des Menschenbildes hatte fatale Konsequenzen. Wie konnte sie zustande kommen?

Schon im Altertum zeigen sich erste Anzeichen dieser uns Heutigen noch durchaus naheliegenden Verkürzung des Menschlichen auf Individualität. So schreibt der berühmte römische Jurist *Ulpian: »Wenn der Kaiser jemandem, ohne ein Präjudiz schaffen zu wollen, eine Unterstützung gewährte, dann geht das nicht über die Person hinaus.«* Zumeist verstand aber die Antike unter »Person« eine Rolle im Theater, vor Gericht, in der Gesellschaft. Die enge soziale und historische Verwiesenheit von »Person« kommt noch in einem Dekret der Kaiser *Konstantin* und *Licinius* (aus dem Jahre 313) zum Ausdruck. Hier finden wir die Formulierung: *»Dies haben wir zusätzlich in bezug auf die Person der Christen* [in persona christianorum] *beschlossen.«* »Person« meint hier noch »Gemeinschaft«. Das frühe Christentum selbst übernahm zunächst den Gebrauch »Rolle«, engte ihn aber auf »Sprecherrolle« ein. Das Wort hatte also zunächst seinen existentiellen Sozialbezug noch nicht verloren.

Erst die theologische Diskussion um die »Dreifaltigkeit« (und später um Jesus als Gottessohn) machte deutlich, daß die alten Begriffe nicht zureichten. Das Ergebnis dieser Diskussionen war eine Verlegenheitslösung. Es wurde, wie auch heute noch üblich ist, in Situationen wissenschaftlicher Verlegenheit (*Thomas von Aquin* meint: durch göttliche Inspiration) ein neuer Begriff (*hypóstasis* – Person) erfunden. Erst *Boethius* brachte ihn um das Jahr 500 auf eine brauchbare Form: »*Person ist die individuelle* [= in sich ungeteilte] *Substanz einer rationalen Natur*« (»persona est naturae rationabilis individua substantia«).

Diese Definition erwies sich als so erfolgreich, daß wir daraus einige Eigenheiten des herrschenden Paradigmas erschließen können. Das leitende Paradigma dieser Zeit nennen wir heute das metaphysische. Es war an realen Situationen und Sachverhalten nicht interessiert: Es versuchte vielmehr, sich spekulativ denkend an eine zeitinvariante Realität anzunähern.

Dieses Paradigma beherrschte auch das Mittelalter. Aber es gibt auch Ausnahmen. So konnte es vor allem im Rechtsbereich Person »Würde« oder auch »Würdenträger« oder »Vollmacht« bedeuten. Aber auch manche Theologen schlossen sich dieser Position an. So bestimmte um 1230 *Wilhelm von Auxerre*, daß »Person« ein Name sei, der sich auf das Recht, d. h. auf Macht und Würde, beziehe. Die meisten Theologen aber suchten eine Bestimmung zu finden, die auf Menschen ebenso anzuwenden sei wie auf Gott. Im Verlauf solchen Mühens versuchte um 1170 *Richard von St. Viktor*, den Begriff von seinem metaphysischen Ballast zu trennen. »Er« bezeichne in den überkommenen Definitionen ein »Was«, »Person« dagegen bezeichne ein einzigartiges, unmittelbares »Wer«.

Wilhelm von Ockham bestimmte um 1320 – ganz dem metaphysischen Paradigma verpflichtet – »Person« als »*ein vollständiges intellektuelles Seiendes, das nicht konstituierender Bestandteil eines anderen ist, nicht die Anlage mitbringt, einem anderen anzuhaften, oder dazu, von einer anderen Substanz getragen zu werden*«. Solche und ähnliche Definitionen sind uns heute völlig fremd.

Mit *R. Descartes* beginnt die philosophische Moderne – und mit ihr ein Wandel des Paradigmas. Das nun herrschende, das wir heute »individualphilosophisch« nennen und zumeist ablehnen, steht nun in der Pflicht, einen neuen Zugang zu »Person« zu finden. Doch bleibt dieser Zugang der Moderne weitgehend versperrt. Vermutlich wegen seines theologischen Beigeschmacks vermeidet Descartes dieses Wort. Eher zufällig, wennschon befreit vom Ballast des metaphysischen Denkens, bestimmt er (um 1640): »*Person ist das, dem Menschen Worte und Handlungen zusprechen.*« Die meisten Philosophen der Folgezeit bis hin zu I. Kant vermeiden es ebenfalls, dieses Wort, philosophisch definiert, zu gebrauchen.

Erst bei *G. W. F. Hegel* erlangt es wieder philosophische Würden – wenn auch in einer Weise, die dem Allgemeinen Bewußtsein auch des 19. Jahrhunderts fremd gewesen sein dürfte. Er unterscheidet 1821 Person von Persönlichkeit: »*Die Allgemeinheit dieses für sich freien Willens ist die formelle, die selbstbewußte, sonst inhaltlose einfache Beziehung auf sich in seiner Einzelheit – das Subjekt ist insofern Person. In der Persönlichkeit liegt, daß ich als Dieser vollkommen nach allen Seiten (in innerlicher Willkür, Trieb und Begierde, sowie nach unmittelbarem äußerlichen Dasein) bestimmte und endliche, doch schlechthin reine Beziehung auf mich bin und in der Endlichkeit mich so als das Unendliche, Allgemeine und Freie weiß.*« Zwar beginnt mit der Mitte des 19. Jahrhunderts eine Renaissance des Wortes »Person«, doch verstehen es kaum zwei Philosophen in gleicher Weise. Wohl definiert, bleibt es ein weitgehend juristisch bestimmter Terminus. Doch sind die Folgen der Hypertrophie der Individualität nicht unerheblich.

So kommt *F. Nietzsche* zu dem Schluß, daß es für Menschen allgemeine Gesetze – seien sie moralischer oder rechtlicher Art – nicht geben dürfe, da sie niemals der Individualität des einzelnen gerecht werden könnten. In »Der Wille zur Macht« schreibt er: »*Den Zweck des Menschen aufstellen, hieße die Individuen in ihrem Individuellwerden hindern und sie heißen, allgemein zu werden. Sollte nicht umgekehrt jedes Individuum der Versuch sein, eine höhere Gattung als den Menschen zu erreichen, vermöge seiner individuellsten Dinge? . . . Der höchste Grad von Individualität wird erreicht, wenn jemand in der höchsten Anarchie sein Reich gründet als Einsiedler.*«

Es wird kaum möglich sein, sich dieser Konsequenz zu entziehen, wenn man die Reduktion von Person auf Individuum konsequent zu Ende denkt. Und dieser schier unerträglichen Konsequenz wegen wurde Nietzsche zu einem Vordenker der Nachmoderne: Konsequenter Individualismus endet im Wahn. Ein Mensch gewinnt ein absurdes Bild von sich selbst. Er sei so autonom, daß er an sich keines anderen Menschen bedürfe.

Auch der Kult des Egoismus, der im Gegensatz zum Altruismus den eigenen Nutzen zu mehren sucht, ist eine Folge dieser Überbetonung der Individualität. Der andere ist halt der andere und hat mit mir nichts gemein. Nur im Gegensatz zu ihm kann ich meinen eigenen Nutzen suchen. Daß damit nicht gemeint sein muß, daß unser Interagieren ein Null-Summen-Spiel ist, in dem es nur Gewinner und Verlierer gibt, bemühte sich 1776 *Adam Smith*, der erste große Theoretiker einer kapitalistisch-marktwirtschaftlichen Ordnung, zu belegen. Er versuchte zu zeigen, daß aus dem Streben nach Eigennutz aller in dieser Ordnung sehr wohl eine Mehrung allgemeiner Wohlfahrt erwachsen könne. Daß dieser Versuch aus mancherlei Gründen heute als gescheitert zu betrachten ist, besagt jedoch nicht schon einen Zwang, das Bild vom Menschen zu ändern. Er ist gescheitert, weil er in ausschließlich ökonomischen Nutzenkategorien denkt (und zudem der »Nutzen des Verbrauchers von Konsumgütern« kaum sinnvoll quantifiziert und somit vergleichbar gemacht werden kann), weil er übersieht, daß die Ressource »Umwelt« begrenzt ist, weil er verkennt, daß solches Nutzenstreben durchaus dem Gemeinwohl nicht unerheblich schaden kann. Das Ökonomieversagen kann nur durch staatliche Aktivitäten kompensiert werden.

Doch ebenso ist eine Ökonomie praktisch gescheitert, die davon ausging, daß Menschen sich primär gemeinwohlverträglich verhalten können, also nicht an erster Stelle das Eigenwohl mehren wollen. Marxistisch orientierte Ökonomien vermuteten fälschlich, daß nach einer absehbaren Zeit des Übergangs (der »Diktatur des Proletariats«) ein »neuer Mensch« entstehen würde, der sich primär dem Gemeinwohl verpflichtet weiß (im »Kommunismus«). Offensichtlich ist es ebenso gefährlich, die Individualität über- wie unterzubewerten.

Doch verlassen wir nun die Geschichte. Das Allgemeine Bewußtsein mit seinem Bild von Person wird sich kaum in den Reflexionen Hegels wiederfinden. Ohne es zu wissen, greift es ein Element der Definition des Boethius auf: das von der Individualität. Dabei erlöst es den Begriff von seiner metaphysischen Bedeutung und gibt ihm einen ganz anderen. »Individuum« meint nun nicht mehr das In-sich-Ungeteilte, sondern wird zu einem Synonym von Person.

2. Individuation

Der Begriff bezeichnet in der Psychologie das Werden des Individuums, das *C. G. Jung*, selbst noch sehr einem individualistischen Denken verhaftet, dem Werden des »Selbst« gleichsetzt. Wir wollen jedoch »Individuation« in einem interaktionistischen Paradigma behandeln – sie geschieht also in, mit und durch Interaktionen und in einem Dialog zwischen verschiedenen psychischen Instanzen eines Menschen, der ihn im Fall des Mißlingens von seinen Bedürfnissen, Emotionen, Interessen entfremdet. Letztlich ist ein gelingender wie mißlingender Selbstdialog abhängig von gelingenden oder mißlingenden Fremdialogen mit primären (familiären oder beruflichen) Bezugspersonen.

Individuation bedeutet im Konstruktivismus die Trennung von Selbst- und Weltbild und die damit verbundene Ausbildung des Selbst- und Weltkonstrukts. »Konstrukt« wird definiert als ein psychisch produziertes Gebilde, das sich Menschen im Umgang mit der Welt und anderen Menschen ausbilden.

In unserem Kulturkreis werden Konstrukte (vor allem das Selbstkonstrukt und das über interaktionelle Felder) zumeist als Systeme konstruiert. Für den Aufbau des Selbstkonstrukts heißt das: Unser kognitives System konstruiert aus »passender« interaktionell anfallender Erkenntnis als Konstrukt ein *psycho-somatisch-soziales System*. Obschon dieser Konstruktionsprozeß durch Erinnerungen, Tätigkeiten und Interaktionen dauernd kontrolliert wird – und bei Widerständen (Erfolglosigkeiten) und/oder geminderter Entfaltung des emotionalen und sozialen Lebens bei gesunden Menschen auch korrigiert wird –, ist es ein autonomes Produkt unserer Erkenntnisvermögen.

Was sich der Anlagerung oder Einlagerung an das Selbst- oder Weltkonstrukt entzieht, wird zur unverständlichen Welt. Es gehört damit zur Menge von »Sachverhalten«, die:

- entweder zu unverständlichen Signalen führen (ich erkenne etwa, daß die Laute der chinesischen Sprache Signalfunktion haben; sie werden aber bei mir nicht darüber hinaus informationsursächlich erheblich)
- oder etwas wirkursächlich erzeugen, von dem wir nur die Wirkun-

gen als Signalquellen erfahren (ich erkenne etwa, daß ein Interaktionspartner zu Einsichten gelangt ist, deren Ursachen mir fremd sind).

Unverständlich ist also eine Welt, als Quelle von Signalen, die aus gleich welchen Gründen nicht zu Informationen verarbeitet werden (können). Sie verweist auf die Grenzen der Bewährung von Konstrukten. Während wir in der Regel die unverständliche Welt des Selbstkonstrukts nicht erkennen und kaum akzeptieren, ist die leidvolle Erfahrung einer unverständlichen Welt in Konstrukten über soziale Systeme eher alltäglich. Es ist jedoch wichtig, ihren Grund zu erkennen: Sie gründen in der unverständlichen Welt des Selbstkonstrukts mit seinen Wertorientierungen, Selbstverständlichkeiten, Interessen, Bedürfnissen, Erwartungen und erworbenen Begabungen. Wir sind unfähig, uns selbst (d. h. unser Selbstkonstrukt) zu verstehen, da ein solches Verstehen voraussetzt:

- daß wir aus unserem Selbstkonstrukt heraustreten, es gleichsam von außen betrachten können, und
- daß wir Kenntnis haben über das Gewordensein, die »reale Geschichte« unserer Konstrukte.

Beides aber ist uns unmöglich!

Erst recht können wir aber einen anderen Menschen nicht verstehen (d. h., wir sind schlechterdings unfähig, zutreffend seine Konstrukte zu rekonstruieren).
Wird dieser Sachverhalt akzeptiert, bedeutet das, daß anderen Menschen das Recht auf eine möglicherweise völlig andere Eigenwelt zugestanden wird (einschließlich des Rechtes, die Erkenntnissachverhalte völlig anders zu erklären und zu werten), die gegenüber dem eigenen Weltkonstrukt *in keiner Weise gemindert* wird. Das ist das Wesen der Toleranz.
Solange ich meiner Welt mit ihren Erklärungen und Wertungen einen »erkenntnisunabhängigen Sachverhaltsbereich« zuordne, fehlt mir alle Toleranz. Es fehlt mir das Wissen, daß solche Sachverhaltsbereiche nichts anderes als transzendentallogische Entitäten sind, die se-

kundär und wechselwirkend mit Konstruktinhalten und damit subjektiv gebildet werden. Ferner entziehe ich mit dieser Annahme weite Bereiche meines Selbst- und Weltkonstrukts der Prüfung mittels Interaktionen. Es gibt also kaum etwas Törichteres, als über die Interpretation von »wirklichen Sachverhalten« zu streiten, denn jeder Mensch hat das Recht auf seine eigene. Wer solches leugnet, entzieht sich damit der Bewährung seiner Welt. Er hat gute Chancen, zu erfahren, daß sein Instrument der Weltbewährung stumpf wird. Damit aber lebt er zunehmend in einer nicht bewährten Welt.
Spätestens an dieser Stelle wird deutlich, daß die getrennte Behandlung der fünf Pole bestenfalls didaktisch, kaum aber von der Sache her gerechtfertigt ist. Individuation geschieht nämlich immer in einem sozialen Feld, ist immer *bezogene Individuation* (H. Stierlin). Sie besorgt die Art und den Grad der Selbstdifferenzierung und Selbstabgrenzung durch mehr oder minder gelingende Nähe-Distanz-Erfahrungen, in der Regel im Horizont der Familie, aber auch in beruflichen und sozialen Feldern, wenn zureichend enge emotionale Beziehungen zwischen den Beteiligten bestehen.
Wir wollen hier nicht im Sinne der Entwicklungspsychologie ausführlich über Individuation handeln (das habe ich in »Bild des Menschen« versucht), sondern entwicklungspsychologische Fragen nur en passant behandeln. Individuation ist hier verstanden als dauernder Prozeß, dem Menschen zeitlebens unterworfen sind.
Das bedeutet, daß in einem sozialen Feld der genannten Art alle Beteiligten wechselseitig auf ihre Individuation Einfluß nehmen und sie besorgen. So wäre es falsch, anzunehmen, nur die Kinder einer Familie würden individuiert. Die Individuation der Kinder individuiert (nach Art und Maß) zugleich die Eltern. Analoges gilt für die Geschwister oder die Partner.
Im allgemeinen folgt in einer »gesunden Familie« (über eine Art von »Versöhnungsleistung« in der Dialektik zwischen Autonomie und Heteronomie) einem höheren Niveau psychischer Abgrenzung (etwa in der Selbstdefinition) eine starke Ausbildung interpersonaler Beziehungen.
Die wichtige Frage der Individuationstheorie lautet also (nach H. Stierlin): *»Wie ist es möglich, daß sich die Mitglieder einer Familie immer wieder voneinander abgrenzen, so daß keiner dabei verliert,*

keiner das Gefühl haben muß, emotional oder sozial ausgebeutet zu werden, ohne daß also Abnutzungskämpfe entstehen?« Es darf also bei innerfamiliären Konflikten niemals ein Null-Summen-Spiel gespielt werden. Konflikte dürfen keine Sieger oder Besiegte hinterlassen. Alle Beteiligten haben zu Konfliktende entweder gewonnen oder verloren. Es muß also ein soziales Feld von »positiver Gegenseitigkeit« aufgebaut werden.
Das aber setzt das Gelingen von wenigstens drei Interaktionsdimensionen voraus:

① *Interaktionen müssen in »diskursiver Bewegung« ablaufen.*

Welche Voraussetzungen muß nun eine solche diskursive Bewegung erfüllen?

- Das Beziehungsklima darf nicht erstarrt sein (wie oft in Institutionen der Fall).
- Alle am Diskurs Beteiligten müssen die im sozialen System üblichen Sprachspiele (nach Bedeutungen und Regeln) beherrschen oder doch bereit sein, sie zu lernen.
- Es müssen die psychischen Bewußtseinsstrukturen (Werteinstellungen, Selbstverständlichkeiten, Vorurteile) etwa über die Internalisierung ähnlicher sozialer Systeme zureichend identisch sein. Beide müssen also innerhalb der gleichen soziokulturellen Einheit an deren Allgemeinem Bewußtsein partizipieren.
- Es muß jedoch andererseits auch die Bereitschaft und die Fähigkeit vorhanden sein, das »anders« der anderen nicht nur zu akzeptieren, sondern zu bejahen.
- Es muß die Bereitschaft und Fähigkeit, sich im Diskurs zu ändern (und nicht etwa nur den anderen ändern zu wollen), vorhanden sein.
- Es muß die Bereitschaft und Fähigkeit aller Diskursteilnehmer vorhanden sein, keine wie auch immer geartete Form von Herrschaft auszuüben. (Das schließt den Vorsatz aus, den anderen mit irgendwelchen psychischen oder sozialen Nötigungen zu irgend etwas zu bewegen oder von irgend etwas zu überzeugen.) Das setzt aber nicht etwa die Fähigkeit und Bereitschaft zur »unbedingten

Offenheit« voraus, wohl aber den Verzicht, Herrschaft über Wissensvorsprung auszuüben.

- Es gibt also im Diskurs keine ausdrücklichen oder unausdrücklichen Schuldzuweisungen etwa des Typs der »Du«-Anrede (»Du hast mal wieder . . .«; »Warum hast du . . .?«; »Warum bist du nicht . . .«). Diese gehören zu Interaktionen vom Typus der »negativen Gegenseitigkeit«.
- Der Diskurs setzt ein hohes Maß von Alterozentrierung voraus. Das bedeutet hier konkret die Fähigkeit, bis zu Ende zuzuhören und nicht das fremde Sprechen als Vorbereitung oder Stichwortgeber des eigenen anzusehen. Aber auch die Fähigkeit, bewußt seine Darstellung durch geeignete Selektionen des Inhalts und der Form so zu gestalten, daß der Hörende ohne sonderliche Schwierigkeiten weiß, worauf es dem Sprechenden ankommt. Alterozentrierung ist nur praktikabel, wenn die Tugenden der »aktiven Passivität« (Zuhören können, Hinschauen können, Abwarten können, Nachdenken können) zureichend entwickelt wurden.

Der Diskurs ist somit ein Typus von Interaktionen, in denen weder Verschmelzungen noch Isolationen vorkommen (können). Der Diskurs ist die interaktionelle Situation, in der am deutlichsten das Eigenbild und das Fremdbild des anderen aktiviert und in der indirekten Spiegelung auf Übereinstimmung und Unterschiedlichkeit getestet und im Verlauf gegebenenfalls korrigiert werden. Dagegen wird die Fähigkeit zur gesunden Selbstabgrenzung aktiviert.

② *Die Interaktionen müssen gekennzeichnet sein von der Dialektik von Subjekt (dem Partner, der Bedürfnisse, Erwartungen, Interessen, Emotionen hat) und Objekt (dem Partner, an dessen Verhalten sich diese Bedürfnisse, Erwartungen, Interessen und Emotionen richten).*

Die Dialektik zwischen beiden ist nur dann gegeben, wenn Subjekt und Objekt gleichberechtigt sind. Sie sind aber nur gleichberechtigt, wenn sich das Objekt verweigern darf und das Subjekt mit solchen Weigerungen umgehen kann. Sie sind nur gleichberechtigt, wenn beide konvertierbar miteinander interagieren.

Die Dialektik ist nicht vorhanden, wenn einer der Partner für sich Rechte in Anspruch nimmt, die er dem anderen nicht gewährt.

③ *Die Interaktionen müssen die Möglichkeit von Konfrontation einschließen.*

Die Bereitschaft und Fähigkeit zur nichtdestruktiven Konfrontation ist identisch mit dem, was man gemeinhin mit »Konfliktfähigkeit« bezeichnet. Konfrontationen leisten einen erheblichen Beitrag zur Selbstabgrenzung. Eigene Bedürfnisse, Interessen, Erwartungen und Emotionen werden gegen Widerstand intensiver als eigene wahrgenommen. Individuation ist also auch immer »Individuation gegen ...« wie – normativ – die Erfahrung mit trotzenden Kindern oder renitenten Frühpubertierenden zeigt. Die ausgeprägte Konfliktscheu mancher Menschen, die in der kindlichen Selbstbildung gestört wurden, spricht ebenfalls ein beredtes Wort. Die Interaktionsmuster in einer Familie, die Konfrontation um nahezu jeden Preis vermeidet, werden in der Regel auf ganz wenige Inhalte und Muster zurückgenommen. Der häufigste Grund für solches Vermeidenwollen ist paradoxerweise oft die »Angst vor Nähe«. Denn der Streit schafft eine Form von Nähe, die nicht beherrscht wird. Und so geht man auf die streitlose Distanz. Der »Harmoniedruck« verhindert oder hemmt die Ausbildung von Autonomie.
Oft werden hier sehr eigentümliche Muster des Pseudofriedens ausgebildet. Es kommt zu einer Art von Kollusionen zwischen:

- Helfer und Hilflosen (»Helfersyndrom«),
- Richter und Missetäter (»Richtersyndrom«),
- Hirte und Schaf (»Hirtensyndrom«)
- Lehrer und Belehrter (»Lehrersyndrom«),
- Bewunderter und Bewunderer (»Prinzensyndrom«),
- Vergebender und Sünder (»Mantel-der-Liebe-Syndrom«).

Alle diese Kollusionen mindern die Konfliktbereitschaft. Die Rollen sind wohl definiert – und das unstreitig. Oft wird zudem nach außen eine Form inniger Zuneigung vorgestellt. Mitunter wird die Kunst des Streitens auch deshalb nicht geübt, weil jeder Streit als Null-Summen-

Spiel verstanden wird. Am Ende gibt es Sieger und Besiegte, etwa weil einer der Partner immer Sieger sein muß, um sein lädiertes instabiles Selbstbild nicht zu gefährden. Um das zu vermeiden, wird jeder Konflikt vermieden. Die Familie stirbt dann vor sich hin.
Die Individuation (d. h. die Bildung des Selbstkonstrukts) kann sowohl kooperativ – in stillschweigendem Einvernehmen gleichsam –, oft aber auch in der Tat unbewußt geschehen oder aber in einem deutlichen Auf-Distanz-Gehen in offenen Konflikten. Beide Formen bringen ihre Probleme mit sich, wenn entweder einem oder mehreren Mitgliedern der Familie eine zureichende Selbstabgrenzung nicht gelang (»Koalasyndrom«) oder ein oder mehrere Mitglieder in rigider Selbstbehauptung sich durchzusetzen versuchen (»Tyrannensyndrom«). Dabei ist es durchaus möglich, daß ein Individuum von beiden Syndromen zugleich betroffen ist.

Doch nun ein (sehr) kurzer Ausflug in die (analytische) Entwicklungspsychologie: Für die gelingende Ausbildung eines Selbstkonstruktes bei allen Beteiligten ist das Individuationsapriori von erheblicher Bedeutung. »Individuationsapriori« bezeichnet die mehr oder minder gelungene Individuation (etwa in der Ursprungsfamilie) im Vorfeld der Interaktionen in der eigenen Familie. Hier ist vor allem die gelingende oder mißlingende interaktionelle »Spiegelungsarbeit« zwischen Mutter und Kind zu nennen. Sie führt dazu, daß ein Kind sich (a) als geliebter Eigenstand und (b) von einem geliebten und liebenden Anderssein erfährt. Die Abgrenzung von Selbst und »anders« nach Intensität und Besetzung (Selbstobjekt und Fremdobjekt) ist Voraussetzung für eine gelingende Individuation des Kindes (und ebenso der der Mutter). Nur ein Kind, das in den ersten Lebensjahren die Kunst des aktiven und passiven Spiegelns gelernt hat, wird zu sinnvollen Interaktionen mit Personen seiner äußeren Umwelt in der Lage sein, denn alle Interaktionen implizieren gespiegelte Bilder.
Nicht wenige Mütter behindern diese Ausbildung eines gelingenden (d. h. interaktionell sich bewährenden) Selbstkonstrukts, wenn sie sich selbst und nicht das »andere« des Kindes zurückspiegelt (pathogene Symbiose). Es kommt dann zu keiner brauchbaren Abgrenzung zwischen Selbst und »anders«, das »anders« und das Selbst verschmelzen in einer narzißtischen Objektbeziehung, die unter Umständen

jede gelingende Individuation nachhaltig ausschließt. Gehen solche Menschen stabile Partnerschaften ein, sind diese zumeist vom Muster *»narzißtische Kollusion«*, in der zwei narzißtisch geschädigte Menschen (mit geschädigtem Selbst) mit komplementären Defekten zueinanderfinden und sich ergänzen. Die Welt außerhalb der Kollusion ist weitgehend unverständlich. Solche Kollusionen sind nicht gerade selten. Daß in ihnen auch eventuelle Nachkommen keine optimale evolutive Situation vorfinden, dürfte unmittelbar einsichtig sein.

Neben solcher pathogenen Fusion gibt es – seltener – die der pathogenen Isolation. Sie ist disponiert, wenn die Mutter keine oder zu geringe Spiegelungsarbeit leistet und damit die Interaktionsmöglichkeiten und -fähigkeiten des Kindes erheblich beschränkt. Solche Menschen kapseln sich ab – oft verbunden mit wahnhaftem Mißtrauen. Das Kind wird, auch später als Erwachsener in sozialen Systemen stabile soziale Beziehungen nur als eine Art »Notprogramm« aktivieren. Die Welt ist ihm weitgehend unverständlich.

Endlich kann sich eine mißlungene primäre Individuation in einem für Dritte unverständlichen Wechsel zwischen einer unkontrolliert intensiven Nähe und aggressivem Abstoßen darstellen. In diesem Fall war die Spiegelungsarbeit der Mutter zumeist ambivalent (pathogene Ambivalenz). Die Mutter spiegelte dem Kind zugleich Nähe (Zuneigung, Freude, Symbiose) als auch Distanz (Abneigung, Angst, Isolation) zurück. Der Erwachsene wird dieses Interaktionsmuster als Standard übernehmen. Da die meisten anderen Menschen mit so disponierten Interaktionsangeboten nicht umgehen können, ziehen sie sich, für den Betroffenen meist unverständlich, zurück. Die äußere Umwelt wird zunehmend zur unverständlichen Welt.

In allen drei Fällen kann nur eine therapeutische Begleitung die Bedingungen wiederherstellen, die für in der Regel gelingende Interaktionen nötig sind. Für den Fall pathologischer Disposition gelten also andere Regeln als jene, die wir für den Normalfall aufstellen werden. Hier muß zunächst die Interaktionsfähigkeit überhaupt rekonstruiert werden.

Damit bezogene Individuation gelingt, ist es nötig, daß ein Mensch die interaktionellen Erfahrungen und die Verarbeitung dieser Erfahrungen zu einer Einheit integriert, ohne Erhebliches abzuspalten. Von besonderer Bedeutung sind die gelungenen oder mißlungenen Formen der Internalisierung, anfangs von Personen (vor allem der Mutter), später auch von sozialen Systemen (etwa der Kinderhorde, dem eigenen Volk, dem Unternehmen, in dem man arbeitet) und von Ideologien (etwa religiöser, politischer oder ökonomischer Art). Internalisierungen bestehen darin, daß man etwas anderes außer sich wertbesetzt sich zu eigen macht. Man spricht dann von »meiner Mutter«, »meinem Volk«, »meinem Unternehmen«, »meiner Kirche« . . . Diese Internalisierungen können in drei verschiedenen Weisen geschehen, die sich leicht in dem Verhältnis zu Nähe und Distanz unterscheiden lassen.

Gelingende Individuation setzt voraus, daß die Internalisierung spätestens mit Abschluß der Adoleszenz (also gegen Ende der Zwanziger) vorwiegend als Identifikation geschieht. Die früheren Inkorporate und Introjekte werden entweder aufgegeben oder in Identifikate gewandelt. So schreibt *E. H. Erikson* zutreffend: *»Jene endgültige Identität, die am Ende der Adoleszenz entsteht, ist jeder einzelnen Internalisation mit den Beziehungspersonen der Vergangenheit durchaus übergeordnet; sie schließt alle wichtigen Identifikationen ein, verändert sie auch, um aus ihnen ein einzigartiges und einigermaßen zusammenhängendes Ganzes zu machen.«* Das schließt nicht etwa aus, das die »endgültige Identität« nicht noch modifizierbar ist. Aber ein Mensch, dem sie gelang, weiß, wer er ist. Selbst wenn neue Lebenserfahrungen und Interaktionen dieses Wissen modifizieren – aufheben können sie es nicht.

Gelingt die bezogene Individuation, ist das Individuum fähig und bereit (*H. Stierlin*):

- innere und äußere Grenzen differenziert auszubilden,
- eigene Ziele zu definieren und durchzusetzen, die sich von denen unterscheiden, die das soziale Umfeld vorgibt,
- in einer weiten Spanne widersprüchliche (und teils als kränkend empfundene) eigene Eigenschaften zu akzeptieren und zu ertragen und
- Verantwortung für sein Handeln zu übernehmen.

Damit verbunden ist das Gefühl von Freiheit und Autonomie.

3. Individualität

Nachdem wir einiges zur Geschichte des Wortes »Individuum« erfahren und etwas über das Werden von Individualität (Individuation) kennengelernt haben, sei nun einiges eher philosophisch zum Thema bedacht.
Zweifelsfrei empfinden wir Menschen uns als Individuen, das meint als »anderes« und »andere«.

- Wir nehmen eine Grenze wahr, die das Selbstkonstrukt gegen andere Konstrukte absondert.
- Wir nehmen uns wahr als eine psycho-somatisch-soziale Einheit, die von jeder anderen unterschieden ist.
- Wir nehmen uns wahr als die Quelle von Handlungen, die im Wandel der Zeit mit sich identisch bleibt.
- Wir nehmen uns wahr als etwas, das Emotionen und Bedürfnisse, Interessen und Erwartungen, Rechte und Pflichten hat, die uns von anderen unterscheiden (selbst wenn sie uns an andere binden).

Diese Wahrnehmungen sind so unmittelbar, daß wir uns nicht vorstellen können, wir würden uns darin täuschen. Das Wahrgenommene erscheint uns als ebenso unmittelbar einsichtig wie evident. Mag auch die Philosophie hinter den Realitätsbezug der einen oder anderen Wahrnehmung ein Fragezeichen setzen – es wäre abwegig, zu leugnen, daß hinter diesem Komplex von Wahrnehmungen, die sich unter dem Begriff »Selbstbewußtsein« (Wissen um die reale Existenz des eigenen Ich) zusammenfassen lassen, irgendeine Realität stünde. Insoweit können wir also sagen: Personen sind auch – wenn auch nicht nur – Individuen.

Ob dieses Selbstbewußtsein allerdings etwas zu Bewußtsein bringt, das auch außerhalb seiner selbst real ist, wissen wir nicht. So könnte es sein, daß es uns täuscht. Es könnte sein, daß wir Menschen nur Elemente einer größeren Einheit sind, an deren Bewußtsein wir unter dem Schein eines autonomen Selbstbewußtseins partizipieren.
In jedem Fall ist unser Selbstbewußtsein, als Bewußtsein unserer Individualität, keineswegs so autonom, wie wir meinen. Dafür spricht

nicht nur, daß wir aus rätselhaften (und nicht rational zu machenden) Gründen davon ausgehen, daß alle Menschen ganz das gleiche Selbstbewußtsein hätten wie wir selbst (was nachweislich falsch ist), sondern auch, daß es wesentliche Sachverhalte des Menschlichen nicht umfängt – wie etwa das Wissen von seinem eigenen Ende. Jedes Selbstbewußtsein – obschon es nichts davon weiß und sich für geschichtslos hält – hat, wie jedes Selbst, seine eigene Geschichte, und schon die sorgt dafür, daß es nicht zwei Menschen gibt, deren Selbstbewußtsein auch nur annähernd identisch ist.

4. Identität und Nichtidentität des Individuums mit sich selbst

Individuum bedeutet immer auch ein Mit-sich-identisch-Sein. Diese Selbstidentität in allem Wandel wird erzeugt und bewußt durch das Selbstbewußtsein in Verbindung mit dem Erinnern. Die Ereignisse, deren ich mich erinnere, sind meine. Dabei spielt es keine Rolle, ob und in welchem Umfang solche Erinnerungen inhaltlich etwa durch Aktivitäten des Unbewußten vertäuscht wurden.

Doch gilt es auch zu bedenken, daß die Identität (oder besser das Bewußtsein und die Überzeugung von der Selbstidentität über einige Zeit) nicht rein ist. Vor allem, seit nach Überwindung des subjektphilosophischen Paradigmas auch die Philosophie sich Erkenntnisse der Psychologie zu eigen machen kann, versteht sie unter »Identität« die reflexive Fähigkeit eines Subjekts, sich zu sich selbst wie zu einem anderen Subjekt zu verhalten. Diese *»reflexive Fähigkeit«* realisiert sich nicht etwa in einem Akt einsamer Selbstreflexion, sondern in Interaktionen, in denen die interagierenden Subjekte die Einstellung des anderen Partners (oder der anderen Partner) antizipieren und sich selbst aus dessen Perspektive wahrnehmen (*G. H. Mead*). Damit ist immer auch zugleich die Nichtidentität, das heißt: das Ein-anderer-Werden, mitgegeben.

Wir alle wissen, daß wir im Wechsel der Zeit auch andere (und nicht nur anders) werden. Daß zwar unser Selbstbewußtsein ein bestimmtes Ereignis vor dem Hintergrund unserer Gegenwärtigkeit interpretiert, es aber einmal sehr viel anders erlebt und interpretiert wurde –

eben weil wir andere geworden sind. Für einzelne solcher Situationen wird uns das erinnerlich nachvollziehbar sein, weil wir uns nicht nur das Ereignis, sondern auch unsere damalige Selbstinterpretation bewußtmachen können. Für die weitaus meisten gilt das jedoch nicht. An sie erinnern wir uns nur im Horizont unserer Gegenwart oder, wenn dieses nicht möglich ist, überhaupt nicht (weil sie etwa verdrängt werden).
E. Goffmann (1967) unterschied zwei Identitäten:

- Die persönliche Identität sichert die Konsistenz eines lebensgeschichtlichen Zusammenhangs.
- Die soziale Identität garantiert die Erfüllbarkeit der differierenden Ansprüche aller Rollensysteme, denen eine Person zugehört.

Dieses unbefriedigende schizophrene Konzept von Identität versuchte *J. Habermas* 1969 zu überwinden, indem er »Identität« als die Balance zwischen persönlicher und sozialer Identität bestimmte, die nur durch eine als paradox zu beschreibende Interaktionstechnik gefaßt werden könne: Einerseits insinuiere die Person ihre soziale Identität, indem sie mit den Partnern der jeweiligen Interaktionssituation im Rahmen normierter Erwartungen identisch zu sein versuche, andererseits aber diese Identität nur als scheinbare zu signalisieren suche, um nicht den Anspruch auf individuelle Unverwechselbarkeit aufgeben zu müssen. Identität sei dann die Fähigkeit, die gestörte Balance beider Fiktionen wiederherzustellen.
Dieses Konzept ist zwar dialektisch, aber die dialektische Zweiheit wird von zwei Phantomen *(phantom-normalicy + phantom-uniqueness)* gebildet und in Identität aufgehoben. Das scheint dem Problem des steten Wandels des Selbst nicht zureichend gerecht zu werden. Ich denke, man kann die beiden dialektischen Pole »Einpassung in die soziale Situation« und »individuelle Unverwechselbarkeit« nicht in den Bereich der Phantombildungen bannen. Beide sind *wirklich* – und in ihrer Wirklichkeit unversöhnt und unversöhnbar. Identität kann nicht für sich sein. Sie fordert immer, um sein zu können, ihr »anders«, die Nichtidentität, als ihren Schatten oder ihr Licht.

In einer dialektischen Philosophie ist also »Identität« immer nur möglich in dialektischer Einheit mit »Nichtidentität«. Dieses Spannungsfeld ist – neben anderen – eine notwendige Bedingung jeder Veränderung. Wenn wir uns verändern (selbst wenn unser Selbstbewußtsein dieser Veränderbarkeit nicht von sich aus zustimmt), so zeigt uns unsere eigene Lebensgeschichte, daß wir heute nicht nur anders sind, als wir etwa vor zehn Jahren waren, sondern auch andere geworden sind. Unser Selbstbild, unser Menschenbild haben sich geändert, insofern neue Interaktionserfahrungen und deren Verarbeitung dafür sorgten. Es handelt sich dabei um eine Art dialektischer »Negation der Negation«, insofern das Beibehalten eines Zustandes, das Sichfestmachen in einer Lebenssituation, nicht nur zur Nachzeitigkeit führt, sondern auch das Leben selbst, das immer Änderung bedeutet und fordert, enden läßt und damit zu etwas Negativem wird, das durch Negation aufgehoben werden will. Nun folgt aus der Negation der Negation nicht etwa schon eine mehr oder minder bestimmte Position. Wir sind als Menschen stets Werdende. Aber *wer* wir einmal werden, ist uns unbekannt.

Jeder Mensch lebt also in der unaufhebbaren Spannung von Selbst und Nichtselbst, von Autonomie und Heteronomie, von Geschichte und Ungeschichte (wie sie etwa von Verdrängungen bestimmt und durch das Unbewußte modifiziert wird), von einem Lebensentwurf mit dessen Werten und der Erfahrung, daß dieser Entwurf immer wieder im Versagen scheitert.

In dieser Spannung geschieht Menschsein, das immer nur als Menschwerdung verstanden werden kann. Wohin diese Spannung uns führt, bleibt uns unbekannt. Wir kennen nur den Weg, nicht das Ziel – es sei denn, der Weg wäre das Ziel.

Diese Spannung zwischen Identität und Nichtidentität ist zugleich die Bedingung der Möglichkeit typisch menschlicher Fähigkeiten, in denen sich beide offenkundig, wenn auch unversöhnt, manifestieren:

- Hoffnung und Furcht,
- Sorge und Angst,
- Liebe und Haß,
- Leiden und Glücken,
- Fragen und Antworten,
- Erfüllung und Enttäuschung.

Erst also, wenn sich Identität und Nichtidentität zu einer im wesentlichen unaufhebbaren (weil dann die Dialektik endenden) dialektischen Einheit verbinden, wird man davon sprechen können, daß menschliches Leben als personales gelungen ist.

5. Zur Pathologie der Individualität

Es gibt nicht wenige Menschen, die sich scheinbar auf ihre Individualität (meist verbunden mit einer Aufgabe der Nichtidentität) zurückgezogen haben. Sie zeigen dann schwere Symptome, die von denen einer Alzheimerschen Krankheit bis zu denen mancher Erkrankungen des schizophrenen Formenkreises gehören können. Ein Leitsymptom ist allen diesen Störungen gemeinsam: Die Interaktionsmöglichkeiten sind stark reduziert. Ich möchte hier nur zwei solcher Störungen abhandeln: den Narzißmus und das »Borderline-Syndrom«.

Der Begriff *»Narzißmus«* wurde schon 1899 von *P. Näcke* eingeführt, erhielt aber erst in der psychoanalytischen Theorie seine heutige Bedeutung. *S. Freud* vermutete, daß jeder Mensch als Säugling über einen primären Narzißmus verfüge, der jedoch später überwiegend auf Objekte (vor allem zunächst die Mutter) abgegeben werde. Enttäuschen diese Objekte (besser: Objektrepräsentanzen – also die Bilder des Kindes vom Objekt), kann diese Zuwendung (Libido) wieder auf die Selbstrepräsentanz zurückgenommen werden. Dann wird ein Mensch nur sich selbst (und allenfalls Menschen, die dem Idealbild von ihm selbst nahekommen) lieben können. Auch hat er ein so hehres Selbst-Ideal, daß er keine Kränkung zuläßt.
Ein Narzißt wird kaum zugestehen, daß Mißglücken und Enttäuschung, daß Versagen und Furcht notwendige Bedingungen sind, unter denen Menschsein erst glücken kann. Er wird sich von all dem nur beleidigt fühlen und die Schuld auf andere abwälzen oder die ganze Sache »einfach vergessen«. Oft wird dieser Prozeß begleitet von Zuständen ohnmächtiger Wut oder massiven Neidens. Der Narzißt kann aber auch in dramatischer Weise ent-täuscht werden und dann sein Überwertigkeitsgefühl – meist nach einer Phase des Nei-

dens und Wütens – gegen ein Minderwertigkeitsgefühl eintauschen. Stets aber bleibt er auf sich selbst bezogen. Der ent-täuschte Narzißt ist unfähig zur Trauerarbeit, die von ihm eingefordert wird, er flüchtet statt dessen in Selbstmitleid oder Vereinsamung. Er kann sich keine Niederlage, kein Versagen zugestehen und zurechnen, weil er ein grandioses Ideal-Selbst fertigte und dieses introjizierte.
Der Narzißt ist also ein Mensch, der sich nahezu monopolar vom Pol »Individualität« her versteht.

Ähnliches gilt für viele Menschen mit Borderline-Störungen. Sie zeigen in der Regel »stabil/instabil« drei oder mehr der folgenden Symptome:

- Häufig und für Außenstehende unverständlich wechselnde Affekte vor allem gegenüber primären Bezugspersonen.
- Die sozialen Beziehungen schwanken zwischen oberflächlich und klammernd-abhängig.
- Schuld haben immer nur andere.
- Ängste mit häufig wechselnden Themen.
- Furcht vor Öffentlichkeit – nicht selten verbunden mit einer ausgesprochenen Neugier für das Denken und Fühlen anderer Menschen –, ohne jedoch etwas von sich selbst herzugeben.
- Eigentümliche Körperwahrnehmungen (auffällig etwa bei der Beschreibung somatischer Symptome).
- Zirkuläres Kreisen um ein Thema (etwa von Eifersucht, Enttäuschung, Sexualität bestimmt).
- Chaotische Sexualvorstellungen, nicht selten verbunden mit ungewöhnlichem Sexualverhalten (meist in Verbindung einer Sexualisierung aller Lebensbereiche).
- Tendenzen, wichtige soziale Beziehungen zu zerstören. Dennoch erscheinen viele Borderline-Gestörte sozial integriert. Sie unterhalten mitunter gar einen Freundeskreis – vorausgesetzt, er teilt ihre abwegigen (mitunter wahnhaft verstellten) Meinungen. Diese kann der Gestörte nicht selten sehr glaubhaft erzählen.
- Gelegentlich Zustände ohnmächtiger Wut ohne Schuldgefühle.
- Gelegentlicher Verlust der Impulskontrolle in emotionalen Ausbrüchen.

- Unzuverlässigkeit bei übertragenen Aufgaben oder Pflichten (das kann bis zur Berufsunfähigkeit gehen).
- Wird das zentrale Konfliktthema angesprochen, kommt es nicht selten zu »Mini-Psychosen« (etwa magischen Omnipotenzphantasien).

Wegen der stabilen Instabilität ist es notwendig, bei Verdacht auf eine Borderline-Störung sich mit dem potentiell Gestörten mehrmals in ausreichenden Zeitabständen zu treffen. Bleiben die Symptome konstant, ist an eine psychotische oder neurotische Störung zu denken. Offensichtlich kreist der borderlinegestörte Mensch, ähnlich wie der Narzißt, um sich und sein (in Ich-, Selbst- und Über-Ich-Bildung) schwer gestörtes Selbst. Auch er ist seiner Individualität extrem verhaftet. Im Gegensatz zum Narzißten steht er jedoch die Spannung zwischen Identität und Nichtidentität pathologisch durch.

Die Spannung von Identität und Nichtidentität ist der Grund für die Möglichkeit, sein Leben im Spannungsfeld zwischen Individualität, Sozialität, Geschichtlichkeit, Welthaftigkeit und Grenzhaftigkeit zu leben. Alle diese Pole fordern ein Ablösen von Individualität, die als »Identität mit mir selbst« zum Bewußtsein kommt.

Kapitel 5

Über konkrete Sozialität

5

»Sozialität« (Gesellschaftlichkeit) ist der Name für den zweiten Pol unseres dialektischen Pentagramms, das uns – als Modell – helfen soll, ein Menschenbild zu entwickeln, das jedem menschlichen Miteinander-Umgehen vorausliegen muß. Sozialität bezeichnet (dialektisch) jenes Merkmal von Person, das deren existentielles Verwiesensein auf interpersonale Interaktionen – in wenigstens zeitweilig stabilen sozialen Systemen – ausmacht.
Die extreme soziale Verwiesenheit von Person, als ein psycho-somatisch-soziales System verstanden, wird daran deutlich, daß Interaktionen mit anderen Personen die einzige Chance bieten:

- ein Selbst- und Weltkonstrukt auszubilden,
- es auf seine Brauchbarkeit (d. h. seine Eignung, personales Leben eher zu fördern, denn zu mindern) und seine Nützlichkeit (d. h. seine Eignung für eine ethisch verantwortete Lebensorganisation) zu prüfen.

Die in den Konstrukten abgelegte und von ihnen begründete Wirklichkeit muß sich interaktionell (sozial) bewähren. Das ist nicht immer ganz einfach, da wahrgenommener Raum und wahrgenommene Zeit, wahrgenommene Ursache und Wirkung, wahrgenommenes Innen und Außen nur Wirklichkeiten innerhalb unserer Konstrukte sind. Das bedeutet, daß sie von jedem Menschen anders wahrgenommen werden. Das mag besonders verwundern für die Unterscheidung von innen und außen. Sie ist im wesentlichen gezogen durch die Zuteilung eines Inhalts zum Selbst- oder Weltkonstrukt. Diese Grenze ist nicht stabil und wird von Mensch zu Mensch – schon auf Grund seiner ersten

Differenzerfahrung zwischen Selbst und Welt im Verlauf der mehr oder minder gelingenden Rückspiegelungsarbeit der Mutter – verschieden gezogen. Nur in pathologischen Grenzfällen, etwa bei einigen Erkrankungen des schizophrenen Formenkreises, kommt es zu einer mehr oder minder dramatischen Aufhebung der Grenze.
Über den Mechanismus der mitunter nur scheinbar gelingenden Bewährung bilden sich in den Konstrukten relativ stabile Strukturen aus. Sind sie einmal entstanden, erhalten die im Bewährungsverlauf festgemachten Zeichen (Worte, Handlungen, Texte ...) eine Macht über unser Denken, die kaum unterschätzt werden kann (*E. von Glasersfeld*).
Die Bedeutungen, die unsere Konstrukte den Zeichen geben, können, im Sinne einer modernen Bedeutungstheorie, dreierlei Art sein:

- *semantische* Bedeutungen interpretieren interaktionell Zeichen als auf reale psychische, soziale, materielle Sachverhalte verweisend,
- *funktionale* Bedeutungen verweisen auf eine interaktionistisch-regulative Zeichenfunktion, indem sie Interaktionen (etwa durch Sätze wie »Ich habe dich verstanden!« – »Ich bitte dich um Verzeihung!«) regulieren,
- *emotionale* Bedeutungen fassen Emotionen, Bedürfnisse, Wertungen, Interessen ein.

Es ist jedoch auf jeden Fall darauf zu achten, daß Zeichen niemals »an sich« auf das Bedeutete zeigen, sondern erst auf Grund der Aktivität der Konstrukte. Sie verweisen stets nur auf Konstruktinhalte und damit auf nichts anderes als auf sich selbst oder andere Zeichen (durch die sie gelegentlich ersetzt werden können und ersetzt werden sollen, wenn dadurch die Bedingungen für gelingende Kommunikation – und damit für die Bewährung der Konstrukte – verbessert wird).
Wie sehr wir in unsere Existenz als psycho-somatisch-soziale Wesen auf ein Dazugehören verwiesen sind, zeigt die Tatsache, daß wir sogar bereit sind, unseren individualisierten Eigennutz zu sozialisieren. Das heißt: Wir sind bereit, auf etwas, das wir individualegoistisch haben könnten, zu verzichten, wenn dieser Verzicht entsprechend sozial

belohnt wird. Der individuelle Egoismus wird in diesem Fall komplementiert durch den sozialen. Das soll nun nicht etwa heißen, daß wir nicht auch zu altruistischer Einstellung und Orientierung fähig seien – jedoch geschieht diese Einstellung und Orientierung mit dem Ziel, unseren Gesamtnutzen mit einem Minimum an physischem, psychischem, sozialem, emotionalem, finanziellem, zeitlichem Aufwand zu optimieren.
Solche Optimierungsstrategien sind weitgehend (wenn auch keineswegs vollständig) dadurch bestimmt, daß wir in all unserem Handeln (beim Verhalten mag das anders sein) möglichst psychische und soziale Strafen zu vermeiden und psychische und soziale Belohnung zu mehren versuchen. Die wichtigsten psychischen und sozialen Belohnungen und Bestrafungen seien hier einmal aufgelistet:

	psychisch	*sozial*
Strafe	Angst Schuldgefühle Scham geminderte Selbstachtung	Fehlen von Belohnungen Exkommunikation richterliche Strafen destruktive Kritik
Lohn	Fehlen von Strafen gemehrte Selbstachtung	Dazugehören Anerkennung Zuneigung Wichtigsein Lob

Unser Miteinander-Umgehen wird von solchen (oft unbewußten) Motiven bestimmt. Interaktionelle Handlungen, die als soziale Strafen wahrgenommen werden (können), müssen also ausdrücklich auf Grund einer Güterabwägung gerechtfertigt werden. Das setzt zumindest die Bereitschaft und Fähigkeit voraus, den Grund und die Weise der Bestrafung dem Bestraften plausibel zu machen.
Im Laufe der Zeit haben Menschen eine Menge von Normen entwik-

kelt, die die Sozialverträglichkeit unseres Handelns und Entscheidens gegen einseitige egoistische Ansprüche sichern sollen. Es sind das die Normen der Moral.

In den Kategorien der Ethik (also einer philosophischen Disziplin, die das höchste ethische Gut auszumachen bzw. festzulegen hat und den Fall bedenken muß, wie das höchste ethische Gut einzusetzen ist, wenn es mit anderen höchsten Gütern etwa der Ökonomie, der Politik konkurriert) würden wir sagen: Auch unser gesamtes moralisches Verhalten geht auf das Prinzip der psycho-sozialen Ökonomie (»Mehre deinen Nutzen, mindere deinen Schaden«) zurück.

Doch sind die moralischen Gebote (die uns Belohnung verheißen) und die moralischen Verbote (die uns Bestrafung androhen) nicht absolut. Es gibt andere Werte als die moralischen, etwa ökonomische, politische. Wir handeln also nur dann nach moralischen Normen, wenn wir vermuten, daß der Gesamtnutzen, über alle Güter gemittelt, bei moralisch orientiertem Verhalten größer ist, als wenn wir uns etwa primär ökonomisch orientieren. So wird ein Manager sich für ein erhebliches ökonomisches Gut entscheiden, wenn die Strafe für sein Moralversagen *relativ* gering ist oder ihm *relativ* gering zu sein scheint. Wenn etwa ein möglicher Ansehensverlust konkurriert mit einem sicheren erheblichen ökonomischen Vorteil, wird er, vor allem, wenn er relativ unsensibel ist gegen Strafe, die auf Moralversagen steht, den ökonomischen Vorteil wählen. Oder ein Schüler wird den schulischen Nachteil einer schlechten Note abwägen gegen den möglichen Nachteil einer sozialen Strafe (etwa Tadel) und abzuschreiben versuchen, wenn ihm der Tadel verglichen mit der schlechten Leistung geringerwertig zu sein scheint.

Hier wird schon deutlich, daß die Sozialität von sehr verschiedenen Gütern bestimmt wird, die miteinander konkurrieren können. Und daß die moralischen Güter nur eines sind im weiten Bereich der Sozialität. Da sie aber von besonderer Bedeutung sind für die Selbstdefinition, das Eigenbild eines Menschen, ja sein Menschenbild überhaupt, wollen wir noch etwas bei ihnen verweilen.

Auch wenn wir unter dem Eindruck psychischer und sozialer Belohnung oder Bestrafung unser Handeln und Verhalten sehr stark organisieren, so gibt es doch noch weitere Realisationen von Sozialität, die uns deutlich machen, in welch erheblichem Ausmaß wir Menschen Sozialwesen sind. Die Tatsache, daß wir in einem embryonalen Zustand geboren werden und in den ersten Lebensjahren, um auch nur physisch überleben zu können, auf Interaktionen mit anderen verwiesen sind, bestimmt schicksalhaft unser Leben. Doch auch die Entstehung und die Entfaltung unseres psychischen und sozialen Lebens ist weitgehend von den Interaktionen bestimmt, die unsere ersten Lebensjahre ausmachen. Reste dieser außerordentlich starken sozialen Verwiesenheit können wir alltäglich ausmachen:

- Wir leiden unter den Launen und Stimmungen anderer.
- Wir bemühen uns (teils unbewußt – aber dafür um so beständiger), ihr Verhalten an unsere Erwartungen, Bedürfnisse, Interessen (meist zu unseren Gunsten) anzupassen und ihre Werteinstellungen in unserem Sinne zu ändern (das gilt selbst dann, wenn unsere Handlungen und unser Verhalten Protest anmelden und wir uns vom anderen befreien wollen).
- Wir alle erfahren, wie »ansteckend« aggressive Emotionen sein können, wenn wir oder unser Verhalten aggressiv angegangen werden.
- Wir leiden, wenn unsere Zuneigung nicht erwidert oder gar abgelehnt wird.

1. Über Konstrukte vom Typ »Soziale Systeme«

Spätestens an dieser Stelle gilt es, die Erkenntnis deutlich zu machen, daß unsere Konstrukte Sozialgebilde als *Systeme* verstehen. Sozialgebilde sind also nicht »an sich« soziale Systeme. Sie werden es erst, wenn im Interagieren mit Menschen sich Sprachspiele ausbilden. »Sprachspiele« sind nach *L. Wittgenstein* Interaktionsfolgen, in denen Handlungen Bedeutungen erhalten. Daraus folgert er, da Verstehen stets an das Verstehen von Bedeutungen geknüpft ist, daß sich dieses nur in Sprachspielen ereignen kann.
Sprachspiele werden also von unserem Erkenntnisvermögen als soziale Systeme interpretiert. Genauer: Es bildet Konstrukte vom Typ »soziales System« aus. Man kann ein soziales System formal ganz

ähnlich beschreiben wie ein personales. Übernehmen wir also die Skizze von Seite 32, und modifizieren wir sie (leicht) für soziale Systeme:

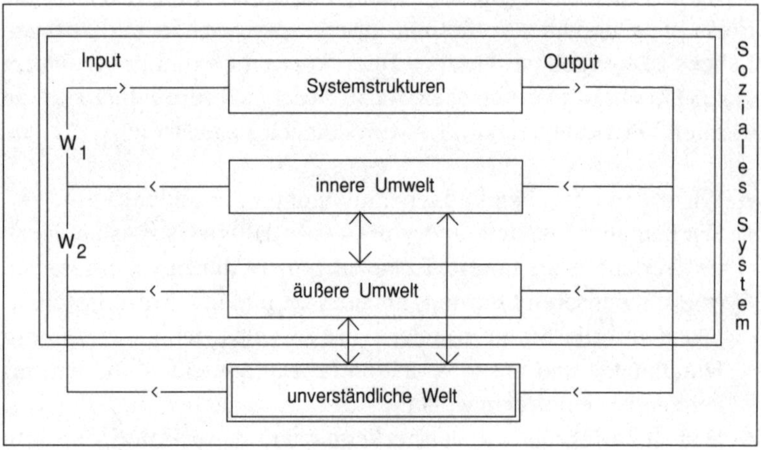

Zu der Skizze nun einige Anmerkungen:

1. Die Elemente des Kerns sozialer Systeme sind Interaktionen (und nicht etwa Personen). Diese werden entweder durch die vorgegebenen Strukturen in ihren Bedeutungen und Regeln bestimmt (»Institutionen«) oder bauen im Vollzug gelingender Interaktionen sich selbst aus (»spontane Kommunikationsgemeinschaften«).
2. Die Strukturen enthalten Seins- und Bewußtseinsanteile. Zu den Seinsanteilen rechnet man die Regeln und Bedeutungen von interaktionellem Tun. Sie legen fest, wie die Mitglieder des Systems (personale Systeme oder soziale Subsysteme) miteinander und mit Mitgliedern der unverständlichen Welt umgehen. Zu den Bewußtseinsanteilen rechnet man die Selbstverständlichkeiten eines sozialen Systems (wie Werteinstellungen und Vorurteile).
3. Seins- und Bewußtseinsanteile bilden – wie schon für personale Systeme ausgeführt – eine dialektische Einheit. Sie stabilisieren einander. Zugleich aber besorgt die Spannung, die aus der Nichtidentität beider hervorgeht, einen endogenen (nicht von außen

angestoßenen oder besorgten) Wandlungsprozeß. Man spricht dann von Selbsterzeugung (Autopoiesis) der veränderten Struktur. Da die Struktur die Identität des sozialen Systems definiert, handelt es sich auch um eine Selbsterzeugung des ganzen Systems, in deren Verlauf die Grenzen des Systems zur unverständlichen Welt neu gezogen werden müssen.

4. Die innere Umwelt ist definiert durch die Mitglieder des Systems, die die Strukturen des Systems internalisierten. In systemtypischen Interaktionen realisieren die Mitglieder die Strukturen des Systems.
5. Die äußere Umwelt des Systems ist definiert durch die Mitglieder des Systems, die zwar die Strukturen nicht internalisieren, wohl aber mit den Mitgliedern der inneren Umwelt des Systems erfolgreich/sinnvoll interagieren können.
6. Das System selbst besteht aus Struktur und den beiden Umwelten, deren Grenzen durch die Struktur gezogen sind.
7. Die unverständliche Welt ist der Weltteil, mit dessen Mitgliedern keine erfolgreichen/sinnvollen Interaktionen möglich sind. Sie passen zu keinem der vorhandenen Konstrukte. Es steht jedoch zu bedenken, daß auch die Mitglieder der inneren und äußeren Umwelt Anteile von unverständlicher Welt in sich bergen, da sie selten nur einem sozialen System zugehören und die Strukturen des oder der anderen Systeme für die Mitglieder unseres Systems unverständlich sind.
8. Die Beziehungen zwischen der Struktur und den Welten werden durch Informationen hergestellt und aufrechterhalten. Veränderungen in Struktur und Welten werden also informationsursächlich besorgt.
9. Wird ein Sprachspiel als institutionalisiert wahrgenommen, liegen seine Normen also vor den Interaktionen, bilden wir das Konstrukt »Institution« aus. Nehmen wir wahr, daß das Sprachspiele sind (wenn auch mit erheblichen Verzögerungen [großen Wx] strukturell an die Interessen, Bedürfnisse, Erwartungen der Mitspieler angepaßt), bilden wir das Konstrukt »offene Institution«. Nehmen wir keine solchen Anpassungen wahr, wird ein Konstrukt »geschlossenes System« erzeugt. Das System produziert nahezu ausschließlich mehr oder minder erfolgreich Output (es handelt

sich soziologisch um ein selbstreferentielles System). Wird dagegen ein Sprachspiel als spontan wahrgenommen, passen sich die im Sprachspiel realisierten Strukturen unverzüglich an die (nicht selten über soziodynamische Prozesse vom Sprachspiel erzeugten) Interessen, Bedürfnisse, Erwartungen und Werteinstellungen der Mitspieler an, sprechen wir von Interaktionsgemeinschaften (oder, in der Sprache der Soziologie, von fremdreferentiellen Systemen).

10. Soziale Gebilde, die von der Mehrheit der Mitspieler als Institutionen erfahren werden, funktionieren über den Mechanismus der sich selbst erfüllenden Erwartungen zunehmend mehr als institutionelle Gebilde. Solche Gebilde tendieren dazu, sich selbst überlassen, selbstreferentiell zu bleiben oder zu werden. Die Trägheit der Konstrukte wird als systemische Trägheit interpretiert. Der Besitzer eines solchen Konstrukts sucht den Wandlungsaufwand zu mindern.
11. Die W_X des Input-Bereichs zeigen das Maß der Trägheit des Systems an. Während sie bei spontanen Kommunikationsgemeinschaften nach Null tendieren, sind sie bei selbstreferentiellen Institutionen sehr groß.

Wir übernehmen also eine große Verantwortung, wenn wir instutionalisierte Sprachspiele aufbauen oder uns in ihnen einrichten. Durch unsere Interpretation dieser Sprachspiele als Institutionen verhalten sie sich früher oder später erwartungsgemäß auch als Institutionen, deren Aktivitäten, wenn sie nicht ständig moderiert werden, in aller Regel lebensmindernd ausgehen. Die in ihnen stattfindenden Interaktionen sind, insoweit sie von den institutionalisierten Strukturen geregelt werden, zumeist nekrophil. Menschen, die sich zu Exekutoren eines solchen Sprachspiels machen, werden in oft dramatischer Verkürzung ihrer Menschlichkeit zu Systemagenten.

Das Gemeinte sei am Beispiel einer Schulklasse erläutert:

1. Die Elemente des Kerns des Systems »Schulklasse« sind die Interaktionen der Schüler (die die innere Umwelt des Systems ausmachen) untereinander und mit dem Lehrer (als dem wichtigsten

Vertreter der äußeren Umwelt des Systems). Die Interaktionen mit dem Lehrer dürften weitgehend institutionalisiert sein. In vielen Klassen sind die systemtypischen Interaktionen statusdefiniert. Es wird also von den Schülern das Konstrukt »Institution« ausgebildet.

2. Die Seinsinhalte der Strukturen sind die Bedeutungen und Regeln, nach denen sich die Interaktionen der Schüler untereinander und mit dem Lehrer richten. Dazu gehören auch die Statusbestimmungen, die sich in einer Schulklasse über soziodynamische Prozesse ausbilden. In den meisten Klassen gibt es »den Primus«, »den Clown«, »den Versager«, »den Petzer« ... Die Bewußtseinsstrukturen sind vor allem die kollektiven Überzeugungen der Schüler der Klasse (etwa über den Charakter von Lehrern).
3. Soziales Bewußtsein und soziales Sein bilden eine dialektische Einheit. So werden die kollektiven Überzeugungen die systemischen Interaktionsmuster bestimmen und umgekehrt. Da beide aber nicht genau aufeinander abgebildet sein können, entsteht eine Dynamik, die dazu führen kann, daß sich Überzeugungen ebenso ändern wie Interaktionsmuster.
4. Zur unverständlichen Welt der Schulklasse gehört das Kultusministerium mit seinen Anordnungen. Diese werden nicht verstanden, bestimmen aber dennoch das Tun und Lassen der Schüler und des Lehrers. Ebensowenig kann das Kultusministerium mit den protestierenden Einwänden der Schüler etwas Sinnvolles anfangen.
5. Offensichtlich stehen Systemstruktur und Welten nicht in einem wirkursächlichen Zusammenhang, da nicht etwa Energieströme, sondern Informationen erzeugende Signalströme Interaktionen bestimmen.
6. Eine Schulklasse kann ein nahezu selbstreferentielles System sein, in dem Statusbeziehungen die Interaktionen bestimmen und nicht etwa die Bedürfnisse einzelner Schüler. Auch eine Anpassung an die Interessen des Lehrers ist oft nicht zu bemerken.
7. Innerhalb der Klasse bilden sich nicht selten Subsysteme heraus, die miteinander als Kommunikationsgemeinschaften interagieren. Ihre W_x sind sehr klein.

2. Zur Geschichte der Sozialität

Der Sachverhalt der sozialen Verwiesenheit ist so offensichtlich, daß er schon zu Beginn des europäischen Nachdenkens über das, was Menschsein bedeuten könnte, auftaucht. *Platon* entwirft um 370 v. Chr. in seinen beiden großen Dialogen »Der Staat« und »Die Gesetze« ein Menschenbild, daß die Person gänzlich in ihrer Funktion als Mitglied eines politischen Systems (der *Politeia*) aufgehen läßt. Sollte sie das nicht tun, würde ihr Egoismus zum Schaden aller überhandnehmen. Auch *Aristoteles bestimmt um 330 v. Chr. in der »Politik« den Menschen als »politisches Wesen« (als politikòn zôon*). Daraus folgt das Recht und die Pflicht des höchsten politischen Sozialgebildes (und das war für die Griechen der »Stadtstaat«, die *Pólis*), alle Interaktionen, die Menschen miteinander eingehen, zu ordnen. Nur in der Harmonie mit der Pólis zu leben bringt dem Menschen letzte Erfüllung (*Eudaimonía*) und ist somit höchstes ethisches Gut. Das aber sei – nach Platon – ideal nur optimal in einem kommunistisch-politischen System zu verwirklichen, in dem jeder Besitz, auch der von Frauen und Kindern, allen gemeinsam sei. Gott sei Dank hat sich diese Monopolarität der Sozialität nicht durchgesetzt – war nicht einmal die Meinung der meisten Griechen. Selbst Aristoteles distanzierte sich von dem platonischen Ideal-Kommunismus. Er argumentiert – wie mir scheint – recht realistisch, daß das, was von allen besessen, auch von allen vernachlässigt werde.

Damit aber war der Traum vom idealen, möglichst staatsfreien politischen Gemeinwesen noch lange nicht ausgeträumt. Es fand seine Heimat in nahezu allen Staatsutopien des Mittelalters und der Neuzeit. Sie alle gingen davon aus, daß Menschen (nahezu monopolar) Gesellschaftswesen seien und daher in der totalen Vergesellschaftung einer Art von Kommunismus erst zu sich kämen.

Noch bei *Karl Marx* finden sich nachweisbare Reste dieses Traumes, selbst wenn er von sich ab Ende 1847 (etwa im »Kommunistischen Manifest«) behauptet, den utopischen durch den wissenschaftlichen Sozialismus abgelöst zu haben. Er schreibt im »Dritten Pariser Manuskript« im August 1844, daß Menschen nur menschlich leben können, wenn sie sich vom »Geist des Habens« befreit haben. Das aber sei nur möglich im Kommunismus und zugleich dessen Voraussetzung: *»Der Kommunismus als positive Aufhebung des Privateigentums als menschlicher Selbstentfremdung und darum als wirkliche Aneignung des menschlichen Wesens durch und für den Menschen; darum als vollständige, bewußt und innerhalb des ganzen Reichtums der bisherigen Entwicklung gewordene Rückkehr des Menschen für sich als eines gesellschaftlichen, d. h. menschlichen Menschen. Dieser Kommunismus ist als vollendeter Naturalismus = Humanismus . . ., er ist die wahrhafte Auflösung des Widerstreits zwischen dem Menschen und der Natur und mit dem Menschen . . ., zwischen Individuum und Gattung. Er ist das aufgelöste Rätsel der Geschichte und weiß sich als diese Lösung.«*

Es wäre sehr einfältig, wenn man meinte, daß mit dem Ende des »Staatskapitalismus« der kommunistische Traum ausgeträumt sei. Es wird immer Menschen geben, die sich vom »Geist des Habens« lossagen (wollen) und ein Gemeinwesen stiften wollen, in denen jede Form des Habens (von Geld, Macht, Einfluß . . .) zweitrangig wird – und in der, wer offen nach solchem Haben strebt, als Asozialer gilt. Übrigens charakterisierte schon K. Marx in dem erwähnten Manuskript die erste Stufe des Kommunismus, die der »Diktatur des Proletariats«, die sich heute ihrem Ende zuneigt, recht gut in ihrer Unmenschlichkeit: *»Dieser Kommunismus – indem er die Persönlichkeit des Menschen überall negiert – ist eben nur der konsequente Ausdruck des Privateigentums, welches diese Negation ist. Der allgemeine und als Macht sich konstituierende Neid ist die versteckte Form, in welcher sich die Habsucht herstellt und nur auf eine andere Weise befriedigt . . . Die erste positive Aufhebung des Privateigentums, der rohe Kommunismus, ist also nur eine Erscheinungsform von der Niedertracht des Privateigentums, das sich als das positive Gemeinwesen setzen will.«*

Der Traum, daß einmal ein Gemeinwesen möglich sein wird, in dem nicht mehr individuell zugeordnetes Kapital menschliche Arbeit kaufen und über sie verfügen kann, in dem vielmehr nur das Ergebnis menschlicher Arbeit, sei es über einen Kaufvertrag, sei es über einen Werkvertrag, angeeignet werden kann, wird wohl als utopisches Erbe unter uns wach bleiben. Und das ist gut so. Die Utopie einer sozialistischen Marktwirtschaft, in der die im Unternehmen Tätigen die Unternehmenseigner sind und in ihrer Mehrheit bestimmen, wer

Leitungs- und Managementfunktionen ausübt oder wer für solche Funktionen (im Sinne eines Werkvertrages) als Manager »eingekauft« wird, muß nicht unbedingt abstrakt sein. Eine Welt ohne »abhängige Arbeit« ist durchaus denkbar. Daß sie ineffizient sei, konnte bislang nicht bewiesen werden.
Sie werden bemerkt haben, daß nahezu alle Sozialutopien die Existenz politischer Gebilde vom Typ »Staat« als gegeben voraussetzen. Dabei ist es heute zumeist akzeptiert, daß Staaten (wie vermutlich auch alle übrigen Gebilde, über die wir Konstrukte vom Typ »Institution« bilden) grundsätzlich von Übel sind. Sie sind nur über eine Güterabwägung zu sichern. Staaten (und mit ihnen ihre drei auf Gesetze bezogenen Gewalten) sind nur dann und nur insofern legitimiert, Gewalt auszuüben, als sie Moralversagen von Menschen kompensieren oder Marktversagen etwa beim Verbrauch von Umwelt oder bei der Bildung lang dauernder Kartelle ausgleichen.

3. Sozialisation

»Sozialisation« bezeichnet die konkrete Realisierung der Sozialität. In ihr wird ein Mensch fähig gemacht, in *konkreten* sozialen Gebilden durch Ausbildung von sozialen Konstrukten zu leben. Eine gelingende Sozialisation ist also eine wichtige Voraussetzung menschlichen Miteinander-Umgehens.
Die primäre Sozialisation geschieht in aller Regel in der Herkunftsfamilie. Zunächst ist hier das Nachahmen der geliebten Menschen ein wichtiges strukturbildendes Element, das Sozialverträglichkeit sichert. Bei vielen Menschen bleibt es zeitlebens das wichtigste, bei allen aber ist es erheblich.

a) Die endogene Moral und das moralische Gewissen

In der Regel ist Sozialverträglichkeit durch Nachahmen jedoch wenig hilfreich und reicht in kritischen Situationen nicht aus, augenblickliche sozialunverträgliche Wünsche, Bedürfnisse, Interessen zurückzustellen. Das geschieht erst dann mehr oder minder erfolgreich, wenn etwa in der Zeit vom vierten bis zum zehnten Lebensjahr Gebote und Verbote, Wünsche und Erwartungen der Eltern internalisiert werden.

Das heißt: Sie werden auch befolgt, wenn die Eltern als belohnende und bestrafende Instanz nicht eingreifen können, um Gebote und Verbote, Wünsche und Erwartungen durchzusetzen. Die lohnende und strafende Instanz ist jetzt nicht mehr eine soziale (vor allem die Eltern), sondern eine psychische.

An die Stelle sozialer Strafen (Abwendung, mangelnde Anerkennung, mütterliche Trauer) und physischer Strafen (Schelte, Prügel, Konsumentzug) treten jetzt im Übertretungsfall der von den Eltern vermittelten Normen und den darin implizit enthaltenen Wertvorstellungen psychische Strafen (Ängste, Scham, Schuldgefühle und geminderte Selbstachtung).

Diese Strafen wurden zwar schon in früheren Jahren der kindlichen Entwicklung eingeübt, doch werden sie jetzt autonom. Sie stellen sich ein, ohne an eine Fremdhandlung gebunden zu sein. Das Kind lernte, sich zu schämen, als es vor Dritten gescholten wurde, es lernte, sich (vor elterlicher Strafe) zu ängstigen, wenn es ungehorsam war, es lernte sich schuldig zu fühlen, wenn Mutter weinte, es lernte sich in seiner Selbstachtung gemindert kennen, wenn es etwas nicht durfte, ohne den Grund des Verbots einzusehen. Nachdem die so durch exogene Auslöser erworbenen Strafen von der Psyche (genauer: von einem Strukturelement des Über-Ichs) übernommen wurden, wird zunächst familien- oder schulspezifisches sozialverträgliches Verhalten durch psychische Sanktionen weitgehend sichergestellt. Die so gebietende und verbietende psychische Instanz nennen wir »*moralisches Gewissen*«, weil es Handlungen und Unterlassungen einfordert, die in den Konventionen des sozialen Systems »Familie« das sichern, was in ihm als sozialverträglich gilt. Weil Gebote und Verbote, Lohn und Strafe aus dem »Inneren der Psyche« kommen, spricht man auch von Normen einer »*endogenen Moral*«.

Die Sanktionsandrohungen dieses Gewissens (Angst, Schuldgefühle, Scham, geminderte Selbstachtung) bedeuten, wenn sie greifen, einen erheblichen psychischen Aufwand. Ihn gilt es in der Regel zu meiden – es sei denn, es stehen ihm als erheblicher gewertete Nutzenerwartungen entgegen. So kann ein junger Mensch eine Erkrankung vortäuschen, um sich vor einer Mathearbeit zu drücken. Er übertritt damit ein mögliches Gebot des konventionellen Gewissens: »Du mußt deine Pflicht tun, auch wenn es unangenehm ist« – zugleich aber

vermeidet er eine schlechte Note. In diesem Fall siegte die Leistungsrationalität über ein Gebot des konventionellen Gewissens. Schuldgefühle (oder Gefühle geminderter Selbstachtung) werden in Kauf genommen, um ein vermeintlich größeres Übel zu vermeiden. Hier greifen wieder die Regeln der psychischen Ökonomie.
Das moralische Gewissen kann nun von Person zu Person sehr verschieden sein. Das hängt davon ab, welches Verhalten und Handeln in einer Familie als sozialunverträglich mit welcher Intensität verstanden und entsprechend geahndet wurde. So kann man als Abweichungen von der Norm (besser: vom psycho-sozialen Optimum), die menschliches Miteinander-Umgehen erschwert, unterscheiden:

- die *reexternalisierende* Moral,
- die *rigide* Moral,
- die *depravierte* Moral und
- die *geschlossene* Moral.

In allen diesen Fällen wird die Moral ihre Funktion, zu sozialverträglichem Verhalten anzuleiten, kaum erfüllen. Weil hier nicht selten Gründe verborgen liegen, die menschliches Miteinander-Umgehen erschweren, wenn nicht gar unmöglich machen, müssen wir uns mit diesen Fällen näher beschäftigen.

Die reexternalisierende Moral:
Die reexternalisierende Moral ist der unreife Versuch, den Strafen des moralisches Gewissens zu entgehen. Menschen versuchen, sich in ihrem Selbstkonstrukt als völlig gut (gelegentlich aber auch als völlig schlecht) zu sehen. Schuld an ihrem Versagen, an ihrem Unglück sind nie sie selbst, sondern stets andere. Die Unreife dieser Moral wird im Fehlen jeder kritischen Selbstorientierung deutlich.

- Es gab und gibt Menschen, die ihre Mitmenschen zur »größeren Ehre Gottes« psychisch und/oder sozial quälen und morden.
- Es gab und gibt Menschen, die Menschen anderer Überzeugung, Rasse, Volkszugehörigkeit, mit anderen Wertvorstellungen psychisch und/oder sozial liquidieren (möchten).
- Es gab »unschuldige« KZ-Aufseher und Nazi-Richter.

- Es gab und gibt Kriegsverbrecher, die sich dadurch entlasteten, daß sie andere zu zweiten Hitlers machten.

Sie alle sind und waren unschuldig. Schuld gab und gibt es nur bei anderen. Die reexternalisierte Moral verurteilt nicht mehr eigenes Versagen, sondern fremdes und entlastet sich über solche Projektionen von allen Anflügen von Angst, Scham, Schuld oder geminderter Selbstachtung. Solche »moralischen Menschen« bilden eine Gefahr für sich selbst und ihre Mitmenschen. Das moralische Gewissen kann nicht mehr Sozialverträglichkeit im Verhalten und Entscheiden sichern. Es tut das genaue Gegenteil.
Die reife, endogene Moral erkennt und akzeptiert dagegen die Ambivalenz: Ich und die anderen sind alle mitunter gut und mitunter böse. Da ich das an den Normen *meines* moralischen Gewissens ausmache, habe ich kein Recht, moralisch über andere Menschen zu urteilen.

Die rigide Moral
Die Strenge der Moral wird nicht bestimmt durch die Strenge, mit denen die Eltern die sozialunverträglichen Wünsche, Bedürfnisse, Emotionen und Verhaltensweisen des Kindes abwehren, sondern von der Art der Besetzung des Elternkonstrukts während der Bildung des moralischen Gewissens. Die erste Periode, in der sich das moralische Gewissen bildet, ist bestimmt durch eine auch aggressive Besetzung des Elternkonstrukts, weil es nur so möglich ist, daß ein Kind sich von seinen Eltern löst (»ödipale Krise«). Verweigern sich die Eltern dieser Ablösung, wird erhebliches aggressives Potential beim Kind freigesetzt, um dennoch sein Ziel zu erreichen. Das kann dazu führen, daß in das moralische Gewissen erhebliches aggressives Potential eingebaut wird.
Die Symptome einer solchen rigiden Moral sind meist unschwer auszumachen: So sind nicht wenige Konversionen, in denen ein psychisches Leiden (wie es unter dem Strafanspruch des moralischen Gewissens entsteht) in ein körperliches oder soziales Leiden konvertiert wird, Versuche eines Menschen, dem rigid fordernden und strafenden moralischen Gewissen auszuweichen und sich so psychisch zu stabilisieren.

Auch die nicht seltenen Versuche, das moralische Gewissen durch magische oder rituelle Handlungen zu beschwichtigen, gehören hierher.
Man kann sich übrigens nicht von einem rigiden Gewissen befreien, indem man versucht, die Rigidität unmittelbar zu mindern, da sie nur ein Symptom für eine Störung ist. Es ist vielmehr nötig, die primäre Störung, d. h. die aggressive Besetzung des Elternobjekts, während des Aufbaus des moralisches Gewissen aufzuarbeiten.
Doch kann sich auch ein rigides moralisches Gewissen ausbilden, wenn während der Phase der Introjektion der Eltern gleich ein unter Umständen mit »ewiger Verdammnis« strafender Gott mit introjiziert wurde. Ein solches Gottesbild wird nicht selten von Eltern und Kirchen vermittelt, um die systemspezifische Sozialverträglichkeit zu sichern. »Ein Auge ist, das alles sieht . . .« und »Ehre deine Eltern, damit du lange lebest . . .«. Die Rigidität eines solchen moralischen Gewissens gründet in der Rigidität der potentiellen Strafe. Nun ist es ziemlich gleichgültig, ob ein Mensch sich im Laufe seines Lebens von einem solchen Gott emanzipierte. Wichtig ist nur, daß er an einen solchen während der Ablösungsphase glaubte. Die Furcht vor der Strafe, die auf Ungehorsam steht, macht einen solchen Menschen im Umgang mit sich und anderen (bewußt oder unbewußt) zum rigiden Richter. Welche Möglichkeiten bieten sich an, sich von einem solch rigiden moralischen Gewissen zu befreien?

1. Bestenfalls gelingt es, das unkritische Introjekt eines solchen Gotteskonstrukts zu wandeln in ein kritisches Identifikat. Die kritische Begabung der Identifikation relativiert dann Verbot wie Strafe.
2. Es wird verdrängt. Dann kommt es zu Formen eines (vermeintlichen?) Atheismus. Da jedoch die Strafen bleiben – auch wenn sie nicht mehr als Schuldgefühle bewußt werden –, fordert das moralische Gewissen irgendeine Form der Entschuldung. Da kommen in Frage die Entschuldung durch den Zuspruch eines Menschen oder einer Gruppe. Aber auch die Entschuldung durch Selbstbestrafung. Diese Selbstbestrafung geschieht meistens lustvoll, da sie entschuldet und die Psyche, wenn auch nur für den Augenblick, entlastet. Neurotisch ist solche Selbstbestrafung deshalb, weil das Ziel einer wirksamen und endgültigen Entschuldung nicht wirklich

erreicht werden kann. Strategien solcher Selbstbestrafung können sein: lebensmindernde Abhängigkeiten (Süchte) der verschiedensten Art, etwa von Arbeit, Nikotin oder Alkohol. Aber auch zu schnelles Autofahren oder waghalsige Sportarten können von einem solch latenten Willen, sich selbst zu bestrafen, zeugen.

Das depravierte moralische Gewissen
Zur Ausbildung eines verderbten (depravierten) moralischen Gewissens kommt es dann, wenn

- die vermittelten Normen nicht die allgemeine Sozialverträglichkeit stützen, sondern nur die spezifische eines kleinen Sozialgebildes oder wenn
- wegen fehlender stabiler Bezugspersonen in der Phase der beginnenden Bildung des moralischen Gewissens keine stabilen Normen internalisiert werden konnten.

In Familien, die sich nicht in das größere Feld eines übergeordneten sozialen Gebildes, etwa einer Gemeinde, einpassen, in der Verhaltensregeln vermittelt werden, die mit einem sinnvollen, überflüssige Konflikte meidenden Leben in der größeren Ordnung unverträglich sind, kommt zwar eine unter Umständen starke moralische Gewissensbildung zustande, doch sind deren Normen ausschließlich familienspezifisch und führen, außerhalb der Familie realisiert, zu destruktiven Konflikten mit den entsprechenden sozialen (auch rechtlichen) Strafen. Nicht selten spricht man hier von »asozialen Familien«.
Das eigentliche Problem ist in solchen Fällen, daß eine Sozialisierung im Rahmen einer sekundären Sozialisation in Schule, Beruf, Partnerschaft kaum möglich wird, da nur soziale Systeme internalisiert werden, die den Normen des »falschen« moralischen Gewissens nicht widersprechen.
Es ist jedoch darauf zu achten, daß keineswegs die möglichst vollständige und konfliktfreie Passung in die der Familie übergeordneten Sozialgebilde Ziel der primären Sozialisation sein kann. Da nahezu alle institutionalisierten Sozialgebilde extrem egoistisch und keineswegs dem Gemeinwohl verpflichtet sind, wird die Fähigkeit und

Bereitschaft, mit solchen Gebilden Konflikte auszutragen und durchzustehen, wichtiger Inhalt gelingender Sozialisation sein.
Zwar sprechen totalitäre Systeme auch dann von »Asozialität« und drohen mit sozialen oder gar richterlichen Strafen, doch ist es eher ein Zeichen gelungener Sozialisation, wenn ein Mensch seinen Widerstand durchhält.
Aber auch das Fehlen stabiler personaler Beziehungen in der Phase der Bildung des moralischen Gewissens kann dazu führen, daß Menschen kein oder nur ein sehr rudimentäres moralisches Gewissen ausbilden. Sie orientieren ihr Verhalten dann meist an mehr oder minder geeigneten Vorbildern oder durch die Normen sekundärer Sozialisation.
Gelingt dies nicht (zureichend), spricht man oft von »sozialer Verwahrlosung«. Nicht selten treten solche Probleme bei Jugendlichen auf, die als Kinder im späten Vorschulalter und frühen Schulalter in Heimen aufwuchsen.

Das geschlossene moralische Gewissen
Ein geschlossenes moralisches Gewissen entsteht, wenn die primäre Sozialisierung in einer Familie erfolgte, die ein geschlossenes Sozialgebilde war. Geschlossen ist ein Sozialgebilde, das seine Werteinstellungen, Selbstverständlichkeiten, Vorurteile unabhängig von den Bedürfnissen, Erwartungen, Interessen seiner Mitglieder durchsetzt und zu realisieren versucht. Die Konstrukte, die im Interagieren mit Menschen in solchen Gebilden erzeugt werden, sind selbstreferentiell, weil sie nur auf sich selbst, nicht aber auf die Mitglieder ihrer Umwelten bezogen sind. Mit dieser Selbstbezogenheit einer Familie ist eine weitgehende Intoleranz mit den Wertvorstellungen, Selbstverständlichkeiten und Vorurteilen von Familien verbunden, die in diesen von ihr abweichen. Geschlossene Familien verfügen über ein vermeintliches zeit- und gesellschaftsinvariantes Wissen über das, was gut und böse, richtig und falsch, vernünftig und unvernünftig, wahr und unwahr ist.
In solchen Familien wird also ein geschlossenes moralisches Gewissen herangebildet. Auch dieses moralische Gewissen verfügt über ein (vermeintlich) sicheres zeit- und gesellschaftsinvariantes Wissen über das, was gut und böse, wahr und falsch, wichtig und unwichtig ist. Es

erdreistet sich, zum moralischen Richter über das Verhalten anderer Menschen zu werden.
Beinahe noch problematischer ist der Sachverhalt, daß in solchen geschlossenen Familien nahezu ausschließlich sekundäre »Tugenden« wie Gehorsam, Pünktlichkeit, Sauberkeit, Treue und Fleiß zu Inhalten des moralischen Gewissens gehören, nicht aber primäre Tugenden wie Zivilcourage, Fähigkeit und Bereitschaft zu verantwortetem Ungehorsam, Fähigkeit und Bereitschaft zu notwendigen Konflikten. Die sekundären Tugenden sind, für sich genommen, wertlos oder doch wertfrei, da sie beliebig mißbrauchbar sind. So haben Faschisten wie Stalinisten sie – und nur sie – kultiviert. Sie erhalten erst dann einen Wert, wenn sie mit primären Tugenden verbunden sind.
Zudem verhindern (oder behindern zumindest) geschlossene Familien die Ablösung von unkritischer Introjektion durch kritische Identifikation, insofern sie wie selbstverständlich von ihren Mitgliedern unkritische Introjektion verlangen. Wird aber die Internalisierung über kritische Identifikation nicht in der Familie geübt, wird sie später nur schwerlich erlernt. In geschlossenen Familien werden faschistisch disponierte Menschen großgezogen.
Gegenüber den Ansprüchen einer solchen Familie hat ein junger Mensch nur wenige Chancen, ein reifes moralisches Gewissen auszubilden. Voraussetzung dazu wäre:

- Er entwickelt, etwa angeregt durch Schule oder Freunde, kritische (primäre) Tugenden und wird dann von seiner Familie exkommuniziert.
- Oder aber er verläßt von sich aus den repressiven dogmatischen Rahmen, den eine solche Familie vorgibt, und emigriert. Doch Emigrationen mißlingen in den meisten Fällen. Ausreißversuche scheitern in der Regel. Schuldgefühle und die Unfähigkeit zu selbständigem Leben treiben viele wieder in den Schoß ihrer pathogenen Familie zurück. Bleibt ihnen die Rückkehr jedoch verwehrt, wandern sie nicht selten in den sozialen Untergrund der Drogen, der Jugendreligionen und der Kriminalität ab. Sie tauschen dann eine schlechte Heimat gegen eine oft noch schlechtere, noch geschlossenere.

Daß alle diese Formen eines degenerierten moralischen Gewissens den Zweck eben dieses Gewissens, sozialverträgliches Handeln anzumahnen und durchzusetzen, pervertieren, ist offensichtlich. Solche Menschen nennen wir sozial krank.

b) Die exogene Moral und das soziale Gewissen

Verhält sich ein Mensch nach der Ausbildung des moralischen Gewissens sozialverträglich, um soziale Belohnungen zu erhalten oder soziale Strafen zu vermeiden, entstammen die Gebote und Verbote, die sein Handeln bestimmen, aus der sozialen Umwelt. Es sind zwar psychische Imperative, doch sind sie, im Gegensatz zu denen der endogenen Moral, dadurch bestimmt, daß während der *sekundären Sozialisation* ein soziales System internalisiert wurde und die Zugehörigkeit zu diesem System als werthaft erscheint.

Während die Emanzipation von der Ursprungsfamilie als bleibende Spur die Strukturen und Normen des *moralischen* Gewissens hinterläßt, bleiben die Strukturen und Normen des *sozialen* Gewissens, zumindest wenn die Internalisierung des Sozialgebildes über kritische Identifikation erfolgte, nur bis zur Externalisierung (d. h. der Rücknahme der Internalisierung) erhalten.

Das soll nun nicht heißen, daß diese Normen restlos verschwinden. Auch sie hinterlassen ihre Spuren in der Form der »Lebenserfahrung«. Wohl aber sind sie nach der Ablösung von dem sozialen Gebilde nicht in ähnlicher Weise gegenwärtig wie die des moralischen Gewissens, da ja die Sanktionsmöglichkeiten durch das Sozialgebilde entfallen.

In der konkreten Moral verbinden sich exogene mit endogenen Anteilen. Mitunter ist es in der Praxis nicht leicht, diese zu unterscheiden, da viele endogene oder exogene Wertorientierungen vom Unbewußten verwaltet werden, das zumeist aus beiden eine kaum zu entmischende Legierung herstellt.

c) Soziale Nähe und soziale Distanz

Im Verlauf der (nichtpathogenen) Sozialisierung wird gelernt, daß reale Sozialität im Spannungsfeld von Nähe und Distanz, von Autonomie und Heteronomie (also von Eigen- und Fremdsteuerung), von Bindung und Ablösung geschieht. Alles das setzt aber voraus, daß die

Sozialität in kritischer Identifikation gründet. Ist das soziale Gebilde (Familie, Unternehmen, Partnerschaft, Kirche, Staat) einem seiner Mitglieder zum unkritischen Introjekt gemacht worden (oder nach Abschluß der Pubertät unkritisches Introjekt geblieben), wird Distanz, Autonomie und Ablösung leidvoll erfahren, wenn nicht gar unmöglich sein.
Schon im Säuglingsalter erfährt das Kind, wie die Interaktionsmuster einer Familie im Spannungsfeld von Nähe und Distanz institutionalisiert wurden. Die Spiegelungsarbeit der Mutter gibt nach Intensität und Häufigkeit darüber Aufschluß. Die frühe Ichbildung, die den Zweck hat, unter bestimmten sozialen Bedingungen ein Optimum an Lust und ein Minimum an Unlust zu erfahren, paßt das Kind in dieses Feld ein.
Pathogen werden Nähe und Distanz, wenn Nähe (meist ausbeuterisch) oder Distanz (meist emotionsarm) fixiert werden.

Die soziale Nähe
Da hier noch nicht über realisierte Sozialität gehandelt werden soll, kommt es uns darauf an, zu erkennen, wie und unter welchen Umständen ein optimales Verhältnis zur sozialen Nähe gebildet wird. Insofern sich soziale Nähe und das Verhältnis zu ihr bei jedem Menschen sehr individuell gestaltet (ist es doch abhängig von seinen Orientierungen zu allen fünf Polen unseres anthropologischen Pentagramms), können wir hier – naheliegend – nur einige Formen mißlungener Sozialisation in der Einstellung zu Nähe vorstellen. Im Gegensatz dazu lassen sich Aussagen über eine geglückte Nähe-Sozialisation treffen.
Drei wichtige Formen pathogener Nähe haben wir schon kennengelernt:

- Die Familie zwingt das Kind, den Jugendlichen, ja auch noch den Erwachsenen, sich unkritisch in ihre Wertvorstellungen zu fügen und sich ihnen anzupassen (geschlossene Familie).
- Die Familie duldet keine Ablösung und provoziert damit eine aggressive Besetzung des Elternkonstrukts (rigides moralisches Gewissen).
- Es kommt zur Ausbildung von Kollusionen.

In den meisten Fällen pathogener Nähe wurde und wird die Loyalitätsbereitschaft eines Kindes von seinen Eltern schamlos ausgenutzt, um ihre eigenen emotionalen und sozialen Bedürfnisse zu befriedigen.
In allen Fällen wird die Fremdsteuerung (Heteronomie) fixiert. Die Fähigkeit und Bereitschaft, selbstverantwortet sein Leben zu gestalten, wird dagegen nicht ausgebildet. Da das aber das »Wesen« von Freiheit ausmacht, bleiben solche Menschen – oft zeitlebens – unfrei. Im Hintergrund steht die Forderung der Eltern: »Verstehe und bewerte Welt und Mensch und dich, wie wir Welt und Mensch und dich verstehen und bewerten!« Es kommt dann, um einen Begriff des *K. Marx* zu verwenden, zu »Mystifikationen«, zu deformierten, merkwürdig-unwirklich anmutenden Formen von Interaktionen.
Die statisch-stabile Nähebindung an die Familie erlaubt es meist, mit Versagenserfahrungen, als in der »unverständlichen Welt« gründend, ohne sonderliche Krisen umzugehen: Denn Schuld trägt allemal die fremde und also verkehrte Welt.
Diese Mystifikation erlaubt kein weiteres Wachstum des personalen Lebens. Der Status quo bleibt möglichst bestehen. Eine Differenzierung des eigenen Selbst, etwa um sich seinen Umwelten anzupassen, wird nahezu unmöglich. Allenfalls erlauben ver-rückte autopoietische Prozesse in der Struktur der Familie eine Modifikation hin auf vermehrte Unwirklichkeit und zunehmenden Realitätsverlust. Da Konflikte und Konfliktgründe ausschließlich aus eigener Perspektive gesehen werden, werden sie nahezu unauflösbar – und damit tunlichst vermieden. Es kommt dann zu einer Scheinanpassung an die äußere Umwelt.
Der Versuch, aus der Bindung auszubrechen, ist zumeist mit heftigen Strafen des moralischen Gewissens wie Ängsten (etwa vor Einsamkeit oder religiösen Strafen) und Schuldgefühlen verbunden. Wie schon gesagt: Sie scheitern nicht selten mehr oder minder dramatisch. Es dürfte vermutlich nur über den Weg einer gelingenden Therapie (bei »leichten Fällen« auch einer gelingenden Partnerschaft, die nicht selten zu überraschenden therapeutischen Erfolgen führen kann) glücken, den psychischen Schaden der »fixierten Nähe« bzw. der »verbotenen Distanz« behebbar zu machen.
Erst ein rechtes Verhältnis zu Nähe und Distanz ermöglicht den

Diskurs als Interaktionsmuster im Fall entgegengesetzter Meinungen, Interessen, Erwartungen. Ein solch ausgewogenes Verhältnis ist bestimmt durch die doppelte Toleranz:

- Die *Meinungstoleranz* (= »sokratische Toleranz«). Sie läßt grundsätzlich zu, daß andere Familienmitglieder verschiedener Meinung sein können und auch sein sollen. Im Konfliktfall wird dann (wenn nicht aus dringenden Gründen die elterliche Autorität eingesetzt werden muß) über diskursive Methoden versucht, ein Optimum für alle Beteiligten zu erreichen.
- Die *personale Toleranz*. Sie läßt grundsätzlich das Anderssein des anderen zu. Sie erwartet nicht, daß sich der andere Mensch so verhält, wie es mir paßt. Das Wesen der personalen Toleranz besteht also darin, den anderen Menschen zu dem werden zu lassen, der er ist. »Ich will, daß du du bist!« oder »Ich will, daß du du wirst!« Damit sind wohl auch die wichtigsten Maximen einer erzieherischen Aktivität ausgesagt.

Vor allem die personale Toleranz vermittelt ein optimales Verhältnis zu Nähe und Distanz. Ein Mensch wird nicht besessen, will nicht besessen werden, will aber auch keinen anderen besitzen. Erziehung ist immer die Realisation eines Auftrages. Dem Erziehenden ist ein Mensch anvertraut, der werden soll, der er ist. Der Anvertrauende ist entweder gleichsam im Vorgriff auf die Zukunft der einmal in einer Familie sozialisierte Mensch, die Menschheit, das Leben oder Gott. Erziehung geschieht also immer in fremdem Auftrag.
Vermutlich werden beide Toleranzen nur in einer offenen Familie erworben, weil sie auch nur hier praktiziert werden. Mir ist in meiner über zwanzigjährigen therapeutischen Tätigkeit noch niemals ein Mensch begegnet, der aus einer geschlossenen Familie kam und nicht mit beiden Toleranzen seine erheblichen Probleme gehabt hätte. Es dürfte wohl unmittelbar einsichtig sein, das die interaktionelle Kompetenz eines Menschen, der unter »Toleranz« bestenfalls Duldung versteht, erheblich eingeschränkt ist. Menschliches Miteinander-Umgehen wird nämlich nur mit Menschen gleicher Überzeugungen gelingen.

Die soziale Distanz

Beginnen wir auch hier wieder mit der Darstellung des mißlingenden Verhältnisses zur sozialen Distanz, insoweit es in der primären Sozialisation begründet ist und dann meist zeitlebens erhalten bleibt.

Oft entsteht ein pathogenes Verhältnis zur sozialen Distanz aus dem Erleben einer sozialen oder emotionalen Vernachlässigung. Abweichungen vom Optimum sind nicht leicht zu quantifizieren, da jedes Kind auch auf Grund genetischer Vorgaben eigene Nähe- und Distanzbedürfnisse mitbringt, an die sich anzupassen eine nicht immer leichte Aufgabe in der emotionalen und sozialen Bildung eines Menschen bedeutet. Ich kenne Fälle (zweieiiger) Zwillinge, von denen der eine nicht genug beschmust werden konnte, während der andere ein längeres Schmusen deutlich ablehnte.

Was sind nun familiäre Dispositionen, die ein pathogenes Verhältnis zur Distanz erzeugen?

(a) Ein Kind fühlt sich emotional und/oder sozial vernachlässigt

Statt Anerkennung und Zärtlichkeit bestimmen Disziplinierung (etwa beim Essen) und kühle Distanz die Hauptrolle in den Interaktionen zwischen Kind und Eltern. Die Rückspiegelungsarbeit vor allem der Mutter geschieht gar nicht oder allenfalls in durch das Über-Ich definierter Routine: »Eine gute Mutter ist zärtlich zu ihrem Baby!«

Die Bedürfnisse des Kindes haben stets hinter denen der Erwachsenen zurückzustehen (Kind will spielen, Papa aber fernsehen). Auch die Meinungen des Kindes, seine Erzählungen und seine emotionalen Darstellungen werden entweder gar nicht zur Kenntnis oder doch nicht ernst genommen.

Vor allem das Unvermögen der Eltern, mit sich selbst und dem Partner verständig und voll Achtung umzugehen, bringt sie dazu, die Nähe-Arbeit zu vernachlässigen. Damit ist ihre eigene Fähigkeit, intensive und stabile Beziehungen aufzunehmen und durchzustehen, erheblich blockiert. Nicht selten klagen Menschen, die in solchen Familien aufwuchsen, daß sie niemals ihre Eltern einander kosend erlebt haben. So wird denn auch das Kind kaum ein Gefühl für Eigenwert und Selbstachtung entwickeln. Das kann sich beispielsweise darin zeigen,

- daß es (meist unbewußt) in Gruppen eine Omega-Position anstrebt oder sich dorthin versetzen läßt,
- daß es, um seine Minderwertigkeitsgefühle zu kompensieren, in Gruppen Alpha-Positionen anstrebt (und nicht selten aus Gruppen ausscheidet, in denen das nicht gelingt),
- daß es extrem sensibel wird gegen Kritik und/oder Mißerfolg und darunter leidet,
- daß es seine mangelnden Selbstwertgefühle kompensiert und sich nach außen als besonders »wertvoll« oder »lebenstüchtig« prostituiert.

Therapeutisch kann hier wohl nur die »Trauerarbeit« über den frühen Verlust elterlicher Nähe hilfreich sein. Ist sie erst einmal ernsthaft in Gang gekommen, können geeignete Interaktionspartner die defizitäre Spiegelungsarbeit der Mutter nachholen, indem sie den Betroffenen sowohl in seinen Mängeln ernst nehmen und zurückspiegeln als aber auch zugleich ihm ihre Liebe anbieten.
Zwar wird anfangs das Angebot zurückgewiesen, weil sich die Psyche auf dem Niveau der mangelnden Selbstachtung stabilisierte und entsprechende soziale Mechanismen ausgebildet wurden. Der Betroffene hält sich nicht der Liebe anderer für würdig, oder sie macht ihm angst, sie könnte ihn binden, verpflichten. Doch kann gegen das Prinzip der »psychischen Trägheit« die sekundäre Rückspiegelungsarbeit einiges in der gewünschten Richtung auf den Weg bringen.
Aber auch das Gewährenlassen (selbst wenn es sich mit dem Etikett der »antiautoritären Erziehung« zu schmücken versucht) kann ein Ausdruck sozialer und emotionaler Verwahrlosung sein. Das hat nicht selten ein mangelhaft ausgebildetes moralisches Gewissen zur Folge, da die Introjektion der Eltern wegen deren sozialer Entfernung nicht gelingt.
Ausreißer dieses Typs können sich früh und unbekümmert aus dem Familienbezug lösen – ohne Schuldgefühle und ohne Ängste. Sie kommen niemals wieder zurück. Aber sie finden auch nirgends und bei keinem Menschen eine Heimat – außer bei sich selbst.
Das hat nicht selten zur Folge, daß die Bindungen an die primären Bezugspersonen schwach ausgebildet sind – bis hin zur umfassenden

Beziehungslosigkeit und der Unfähigkeit, stabile soziale Beziehungen einzugehen und aufrechtzuerhalten.
Welches sind nun die wichtigsten Symptome, die ein in seiner Kindheit sozial und/oder emotional vernachlässigter Mensch zeigen wird? Hier sind vor allem zu nennen:

1. Er ist unfähig, stabile soziale Beziehungen aufzunehmen, es sei denn solche des aggressiven Formenkreises (etwa Ausländerhaß oder Haß auf alle Menschen, die »etwas von ihm wollen«). Da der Betroffene meist nichts von anderen will oder erwartet, fühlt er sich durch die Erwartungen anderer an ihn belästigt.
2. Er ist sich eines Selbstwerts nicht bewußt. Das mangelnde Selbstwertgefühl kann entweder zu einem resignierenden Sicheinfinden in Omega-Rollen oder – kompensatorisch – zu eigentümlichen Demonstrationen der eigenen Wertigkeit führen. Auch die Abwehr über lebensmindernde Abhängigkeiten (etwa von Alkohol, Nikotin, Kaffee, Fernsehen, Prestigebesitz) kann als eine Art Kompensation verstanden werden.
3. Er zeigt eine erhebliche Armut im Ausdruck von Gefühlen und nimmt emotionale Darstellungen anderer als Störgrößen wahr (das sind die beiden Symptome des Syndroms »Alexithymie«).
4. Er entwickelt soziale Ängste. »Soziale Angst« bezeichnet einen institutionalisierten Zustand, in dem ein Mensch andere Menschen nur bis zu einer gewissen, von ihm festzulegenden Distanz an sich heranläßt. Der sich sozial ängstigende Mensch bestimmt die Distanz so, daß er keine Sorge haben muß, emotional oder sozial ausgebeutet zu werden und sich verwundbar zu machen. Wir sprechen dann vom »Dornröschensyndrom«. Es ist nicht auszuschließen, daß nicht wenige Menschen, die Führungspositionen anstreben, an einem solchen Syndrom leiden, denn in solchen Positionen können sie zum einen ihre sozialen Bedürfnisse (etwa nach Ansehen, Einfluß, Macht) realisieren und zugleich die soziale Distanz bedürfnisgerecht definieren. Sich sozial ängstigende Menschen trauen keinem Menschen bedingungslos – sehnen sich aber nicht selten nach einem solchen Menschen, dem sie alles (auch Beschämendes, Minderndes, Kriminelles) über sich sagen können, ohne sich sorgen zu müssen, daß er sie geringschätzt oder das ihm

Anvertraute mißbraucht. Seit das Beichten aus der Mode gekommen ist, müssen diese Rolle die Psychotherapeuten übernehmen. Weil es sich hierbei aber um ein »gekauftes Vertrauen« handelt, paßt es in das Weltkonstrukt eines sich sozial ängstigenden Menschen eher als das Beichten. Ist doch nur Gekauftes, Bezahltes wertvoll.

5. Gelegentlich ist auch eine Flucht in die Aktivität zu beobachten. Wir sprechen dann von »Fluchtaktivismus«. Fluchtaktive Menschen können nicht ohne Aktivität sein, da sie anders nicht mehr wissen, ob oder wer sie sind. Sie haben kein Verhältnis zu passiven Aktivitäten wie Zuhören, Geduldhaben, Hinschauen, Abwarten, Nachdenken. Sie können nicht zehn Minuten auf einem Hochsitz dem Wind in den Wipfeln der Bäume lauschen. Spätestens nach fünf Minuten beginnen sie, etwas anderes zu denken, zu tun, zu planen.

(b) Ein Kind fühlt sich emotional und/oder sozial überfordert
Auch soziale und/oder emotionale Überforderung führt zur Beschränkung der Kommunikationsfähigkeit. Doch sind Menschen, die in ihrer Kindheit durch die falsche Einschätzung ihrer Bedürfnisse »überversorgt« wurden, meist nicht durch Mindergefühle begrenzt. Auch sind sie meist in der Lage, stabile soziale Beziehungen aufzunehmen. Dabei bleibt jedoch die Angst, in solchen Beziehungen wiederum sozial und/oder emotional überfordert zu werden, akut. Die Selbstschutzmechanismen der Alexithymie oder des »Dornröschensyndroms« werden nicht selten gewählt.
Die Fehlerkenntnis der emotionalen und sozialen Bedürfnisse gerade eines überversorgten Kindes kann sehr verschiedene Gründe haben:

1. Die Eltern introjizieren das Kind und machen es so zu ihrem Besitz. Sie sehen sich im Kind wieder und wollen ihm all die Liebe und Zuwendung geben, die ihnen vorenthalten wurde. Sie sind nahezu unfähig, das Kind zu strafen. Die frühkindliche Symbiose wird nicht gelöst.
2. Die Eltern befriedigen am Kind ihre emotionalen und sozialen Bedürfnisse, die sie anders nicht angstfrei befriedigen können. So können »Dornröschen«-Typen sehr liebevolle Eltern sein, die je-

doch den Ausdruck ihrer Liebe an ihren eigenen Bedürfnissen und nicht an denen des Kindes orientieren.

3. Die Eltern erhalten (oft zum erstenmal in ihrem Leben) eine Chance, sich selbst vom Elternsein her zuverlässig zu definieren. Dieses Elternsein wird jedoch wiederum egoistisch ausgelebt. Dabei ist dieser Egoismus (wie auch in den vorgenannten Fällen) in aller Regel unbewußt. Der Egoismusvorwurf wird meist heftig abgewehrt: »Ich will doch nur das Beste für mein Kind!«
4. Die Eltern haben ein pathologisches Verhältnis zur sozialen Nähe und gehen mit dem Kind eine Pseudokollusion ein. Deren Eigenart besteht darin, daß sie dem Kind Bedürfnisse zusprechen, die nicht die seinen, sondern die ihren sind.

Daß dies alles die Interaktionsmöglichkeiten eines Menschen erheblich begrenzt, dürfte unmittelbar einsichtig sein.

d) Die Trauer

Ein wichtiges Thema im Bereich der Sozialität ist die Trauer (gemeint nicht als Affekt, sondern als Prozeß) bei schweren Beziehungsverlusten, wenn ein bislang wichtiger Partner nicht mehr zu Interaktionen zur Verfügung steht. Da auch Trauern gelernt werden will, ist es im Anspruchsbereich der Sozialisierung abzuhandeln. Wenn Kinder um ein verlorenes Spielzeug, ein gestorbenes Haustier trauern, üben sie die Fähigkeit zur Trauerarbeit ein.

Trauerarbeit bedeutet die Hinnahme von Abschied, von Hilflosigkeit und Ohnmacht, von Verzweiflung und Schuld, von Enttäuschung und Zorn. Da der Verlust eines emotional positiv besetzten, engen Interaktionspartners nicht nur Emotionen der Zuwendung, sondern auch solche des aggressiven Formenkreises freisetzt, geschieht Trauerarbeit immer im ambivalenten Feld. Nicht selten wird deshalb die Trauerarbeit blockiert, weil aggressive Emotionen gegenüber dem verlorenen Partner nicht zugelassen werden. Auch kann eine Unfähigkeit, starke Emotionen überhaupt zuzulassen, die Trauerarbeit von vornherein ausschließen. Die Trauer wird bewußt nicht als Emotion (und erst recht nicht als Prozeß) wahrgenommen, sondern abgewehrt.

In beiden Fällen ist es notwendig, daß der Trauernde wieder zur

Trauerarbeit zurückfindet. Das geschieht nicht selten über eine gelingende Therapie, da viele Menschen ihre Aggressionen sich nur einzugestehen und von ihren Aggressionen gegenüber dem Betrauerten nur zu sprechen wagen, wenn das im professionellen Rahmen geschieht. Auch ein von Empathie und Vernunft geleitetes Trösten kann hilfreich sein. Fehlt eines von beiden, wird die Trauerarbeit eher erschwert, wenn nicht gar abgebrochen, weil sich der Trauernde, wenn er seine Trauer zur Sprache bringt, nur von Tröstern umgeben findet, die ihr Helfersyndrom realisieren.
In der Trauer kommt es zu einer Verdrängung des verlorenen Objekts und – damit verbunden – zu einer Verdrängung der Erwartung an die Gegenwärtigkeit des Objekts. Wenn das Objekt nicht mehr – oft unbewußt – als gegenwärtig erwartet wird und die Vorstellung des Objekts keine Trauer als Emotion auslöst, dann ist die Trauerarbeit gelungen.
Mißlingt sie, bleibt also die Verdrängung unvollständig, institutionalisiert sich die Trauer als Emotion. Sie führt dann zu einer Gemütslage, die einer depressiven Verstimmung vergleichbar ist. Freude wird als Verrat am Betrauerten abgelehnt. Bestehende intensive Sozialbindungen werden aufgegeben und neue erst gar nicht begonnen. Die Anzahl der aktiv wie passiv beherrschten Interaktionsmuster nimmt dramatisch ab – bis hin zur Vereinsamung.

e) Das Beherrschen sozialer Rollen

Die soziale Rolle wird bestimmt durch die Funktionen, Rechte und Pflichten eines Menschen in einem sozialen System. Die Beherrschung einer größeren Zahl von Rollen ist ein wichtiges Element der interaktionellen Kompetenz. Während Kinder im vierten und fünften Lebensjahr eine Fülle von Rollen erproben und beherrschen, nimmt die Menge der beherrschten Rollen regelmäßig mit zunehmendem Alter ab. Die meisten Menschen beherrschen, vermutlich auf Grund hirnorganischer Veränderungen, ab Beginn des achten Lebensjahrzehnts (der Mittelwert lag bei einer 1982 in der Stadt Frankfurt gezogenen Stichprobe von 240 Personen im Alter von 55 bis 85 Jahren bei etwa 72 Jahren) in gewöhnlichen Lebenssituationen nur mehr eine Rolle. Von dieser Rolle her bestimmen sie ihr Selbstkonstrukt. Es werden nur noch Interaktionen gewählt, die dieser Rolle entsprechen. Mit einiger Berechtigung kann man das psychische Alter eines Menschen mit der Menge der von ihm beherrschten sozialen Rollen und der damit verbundenen Fähigkeit, verschiedenartige Sozialkonstrukte zu erzeugen, in Beziehung setzen. Die gewählte Rolle ist zumeist eine erfolgreiche oder als erfolgreich vermutete Lebensrolle (Mutter, Manager, Offizier ...).

Beginnt der Rückzug auf nur eine Rolle deutlich vor dem Beginn des achten Lebensjahrzehnts, sprechen wir von »*Maske*«. Bei Maskenträgern kann man, vorzeitige physische Alterung ausgenommen, davon ausgehen, daß ihr Rollenverhalten auch zuvor unsicher war. Unsicher ist es vor allem bei Menschen, die nicht wissen, wer sie sind, und also ein unklares oder undeutliches Selbstkonstrukt entwickelten. Im Interaktionsverhalten macht sich solche Unsicherheit oft darin bemerkbar, daß die Rolle, die von der sozialen Situation bestimmt wird, erst zögernd angenommen und dann unsicher realisiert wird. So kann es etwa vorkommen, daß ein Mensch, der nur wenige Rollen beherrscht, für Außenstehende unerklärliche soziale Unsicherheiten zeigt. Mir ist aus meiner Praxis der Fall eines jungen Mannes bekannt, der in der Mitte der Zwanziger keine einzige Rolle sicher beherrschte. Er wußte nicht, wie man als Freund, als Liebhaber, als Student, als erwachsener Sohn, als Kommilitone interagierte. Das bedeutete für ihn einen schleichenden Prozeß der psychischen Verarmung und der sozialen Vereinsamung.

Zeigt einer der Interaktionspartner erhebliche Rollenunsicherheit, kann das auch den anderen Partner verunsichern, so daß er in dieser Situation (und, sieht man einmal von Zuständen erblichen physischen, psychischen und/oder sozialen Unwohlbefindens ab, nur in dieser) nicht eindeutige Interaktionsmuster wählt.

Die soziale Situation (und die ihr entsprechenden Interaktionsmuster) fordert, wenn sie zureichend eindeutig und stabil sein soll, das zureichend sichere Beherrschen situationsgerechter Rollen. Dieses wird in der Regel in der Herkunftsfamilie gelernt.

Es gilt, wenn wir über das Thema menschlichen Miteinander-Umgehens kommunizieren, zwischen offenen und geschlossenen Rollen zu unterscheiden. Normalerweise verlangen geschlossene Gesellschaften von ihren Mitgliedern geschlossene Rollen, das sind Rollen, die unabhängig von dem sich ändernden Selbstkonstrukt, den sich ändernden Bedürfnissen, Erwartungen und Interessen der Rolleninhaber zu bloßem Nutzen des Systems in seiner Rolle und seinem Rollenverhalten stabil bleiben. Im Gegensatz dazu werden in offenen Gesellschaften sich die Rollen (mit einer mehr oder minder großen Verzögerung) an die Veränderungen von Welt- und Selbstkonstrukt des Rolleninhabers anpassen. Menschen, die in geschlossenen Familien gebildet worden sind, verleugnen nicht selten ihre veränderte Bedürfnissituation, weil sie gelernt haben, daß sich »die anderen« doch nicht darauf einlassen. Geschlossene Familien neigen dazu, die Rollensituation ihres Mitglieds auszubeuten, um ihren sozialen Selbststand, ihre soziale Identität (Corporate identity) zu sichern und keine Veränderungsarbeit erbringen zu müssen.

Zählen wir nun die wichtigsten *Rollentypen* auf:

- Menschen versetzen sich in Interaktionen in die Situation des oder der Interaktionspartner. Durch die Annahme dieser Rolle schaffen sie eine notwendige Bedingung gelingender Kommunikation. Zugleich berücksichtigen sie auch das Bild, das die Partner von ihnen haben. Diese Bestimmung von »Rolle« stammt von *G. H. Mead* (1934). Er war der Ansicht, daß durch das Durchlaufen von verschiedenartigen »Rollenannahmen« die zunächst inkonsistenten Rollenerfahrungen, die ein Kind in seiner Umwelt macht, konsistent werden und so »Persönlichkeit« definieren. Da diese Rolle typisch für interaktionelle Diskurse ist, kann man sie sinnvoll als *Diskursrolle* bezeichnen.
- Menschen erhalten in sozialen Gebilden (Paarbeziehungen, Gruppen, Gesellschaften) über soziodynamische Prozesse eine mehr oder minder stabile, mehr oder minder bestimmte Funktion (einen »Status«) zugeteilt, der bestimmte Interaktionsmuster entsprechen. Die Rolle ist die aktualisierte Form des Status oder das Verhalten, das vom Inhaber eines Status erwartet (gelegentlich ihm gar vorgeschrieben) wird. In dieser Weise definierte *R. Linton* (1945) »soziale Rolle«. Hält sich eine Person nicht an die dem Status entsprechenden Rollen, wird sie sozial bestraft – meist mit einem niederen Status, gelegentlich gar durch Exkommunikation. Der Status ist, vor allem in Kommunikationsgemeinschaften, nicht

unbedingt stabil. So werden häufig die Inhaber von α-Status von potentiellen Konkurrenten bedrängt. Gelegentlich finden sich Menschen in dem ihnen durch soziodynamische Prozesse zugeteilten Status nicht wieder. Sie werden versuchen, den Status entweder zu ändern, oder aber sich in den Status einzupassen – vor allem wenn das soziale System unkritisch introjiziert wurde. Für diese Rollen bietet sich der Name *Statusrolle* an.

- Menschen realisieren ihr Selbstkonstrukt und machen sich, unabhängig von einer Einfühlung in den Interaktionspartner oder den ihnen zugewiesenen Status, ein Konstrukt von sozialer Realität, das diesem Selbstkonstrukt entspricht oder doch mit ihm harmoniert. Ist dieses Selbstkonstrukt zureichend realitätsdicht und sozial adaptiert, kann es dazu kommen, daß diese Personen um sich herum aktiv soziale Felder aufbauen, in denen sie soziodynamische Abläufe ebenso wie Fremdempathien dominieren. Viele Inhaber von α-Status in institutionalisierten Sozialgebilden verfahren auf diese diktatorische Weise. Den Interaktionspartnern bleibt nichts anderes übrig, als sich auf den Tyrannen einzustellen oder das interaktionelle Feld zu verlassen. Man kann in diesem Fall von der *Tyrannenrolle* sprechen. Ist das Selbstkonstrukt realitätsabgelöst, kommt es – sieht man einmal von therapeutischen Interventionen ab – zu mißglückender Interaktion.
- Menschen »spielen« mehr oder minder unbewußt eine Rolle. Diese Rolle ist nicht mehr Funktion oder anderer struktureller Ausdruck des Selbstkonstrukts, sondern dient einer theatralischen Manipulation der »Zuschauer« oder »Mitspieler«. So spielen etwa manche Manager die Rolle »erfolgreicher, dynamischer Mann«, manche Therapeuten die Rolle »geduldiger und toleranter Zuhörer« oder manche Frauen eine »Kindchenrolle«. Diesen Typ von Rolle könnte man *Augurenrolle* nennen.

Rollenkonflikte treten immer dann auf, wenn die Rolle mit dem Selbstkonstrukt nicht verträglich ist oder die Zugehörigkeit zu verschiedenen sozialen Gebilden miteinander unverträgliche (also nicht nur komplementäre) Rollen verlangt. So kann ein Manager zu Hause eine Rolle spielen, die einem δ-Status entspricht, im Beruf dagegen eine solche, die mit einem α-Status korrespondiert (oder umgekehrt).

Besonders dramatisch können solche Rollenkonflikte werden, wenn in einem Sozialgebilde offene Rollen, im anderen aber geschlossene favorisiert werden. Daß solche Rollenkonflikte nicht unbedingt der Stabilisierung der psychischen und sozialen Identität dienen, ist unmittelbar einsichtig.

Wie muß nun das familiäre Feld aussehen, in dem junge Menschen ein zureichend sicheres Maß von Rollenstabilität und Rollensicherheit als Grundlage für die Ausbildung eines realitätsnahen, stabilen und sicheren Selbstkonstrukts lernen? Viele Formen des kindlichen Spielens, seien sie standardisiert (»Wolf und Geißlein«, »Räuber und Gendarm«) oder nicht (einem Besucher werden innerhalb weniger Minuten etwa folgende Rollen vorgeführt: das scheue Kind, das trotzige Kind, das schmusige Kind, das bettelnde Kind, das brave Kind), sind solche Rollenspiele. Sie werden vom Kind immer dann positiv besetzt, wenn sie von den Interaktionspartnern entsprechend mitgespielt werden. Wenn einem Erwachsenen die Ausdauer fehlt, etwa drei Stunden lang mit einem Kind dasselbe Spiel, wenn auch mit wechselnden Rollen, zu spielen, sollte er durchaus seine Bedürfnisse den kindlichen entgegensetzen. Widerstandserfahrungen sind pädagogisch durchaus nützlich – wenn sie in einer offenen Familie vorgestellt werden.

Ein wichtiger Übergang von Spielrollen zu Rollen, in denen das Kind seine Handlungen zu verantworten lernt, geschieht mit der der kindlichen Reife entsprechenden Delegation von Funktionen. Die verantwortliche Sorge für das Begießen von Topfpflanzen oder das regelmäßige Füttern eines Haustiers vermitteln dem Kind das Gefühl von Wichtigkeit und Sinnhaftigkeit. Auch kommt es, wenn das Kind sich durch solche Delegationen nicht ungerecht belastet fühlt (etwa, weil es »mehr« tun muß als seine Geschwister), in offenen Familien zu einer verstärkten, nicht ausbeuterischen Loyalitätsbindung des Kindes an die Familie.

Der Wechsel in der Delegationslage durch Neudefinitionen, Korrekturen und Weiterungen ermöglicht dem Kind auch eine offene Selbstdefinition und die Ausbildung eines offenen (= nicht dogmatischen) Konstruktes von sich selbst und anderen Menschen. Zugleich wird das Gefühl für Gerechtigkeit verbunden mit dem Gefühl für Großmut (etwa bei der freiwilligen Übernahme von Verpflichtungen). Diese

Bindung ist wesentliche Voraussetzung für gelingende, stabile Partnerschaften. Doch auch das Umgehen mit sozialem Mißerfolg wird eingeübt, denn es steht durchaus zu erwarten, daß die delegierte oder freiwillig selbstübernommene Aufgabe einmal fehlerhaft wahrgenommen wird. Mit welchen Interaktionsangeboten die soziale Umwelt auf solche Fehler eingeht, kann aber von entscheidender Bedeutung sein für die Entwicklung der Fähigkeiten:

- sich Fehler einzugestehen,
- sozial für Fehler einzustehen,
- nicht fahrlässig Verpflichtungen zu übernehmen und
- Fehler als Chancen zu betrachten, Neues zu lernen.

Sorgfältig ist jedoch darauf zu achten, daß es nicht unbewußt zu Delegationen kommt, die das Kind emotional und sozial überfordern. So ist in der Regel das Kind emotional und sozial überfordert, wenn es:

- bei Alleinerziehenden die Rolle des fehlenden Partners übernehmen muß,
- bei kollusionären Elternbindungen die Rolle »Sündenbock« übernehmen muß,
- bei Eltern, die unfähig sind, konstruktiv Konflikte miteinander auszutragen, stellvertretend die Rolle »Konfliktpartner« übernehmen muß,
- bei der an sich reifegerechten Delegation von Aufgaben seine eigenen Bedürfnisse und Interessen aufgeben muß, deshalb die übertragenen Aufgaben zwingend fehlerhaft besorgt und in die Rolle »Versager« gedrängt wird,
- für wenig jüngere Geschwister Elternrollen übernehmen muß,
- bei süchtigen Eltern die Rolle »Realitätsorientierter« übernehmen muß,
- bei zerstrittenen Eltern regelmäßig die Rolle »Schlichter« übernehmen muß,
- bei Eltern, die mit ihm eine Kollusion eingehen wollen, die Rolle »Kollusionspartner« spielen muß,
- gezwungen wird, bei einem Elternteil die Rolle »Helfer«, »Kumpan«, »Richter«, »Aufpasser«, »Petzer« zu übernehmen,

- gezwungen wird, die Rolle »erfolgreicher als Vater oder Mutter« zu übernehmen (wenn die Eltern es also zum Substituten ihrer eigenen enttäuschten Biographie machen).

Hier werden Rollen »delegiert«, die zu übernehmen die beteiligten Erwachsenen unfähig sind. Da das Kind notwendig in solchen Rollen, weil überfordert, versagt, wird sein Versagen entweder psychisch (mit Angst, Schuld, Scham, Gefühlen geminderter Selbstachtung) oder sozial (mit Abwendung, mangelnder Anerkennung, fehlender Zuneigung) bestraft. Diese Strafen haben jedoch ihre positive Funktion, das Vermeiden sozialunverträglicher Muster, verloren und sind daher kontraproduktiv geworden. Solche Rollenzuweisungen sind, wenn sie einigermaßen stabil sind, hoch pathogen.
Der in der Realisierung sozial angemessener Rollen verunsicherte Mensch wird sich schwer in soziale Gebilde einfügen. Nicht wenige drogenabhängige Jugendliche und junge Erwachsene sind ebenso rollenunsicher wie Adoleszenten, die sich weigern, etablierte Strukturen zu akzeptieren und erwachsen zu werden. Ich kenne aber auch Menschen, die – sozial erfolgreich – sich weigern, erwachsen zu werden. Ihr eigentliches Leben spielt in der Kindwelt. Sie lernten jedoch überzeugend, Rollen der Erwachsenenwelt (im Sinne von Augurenrollen) zu spielen. Damit ist es ihnen gelungen, ebenfalls mit den »Werten« der Erwachsenenwelt (wie Siegen, Erfolghaben, Reichsein, Sichdurchsetzen . . .) zu spielen. Meine Kollegen auf dem Feld der Psychotherapie werden sich bei folgendem Geständnis vermutlich die Haare raufen: Wenn ich es in der Therapie mit solchen Verweigerern zu tun habe, lehre ich sie nicht das Erwachsenwerden, sondern das Spielen mit der Erwachsenenwelt. Sie verarmen in ihren psychischen und sozialen Möglichkeiten sehr viel weniger als die meisten »Erwachsenen« – und sind in der Regel in der Erwachsenenwelt überdurchschnittlich erfolgreich.

f) Die Fähigkeit, zu verzeihen

Die Fähigkeit, zu verzeihen ist ein wesentlicher Aspekt der Konfliktfähigkeit, der beherrscht werden will, wenn Interaktionen unter der sozialen und psychischen Belastung fremder und/oder eigener Schuld wiederaufgenommen werden sollen. Meist stellt sich vor dem Verzeihen die interaktionelle Situation so dar, daß entweder alle Interaktionsangebote verweigert oder nicht angenommen werden. Nicht selten ist auch der Rückzug auf die Linie streng ritualisierter Kommunikation.

Im Verlauf von Partnerschaftstherapien baut sich hier mitunter eine für Dritte nahezu unverständliche Barriere auf. Zwar wird gelegentlich die Bitte um Verzeihung ausgesprochen und auch Verzeihung gewährt – doch das nur unter dem unmittelbaren Einfluß der Therapie. Sehr bald kommt es dann doch wieder zu Schuldzuweisungen, die – weil als ungerechtfertigt empfunden – dazu führen, daß der »schuldige Partner« sich weigert, um Entschuldigung zu bitten. Mitunter wird sogar die Bitte um Verzeihung zu einem Ritual in den Konflikt eingebaut.

Auch hier gilt wieder: Lernt ein Mensch in Überwindung seiner narzißtischen Bedürfnisse nicht das Bitten um Verzeihung (dem die Gewährung von Verzeihung folgt) im Elternhaus, lernt er es selten später. Verzeihen und Um-Verzeihung-Bitten ist also ein wichtiger Interaktionstyp, der im Lauf der frühen Sozialisation erlernt werden muß. Je nach der interaktionellen Begabung kann es angemessen sein, das Thema der verziehenen Schuld miteinander zu besprechen. Doch allgemein anzuraten ist das nicht.

Ähnlich wie bei der Trauerarbeit ist die Arbeit des Verzeihens (sei es das Bitten um oder das Gewähren von) so schwierig, weil der Partner ambivalent (Zuwendung verbindet sich mit Aggression) besetzt ist. Das offene Eingeständnis von Schuld in der Bitte um Verzeihung setzt voraus, daß beide Partner bereit sind, in entsprechenden Situationen diese Bitte auszusprechen. Die verzeihende Interaktion muß also symmetrisch sein. Das bedeutet, die Rollen des Bittenden wie des Gewährenden müssen offen sein. Das aber setzt ein gerüttelt Maß an offener Sozialisation in einer offenen Familie voraus. Vermutlich ist mit der Fähigkeit und Bereitschaft, zu verzeihen und um Verzeihung zu bitten, das gemeint, was das Christentum unter »Feindesliebe« versteht. Gelingende Interaktion scheint also dauerhaft zwischen engen Bezugspersonen nur möglich zu sein, wenn jeder um die Verzeihungsbereitschaft, die verbunden ist mit dem Vorsatz, daß das Verziehene möglichst nicht wieder vorkommen soll, des anderen weiß.

Kaum ein Mensch muß einem anderen mehr verzeihen als ein fünfjähriges Kind, das, obschon es sich den Eltern und anderen Erwachsenen gleichberechtigt fühlt, von diesen ständig gedemütigt wird, weil sie sein Bedürfnis nach symmetrischer Interaktion nicht akzeptieren (oft nicht einmal erkennen). Die elterliche Bitte um Verzeihung ist daher auch eher selten. Aber das Kind lernt jetzt das »stumme Verzeihen«. Auch das muß man beherrschen, wenn man mit Menschen zusammenlebt, die, analog zu den Eltern eines Fünfjährigen, sich »keiner Schuld bewußt« sind (wie etwa Narzißten oder Borderline-Gestörte).
Das »stumme Verzeihen« elterlicher Schuld spielt in nicht wenigen Therapien eine wichtige Rolle. Die therapeutische Ablösung von unreifen Elternkonstrukten setzt nicht nur das Eingeständnis des Elternhasses, sondern auch des darauf folgenden Verzeihens voraus. Das gelingt meist nur durch eine zureichende Einfühlung in die stets schuldig gewordenen Eltern. Diese Einfühlung, wie sie von vielen Fünfjährigen noch beherrscht wird, muß nicht selten erst wieder gelernt werden.
Gelungenes Verzeihen ist sehr oft gebunden an die Fähigkeit, fremdes Tun nicht moralisch zu richten. Verzeihung gewähren ist also kein Richterspruch und darf es nicht sein. Es ist vielmehr ein Freisprechen von fremder Last, die vom Freigesprochenen als Schuld empfunden wurde. Der Richter ist also nicht der Freisprechende, sondern der Freigesprochene. Der Verzicht auf moralisches Richten wird aber nur in offenen Familien gelernt. Das Gewähren von Verzeihung ist weniger ein Akt richterlicher Großmut als ein Akt »kameradschaftlicher« Fairneß. Verzeihen kann als gelungen gelten, wenn es erfolgreich mit dem Bemühen um neues wechselseitiges Vertrauen und neue wechselseitige Fürsorge verbunden ist.
In geschlossenen Familien degeneriert das Verzeihen zu einem Ritual mehr oder minder einseitiger Schuld. Es fehlt die Symmetrie. Zumindest ist immer der eine schuldiger als der andere. Mitunter wird gar über die jeweilige Schuld »Buch geführt« – und Schuld gegeneinander aufgerechnet. Daß solche Buchhaltung nichts mit gelingendem Verzeihen zu tun hat, das immer den Mut und die Kraft des ersten Schrittes verlangt, ist offensichtlich. Das Verzeihen wird in geschlossenen Gesellschaften zum lossprechenden Richterspruch vor dem

Anblick »objektiver Schuld«. Nicht selten wird auch ein offenes Bekenntnis der Schuld verlangt, ehe Verzeihung zugesprochen wird. Menschen maßen sich an, über fremde Schuld und fremdes Schuldigsein zu richten. In ihnen erfüllt sich die diabolische Verheißung: *»Ihr werdet sein wie Gott, wissend, was Gut und Böse«* (Gen 3.5). Die Konfrontation von Unrecht und Recht, von Gut und Böse bleibt erhalten.

Verzeihen darf nicht mit Vergessen (Verdrängen) verwechselt werden. Es kann durchaus zur gelingenden Verzeihung kommen, wenn der zu verzeihende Sachverhalt dem Verzeihenden bewußt bleibt. Aber er verliert an Bedeutung, weil er in das gesamte Beziehungssystems des Partners einbezogen wird. Psychologisch besteht eben darin der Sinn der Verzeihung, daß ein zu verzeihender Sachverhalt aus seiner Einzelung, seiner Isolation, herausgeführt und in das Beziehungsgesamt integriert wird. Gelingende Verzeihung ist also Integrationsarbeit.

g) Symmetrische Interaktionen

Die Begriffe »Symmetrie« und »Komplementarität« wurden vermutlich durch *G. Bateson* (1935) zur Bezeichnung von Interaktionsmustern eingeführt. »Symmetrische Interaktion« benennt jedoch nicht nur ein technisches Muster, sondern bezeichnet auch einen Prozeß, in dessen Verlauf sich die soziale Beziehung zwischen den Interaktionspartnern differenziert.

Komplementär sind Interaktionen, die prozeßhaft von komplementären Rollen oder Status (etwa Helfer–Hilfloser, Richter–Missetäter) ausgehen und zur weiteren Differenzierung von Rollen und Status führen. Bateson spricht in beiden Fällen von »Schismogenese«.

Auf die Bedeutung symmetrischer Interaktion beim gelingenden Verzeihen wurde schon verwiesen. Zwar begegnen sich hier zwei Menschen in scheinbar komplementären Rollen, doch ist diese Komplementarität aufgelöst in dem Wissen um das eigene Schuldigsein des Verzeihenden. Der Verzeihende ist stets auch ein Um-Verzeihung-Bittender. Und er weiß darum.

Von »symmetrischer Eskalation« spricht man, wenn sich in einem mehr oder minder latenten Gleichheitskampf asymmetrische Störun-

gen entwickeln oder zu entwickeln drohen. Ist eine interpersonale Beziehung uneindeutig, wird es zu solchen Eskalationen kommen. Sie entstehen über soziodynamische Prozesse nahezu zwingend im Verlauf von α-Kämpfen.
Die Kunst der symmetrischen Interaktion setzt also die Kunst, solche unvermeidlichen soziodynamischen Prozesse zu erkennen und zu relativieren, voraus. Als ich meine ersten gruppendynamischen Erfahrungen Ende der sechziger Jahre bei *A. M. Däumling* (als »Sensitivity Training«) machte, war das Sicheinfinden in die Gruppe und der damit verbundene komplementäre Prozeß noch wichtigstes Trainingsziel. Heute veranstalte ich gruppendynamische Seminare zu dem Zweck, soziodynamische Zwänge zu erkennen und sich vom Gruppenwillen zu emanzipieren, um auch unter gruppendynamischem Druck symmetrische Kommunikation zu beherrschen.
Symmetrische Kommunikation ist kein selbstverständliches Gelingen, sondern verlangt von allen Beteiligten dauerndes Besinnen auf sich selbst und die soziale Situation. Die dazu notwendigen Orientierungen und Techniken müssen eigens geübt werden. Der gute Rat mancher Trainer: »Interagieren Sie symmetrisch!«, zeugt von hoher Unwissenheit über die Gewalt soziodynamischer Prozesse.
Symmetrische Kommunikation ist die Voraussetzung für einen gelingenden Diskurs. In Unternehmen wird sie – soweit ich sehe – am ehesten in Gruppen realisiert, die mit Projektmanagement befaßt sind, wenn sich deren Mitglieder aus allen hierarchischen Stufen (vom Hauptabteilungsleiter bis zum Trainee) zusammensetzen. Zu enge emotionale Bindungen stören, wie schon *P. Fiedler* Ende der fünfziger Jahre ausmachte, den symmetrischen Prozeß und führen leicht zu Eskalationen.
Solche Eskalationen enden oft in einem Dauerclinch, in dem sich die Partner krampfhaft bemühen, mit recht trickreichen Manövern Symmetrie *gegen* den anderen herzustellen. Da auf diese Weise auch keine komplementäre Interaktion zustande kommt, handelt es sich, wie *F. B. Simon* einmal schrieb, um ein »Spielen ohne Ende«. Nicht wenige Partnerschaften sind durch einen solchen Kampf um Symmetrie bestimmt. Es ist der Kampf um koordinierte (und nicht subordinierte oder subordinierende) Kommunikation zwischen Menschen, die im Verlauf ihrer Sozialisation niemals realisierte Symmetrie lernten.

Wenn die Partnerschaft aufrechterhalten bleiben soll, unterwirft sich entweder einer der Partner und fällt dann mehr oder minder resignierend in eine subordinative Position mit bestenfalls komplementären Interaktionen, oder aber der Kampf wird institutionalisiert und damit die Partnerschaft zu einem ebenso langen wie mühsamen Leidensweg, der bestenfalls bei einem guten Partnerschaftstherapeuten endet.
Es ist also wichtig, daß schon in der Familie (zureichend reife) Kinder an gemeinsamer Entscheidungsfindung (etwa über Ferien- oder Freizeitgestaltung) gleichberechtigt beteiligt werden. Es kommt darauf an, daß sie neben den komplementären Interaktionen, die sich aus der Realisierung elterlicher Sorge ergeben können, auch symmetrische lernen. Dabei ist zu vermitteln, daß Symmetrie nicht gegen, sondern nur *mit* dem anderen zusammen zu erreichen ist.

Damit wollen wir unseren Ausflug in die Sozialisation beenden. Es wurden dabei einige – keineswegs alle (so haben wir das sehr komplexe soziale Phänomen der Sprache im Verlauf der Sozialisation nicht berücksichtigt) – für eine gelingende oder mißlingende Sozialisation erhebliche Merkmale vorgestellt. Die Auswahl erfolgte vor allem unter dem Gesichtspunkt ihrer Erheblichkeit für gelingende oder mißlingende humane Interaktionen.
Abschließend ist anzumerken, daß (sekundäre) Sozialisierung ein *lebenslanger Prozeß* ist, der erst mit der »Lebenswende« endet. In einer (oder der) Lebenswende entläßt sich ein Mensch aus Vorgaben, die er über die Internalisierung von sozialen Systemen übernommen hatte. Im Vorfeld der »Lebenswende« mit ihrer *Desozialisierung* steht eine Periode, in der sich Menschen weigern, neue Rollen zu lernen, und sich schließlich auf eine Maske zurückziehen. Ferner ist diese Periode dadurch gekennzeichnet, daß Modifikationen ihres Welt- und Selbstkonstrukts, ihrer Wertordnungen und Vorurteile vorgenommen werden.

4. Sozialität

Im Verlauf ihres Lebens gehen Menschen in der Realisierung ihrer Sozialität verschiedenartigste soziale Beziehungen ein, die durch recht typische – nicht miteinander identische – Interaktionsmuster charakterisiert werden können. Diese sozialen Beziehungen sind weitgehend durch die Bedürfnismuster nach Intensität und Erheblichkeit bestimmt.

So sind manchen Menschen mit dominanten erotischen Bedürfnissen ökonomische oder politische nahezu gleichgültig, andere mit dominanten ökonomischen können dagegen die Realisierung erotischer Bedürfnisse vernachlässigen. Damit ist jedoch nicht gemeint, daß die Menge aller Bedürfnisse bei allen Menschen konstant ist. Auch nicht, daß sich nicht die Bedürfnisdominanz eines Menschen in unter Umständen kurzer Zeit ändern könnte. Wohl aber gibt es eine Bedürfnishierarchie, die meist über einige Jahre, mitunter gar viele Jahrzehnte bei einem Menschen konstant sein kann. Hierher gehört etwa die Hierarchie der sozialen Bedürfnisse »Dazugehören«, »Anerkennung«, »anerkannter Erfolg«, »Zuwendung«, »Zärtlichkeit«, »Geborgenheit«, »soziale Sicherheit«. Diese Hierarchie und die konkreten sozialen Situationen bestimmen, in welcher Welt ein Mensch seine »soziale Heimat«, die ihm wichtigsten Felder seiner sozialen Beziehungen und seines sozialen Handelns, sucht.

Einige Interaktionstypen des »sozialen Handelns« sollen uns ausführlicher beschäftigen. Zwei von ihnen ist gemeinsam, daß sie »klassische« Kommunikationsmetaphern realistisch interpretieren. Vor allem sie entsprechen der in dieser Weise nur im individualistischen Paradigma auftauchenden Vermutung, daß Kommunikation entweder der sozialen Kontrolle diene oder aber das Ziel verfolge, zu siegen (d. h. hier, den eigenen Nutzen gegen fremden durchzusetzen).

Die vorgestellte Auswahl beansprucht nicht, vollständig zu sein. Sie behandelt jedoch verbreitete Einstellungen, die Kommunikation unmenschlich machen können. So ist es möglich, das Miteinander-Umgehen auf

- *ökonomische* und/oder
- *aggressive* Muster zu fixieren.

Als Typ menschlich-sinnvollen Miteinander-Umgehens sei das von erotischer Besetzung geleitete vorgestellt. In solchen Interaktionen fehlt, wenn sie zwischen emotional und sozial reifen Menschen spielen, jeder Metaphernrealismus.
»*Soziales Handeln*« bezeichnet eine bestimmte Form von Interaktionen, die das Ziel haben, soziale Kontakte aufzunehmen, zu bewahren oder zu verstärken. Soziales Handeln kann durchaus spontan die Muster der eigenen psychischen Struktur (nach ihrem Sein) sprengen. Solche spontanen Formen von Sprachspielen, die sich ihre Regeln und Bedeutungen im Spielen selbst schaffen, erzeugen informationsursächlich das Konstrukt »Interaktionsgemeinschaft«. Sprengt ein Mensch nicht – wenigstens gelegentlich – lustvoll die ihm von »Institutionen« vorgegebenen Riten, Normen oder Wertvorstellungen, wird er kaum eine gesunde Sozialität entwickeln können. Es kommt zu ökonomischen, aggressiven und/oder erotischen Stereotypen.
Damit haben wir zunächst fundamentales Material an der Hand, um ökonomische, politische und erotische Interaktionen als Realisierung konkreter – oft problematischer – Sozialität zu beschreiben.

a) Ökonomische Interaktionen als Realisation konkreter Sozialität

Als erste Interaktionsform, die – wenn universalisiert – menschliches Miteinander-Umgehen erheblich belasten kann, sei hier die ökonomische angeführt. Ökonomische Interaktionsmuster realisieren in der Regel *narzißtische* Bedürfnisse: vor allem das, sich unabhängig vom fremden Nutzen oder Schaden im Rahmen des gesetzlich Erlaubten Vorteile zu sichern. Ökonomisch wollen wir alle Interaktionen nennen, die:

1. Von einem »ökonomischen Prinzip« (im weitesten Sinn des Wortes) bestimmt sind und
2. auf einen Austausch von Leistungen abzielen.

Das ökonomische Prinzip besagt, daß ein Mensch nur dann ökonomisch rational handle, wenn der erwartete Gesamtaufwand kleiner ist als der erwartete Gesamtertrag. Da es sich unter Philosophen eingebürgert zu haben scheint, den Gesamtertrag mit dem Gesamtnutzen (gelegentlich sogar den Gesamtaufwand mit dem Gesamtschaden) zu identifizieren, würde also ein Mensch im Sinne der philosophischen Variante ökonomisch rational handeln, wenn er sein Tun und Lassen so organisiert, daß er bei möglichst kleinem Aufwand einen möglichst großen Nutzen zu erwirtschaften sucht.

Wir haben schon zu Beginn dieses Kapitels gesehen, daß unsere Psyche uns (oft unbewußt) so einzustellen versucht, daß sie uns in der Regel mit einem Minimum an Aufwand oder Schaden (etwa psychischer und/oder sozialer Bestrafung) ein Optimum an Nutzen (etwa psychischer und/oder sozialer Belohnung) suchen läßt (»psychisches Ökonomieprinzip«). Wir wollen dieses Prinzip nun auf das Erbringen von Leistungen für andere und die Aneignung fremder Leistungen anwenden, insofern es *bewußt* im Sinne des »ökonomischen Ökonomieprinzips« optimieren will und psychischen und sozialen Aufwand bzw. Nutzen nur dann in die Überlegung einbezieht, wenn sie sehr erheblich sind (d. h. im Regelfall nicht). Dabei beschränken wir uns ausschließlich auf interaktionelle Handlungen, die das Ziel haben, eine bestimmte erwünschte Veränderung von Welt herbeizuführen, die – soweit vorhersehbar – ökonomisch ist. Das Ziel aller ökonomischen Interaktionen ist die Mehrung des Eigenwohls – selbst auf Kosten der Schädigung des Gemeinwohls (sofern diese Schädigung nicht voraussehbar zu einer erheblichen Minderung des Eigenwohls führt oder zu führen droht).

Daß in der konkreten Lebenspraxis dabei selten in beiden Bereichen (Minimierung des Aufwands und Optimierung des Ertrags = »starkes Ökonomieprinzip«) das Ziel *tatsächlich* voll erreicht wird, steht außer Zweifel. Die weitaus meisten zu Handlungen führenden Entscheidungen werden so getroffen, daß der *vermutete* Aufwand deutlich kleiner ist als der erwartete Ertrag (»schwaches Ökonomieprinzip«), selbst wenn das Beschaffen zusätzlicher Informationen und der damit verbundene Aufwand in der Regel zu einer Verbesserung der Aufwand-Nutzen-Kalkulation führen würde.

Versuchen wir nun einige Situationen zu beschreiben, in denen das Interagieren vom zumindest schwachen Ökonomieprinzip (als Zielfunktion) bestimmt wird, und die endogene Moral bestenfalls Randbedingungen definiert. Wenn schon die interaktionellen Zusammenhänge nicht immer voll dargestellt werden, so doch wenigstens deren Resultate.

1. In dieses Umfeld gehören mit Sicherheit die ökonomischen Interaktionen im engeren Sinn, wie *Kauf und Verkauf eines Konsumgutes*. So wird eine Hausfrau nur die Güter für die Versorgung ihrer Familie einkaufen, von denen sie sich einen Überhang an Nutzen gegenüber dem Preis verspricht, ohne sich dabei Gedanken zu machen, ob die Menschen, die an der Herstellung des erworbenen Konsumgutes beteiligt waren, dabei irgendeinen Schaden erlitten haben (etwa einen gesundheitlichen oder einen ungerecht niedrigen Lohn). Auch wird es sie kaum interessieren, welcher Energieaufwand nötig war, um das Produkt zu erzeugen. Selbst ihr Interesse an der Umweltverträglichkeit des Produkts wird meist ziemlich oberflächlich bleiben. Sie wird also letztlich versuchen, sich fremderzeugte Leistungen möglichst aufwandsgünstig anzueignen.
2. Hierher gehören sicherlich auch die ökonomischen Interaktionen im engeren Sinne, wie die *Herstellung und der Verkauf eines Produkts*. Der Produzent versucht, seinen Aufwand (an Zeit, Geld, Reibungsverlusten, Verbrauch freier Güter) zu mindern und seinen Nutzen (vor allem den Ertrag) zu mehren. Dazu kann er verschiedene Strategien wählen.
    - Er versucht, über strategische Kommunikation (etwa im Sinn der Kampfmetapher oder der Metapher von der sozialen Kontrolle) seine Interaktionskosten zu mindern. Interaktionskosten werden erzeugt durch Reibungsverluste mit der inneren (also vor allem unter den im Unternehmen Tätigen) und äußeren Umwelt (etwa der politischen, sozialen, kulturellen, aber auch der ökonomischen seiner Mitbewerber und Kunden, seiner Zulieferer und seiner Bank). Interaktionskosten werden auch gesenkt durch ein »gutes Betriebsklima«, ein positives Unternehmensimage, ein gutes Ansehen in der politischen Gemeinde, in der das Unternehmen ansässig ist.
    - Er versucht, in der durchaus sinnvollen Realisierung derartiger Metaphern die unverständliche Welt und deren Einfluß auf die innere und äußere Umwelt möglichst gering zu halten. Vor

allem wird er sich bemühen, daß für sein Unternehmen wichtige Marktprozesse nicht zur unverständlichen Welt gehören. Um dieses Ziel zu erreichen, wird er etwa versuchen, den Markt (über Markterschließung, Preis-, Qualitäts-, Image-, Servicewettbewerb) zu seinen Gunsten zu beeinflussen.

- Er versucht, sich möglichst preiswert fremderzeugte Leistungen anzueignen und eigenerzeugten Schaden (wie zum Beispiel Umweltbelastungen) möglichst kostengünstig auf andere abzuwälzen. Um sich preiswert fremderzeugte Leistungen anzueignen, gibt es verschiedene Methoden. So kann er etwa versuchen, der wichtigste Nachfrager einiger seiner Zulieferer zu werden – um dann deren Preise zu drücken (Monopson-Bildung). Auch kann er versuchen, die Kosten für die von ihm verursachte Belastung von Wasser, Luft, Boden auf die Allgemeinheit abzuwälzen.
- Er versucht, auf die Politik (unmittelbar oder mittelbar über eine Lobby) zu seinen Gunsten (und damit zu fremdem Nachteil) Einfluß zu nehmen. Ziele solcher Einflußnahme können sein: die Erlangung von Subventionen (etwa für Forschung und Entwicklung), steuerliche Begünstigungen, Benachteiligung ausländischer Wettbewerber (etwa durch Zölle oder Reinheitsgebote), »rücksichtsvolle« Umweltpolitik, problemlose Genehmigungsverfahren.

3. In dieses Umfeld gehören aber auch die meisten *politischen* Interaktionen etwa der Politiker mit ihren potentiellen Wählern. Wir gehen hier mit *J. Schumpeter* und seiner »Ökonomischen Theorie der Politik« davon aus, daß Politiker nach nichts anderem streben als mit möglichst geringem Aufwand ihren Individualnutzen zu mehren (wie das auch für einen Teilnehmer am Marktgeschehen als selbstverständlich vorausgesetzt wird). Politik ist also nichts anderes als Ökonomie, wobei nicht die Produktion disponiblen Kapitals, sondern der Gewinn und Erhalt von Macht egoistisches Ziel aller politisch rationalen Interaktionen ist. (Mit J. Schumpeter kann man sich nur darüber wundern, daß es seit der Antike bis heute Politikern gelang und immer noch gelingt, dem Bürger einzureden, sein Trachten richte sich auf die Mehrung des Gemeinwohls). Um den politischen Nutzen (gewählt zu werden und Macht

ausüben zu können) zu erreichen, wird ein Politiker in Realisierung der Metapher, wonach Kommunikation vor allem der sozialen Kontrolle diene, etwa folgende Strategien wählen:

- Er wird versuchen, das Interesse seiner potentiellen Wähler zu erkennen, und behaupten, daß er – im Falle seiner Wahl – deren Nutzen mehren würde. Dazu steht ihm vor allem das Mittel der »Umverteilung« etwa über Steuern oder Subventionen zur Verfügung. Der Gruppe seiner potentiellen Nichtwähler wird er die stets in Umverteilungsprozessen anfallenden Opportunitätskosten auflasten, um der seiner potentiellen Wähler Opportunitätsleistungen zuzuschanzen. So kann er etwa – wie tatsächlich geschehen – Bauern subventionieren und alleinerziehenden Eltern Subventionen entziehen, wenn die Mehrzahl der Bauern zu seinen Stammwählern gehören, die Mehrzahl der Alleinerziehenden jedoch nicht.
- Er wird versuchen, den Druck organisierter Interessen (etwa der Gewerkschaften, der Unternehmerverbände, der Kammern, der Kirchen) möglichst klein zu halten und sie, wenn sie ein größeres Wählerpotential vertreten, für sich zu gewinnen. So kann er sich etwa weigern, auf den Autobahnen Geschwindigkeitsbeschränkungen einzuführen, weil ein Automobilclub, dem zahlreiche Wähler angehören, dagegen Sturm läuft oder die Lobby der Hersteller von Oberklassewagen ihm und seiner Partei ihre Gunst zu entziehen droht (= Minderung der Parteispenden).
- Er wird versuchen, den Einfluß in seiner eigenen Partei auszubauen. Dazu wird er sich bei einflußreichen Politikern unentbehrlich machen, Freunde in der Ministerialbürokratie gewinnen, einen möglichst großen, wählerwirksamen Bekanntheitsgrad in der Öffentlichkeit anstreben.

4. Zu den ökonomischen Interaktionen, die etwa die Kampf- oder Kontrollmetaphern realisieren, zählen aber auch die des *»gerechten Aufrechnens«*, wie es nicht selten in labilen Familien oder Partnerschaften vorkommt. Das »Ich gebe, damit du gibst!« – »Ich gebe, weil du gegeben hast!« bezeugt die Herrschaft der Buchführung. Gerechtigkeit wurde auf Tauschgerechtigkeit reduziert. Die Gerechtigkeit, die aus den Grundrechten (und dazu gehört auch

das auf ein Anderssein und das auf eine von Leistungen und Versagen unabhängige Zuwendung) erwächst, fehlt in solchen Familien. Für die Wahrnehmung kindlicher »Pflichten« (etwa die Versorgung eines Haustieres oder gute schulische Leistungen) gibt es als Belohnung Zuwendung und Geld (etwa Aufbesserung des Taschengeldes). Solche pathogenen Interaktionen führen dazu, daß Kinder sich nicht mehr um ihrer selbst willen geliebt wissen, sondern um ihrer Leistungen willen. Sind sie einmal im Beruf, in dem überdurchschnittliche Leistungen bestenfalls mit Anerkennung, oft genug auch mit Einsamkeit, niemals aber mit Zuwendung belohnt werden, verfügen sie über keine Strategie, Zuwendung zu erhalten. Die im Elternhaus oft als einzige gelernte funktioniert nicht mehr.

Die *Marx*sche Vermutung, daß die Interaktionsmuster des ökonomischen Lebens sich auch im Privaten reproduzieren, ist nicht leicht von der Hand zu weisen. In einer kapitalistischen Gesellschaft bedeutet das, daß die Orientierung am Geld als Belohnung auch das private Leben bestimmt, daß gelingender Wettbewerb Selektionsvorteile für sich hat, daß die Vorstellung, daß der Gewinn des einen einen Verlust des anderen (etwa in der Nähe eines Null-Summen-Spiels) bedeute, sich durchgesetzt hat.

Wesentlich und typisch für die verschiedenen Formen der ökonomischen Interaktionen ist ihr *funktionaler Charakter*. Sie realisieren das »Um zu« des Sieges oder der sozialen Kontrolle. Der Interaktionspartner wird zu einer Funktion, um das ökonomische Interaktionsziel zu erreichen. Darin unterscheidet sie sich im wesentlichen und grundsätzlich von den beiden folgenden Interaktionsthemen: Sie sind personal.

Die Dialektik von funktionaler und personaler Interaktion wird uns später noch ausführlicher beschäftigen müssen.

b) Aggressive Interaktionen als Realisation konkreter Sozialität

Wenn wir von aggressiven Interaktionen sprechen, ist zunächst einmal festzuhalten, daß Emotionen des aggressiven Formenkreises, auch wenn sie zu Interaktionen führen, an sich – wie alle anderen sozial relevanten Emotionen – positiv zu bewerten sind. Ihre Funktion ist zunächst die der Lebenssicherung und -mehrung.

Um diesen Sachverhalt zu begründen, sind zunächst einmal einige Unterscheidungen angebracht. Wir differenzieren:

- *Soziale Aggressivität und Autoaggressivität*: Soziale Aggressivität wird unmittelbar sozial (im Regelfall interaktionell) dargestellt; Wut, Zorn, Ärger, Haß bestimmen die Interaktionen. Autoaggressivität dagegen verweigert sich, obschon meist sozial ausgelöst, der sozialen Darstellung. Der Autoaggressive »frißt« seine Wut, seinen Ärger, seinen Zorn in sich hinein. Gründe dafür können sein: Ängste vor sozialen oder psychischen Strafen, eine alexithymische Unfähigkeit, sinnvoll Emotionen darzustellen, eine zwanghafte Überzensur. Weil autoaggressive Emotionalität die Kommunikationsfähigkeit eines Menschen begrenzt, ist die grundsätzliche Unfähigkeit, seine Aggressivität sozial darzustellen, nicht nur personal lebensmindernd, sondern erschwert auch menschliches Miteinander-Umgehen.
- *Feind- und Gegneraggressivität*: In von Feindaggressivität bestimmten Interaktionen will der Aggressive dem anderen durch Worte oder Taten, durch Schweigen oder Unterlassen schaden (ihm etwa weh tun). In der von Gegneraggressivität bestimmten Interaktion will der Aggressive siegen, ohne aber dem anderen unbedingt schaden zu wollen. Der fremde Schaden wird allenfalls zugelassen, nicht angestrebt. Wenn Menschen mit- oder gegeneinander ein Null-Summen-Spiel spielen (Fußball, Schach), kann das Spiel nur gelingen, wenn beide möglichst siegen wollen. Es kommt dem Sieger darauf an, den psychischen oder sozialen Siegerpreis zu erringen, nicht aber dem Unterlegenen psychisch oder sozial zu schaden. Ohne Gegneraggressivität wäre menschliches Zusammenleben vermutlich unerträglich.
- *Aktive und reaktive Aggressivität*: Aktiv aggressiv nennen wir ein von Aggressivität getragenes Interaktionsangebot. Nimmt der Interaktionspartner aggressiv dieses Angebot an, sprechen wir von reaktiver Aggressivität. Für die Menschlichkeit auch der reaktiven Aggressivität gilt das im vorhergehenden Absatz Gesagte.
- *Autonome und heteronome Aggressivität*: Heteronom nennen wir jede Aggressivität, die endogen von der Psyche als Reaktion auf bestimmte Auslöser (etwa durch Vergeblichkeitserfahrungen,

durch bestimmtes Verhalten oder Meinungen anderer Menschen) ausgelöst wird. Autonom ist eine Aggressivität, die ein Mensch bewußt und gewollt bei sich selbst auslöst, um (etwa strategisch) ein Ziel zu erreichen. Autonom ist etwa die Aggression des Schauspielers, wenn er Shakespeares Richard III. spielt.

Feindaggressiven Interaktionen ist es eigen, daß die Interagierenden bereit sind, eigenen Schaden in Kauf zu nehmen, wenn nur auch der andere einen (möglichst) größeren Schaden dabei erleidet. Daß auch solche Interaktionen dem psychischen Ökonomieprinzip gehorchen, ist kaum zu leugnen. Die psychische Entlastung, die sich der aggressiv Interagierende verspricht, erscheint ihm während des Agierens als Nutzen, der den potentiellen Schaden überwiegt – wenn ihm auch dunkel bewußt sein mag, daß der langfristige Schaden größer ist als der augenblickliche Nutzen. Solche Abläufe nennt die psychoanalytische Theorie »primärprozeßlich«. Primärprozeßlich agiert ein Mensch, wenn ihm die augenblickliche Befriedigung seiner Bedürfnisse wichtig ist, ohne daß strategisch langfristige Folgen berücksichtigt werden. Der Betreffende ist vom Es geleitet. Das strategische Ich schweigt oder wird durch die Es-Ansprüche unterdrückt. Solch ein Drang nach unmittelbarer Bedürfnisbefriedigung kann sich in selbstschädigender Wut, in selbstzerstörerischem Haß anderer, in lebensminderndem Ärger manifestieren.
Hat die Aggressionsappetenz bei einem Menschen ein bestimmtes Niveau überschritten, »sucht er Streit«. Selbst geringfügige Anlässe bringen ihn dazu, primärprozeßlich aus dem Rahmen zu fallen. Nun gibt es nicht wenige Menschen, die sehr viel leichter und häufiger aggressiv reagieren als andere. Diese Vorgabe scheint nicht selten dispositiv angelegt zu sein. Manchen gelingt es, das aggressive Potential zu sublimieren: Sie zeigen dann »Biß«, sind Draufgänger, lösen mit viel Engagement Probleme, oder sie realisieren Muster des Typs »Hoppla, jetzt komm' ich!«.
Solange es dabei nicht zu einem Antriebsüberhang kommt, der Menschen wie Dampfwalzen andere, emotional sensiblere überfahren läßt oder zu permanenten α-Demonstrationen (wie überlanges Reden, Rechthaberei) führt, kann sublimierte Aggressivität im Interagieren sehr hilfreich sein. Andernfalls ist sie jedoch oft tödlich. Weil aggres-

sive Ausbrüche keineswegs von allen akzeptiert werden, ist damit zu rechnen, daß sie bei sensibleren Menschen, die primärprozeßliches Verhalten entweder auf Grund soziokultureller Vorgaben (etwa in der Schweiz) oder der Erfahrungen primärer Sozialisation als gefährlich, unangemessen oder ungezogen ansehen, einen emotionalen Widerstand gegen solches Verhalten aufbauen, der zu einer irreparabel gestörten sozialen Beziehung führen kann, die in Zukunft nur noch mehr oder weniger formelle Interaktionsfolgen zuläßt.

Der Aufbau von *Beziehungsstörungen* ist ein Problem aggressiven Interagierens. Manche Menschen, vor allem dominant narzißtisch orientierte, vergessen niemals ihnen zugefügte Beleidigungen. Entweder sinnen sie (feindaggressiv) auf Rache, oder aber sie verweigern (auto- oder feindaggressiv) jede Interaktion (vor allem jede verzeihende) mit dem Beleidiger.
Solche Beziehungsstörungen führen dazu, daß informationserzeugende Signalfolgen zwischen den Partnern, deren Beziehung nachhaltig gestört ist, nicht mehr einwandfrei gegeben, genommen und zu Informationen verarbeitet werden. Erst recht werden Selbstdarstellungen nicht akzeptiert. Die gespannte Beziehungslage führt ferner dazu, daß projektiv und/oder selektiv gehört wird. Vom »projektiven Hören« spricht man, wenn der Partner aus den angebotenen Signalen Informationen heraushört, die außerhalb der möglichen Erwartung des Signalgebers liegen. Vom »selektiven Hören« spricht man, wenn der Partner Signale, die normalerweise bei ihm Informationen erzeugen, in dieser Situation nicht wahrnimmt. In beiden Fällen stimmt das Gehörte nicht zureichend eng mit dem Gesagten überein, um zu einer gelingenden Kommunikation zu führen. Es kommt vielmehr zu einer »fragmentierten Kommunikation« im Rahmen einer scheinbar funktionierenden Interaktion. Auch wird die emotionale Bedeutung der gesprochenen Sätze und anderer interagierender Handlungen verschoben. Was vielleicht versöhnend gemeint war, wird als neuerlicher Angriff interpretiert.
Solche Beziehungsstörungen sind nicht selten Ausdruck einer mehr oder minder latenten Autoaggressivität. Zwischen beiden Partnern spielen bewußte oder unbewußte Aversionen, die sich nicht artikulieren, in die Interaktionen ein. Zudem ist zu bedenken, daß lang

anhaltende Autoaggressivität (etwa Ärger, der sich nicht ausdrückt oder auszudrücken wagt) zu einer erheblichen Minderung der sozialen Kompetenz führen kann. Am Ende einer solchen Entwicklung stehen dann nicht selten psychosomatische Symptome, wie etwa ein Magengeschwür, Schlafstörungen, Verdauungsbeschwerden, aber auch psychische Symptome wie andauernde Niedergeschlagenheit oder alle möglichen Zwangsvorstellungen.

Wie geht man nun am menschlichsten mit eigener und fremder Aggressivität um? Ich denke, zwei Einstellungen sind notwendig, um destruktive (d. h. sinnvolles Interagieren erschwerende oder gar ausschließende) Aggressivität möglichst zu mindern:

1. Es kommt darauf an, auch eigene – und fremde – aggressive Bedürfnisse und Emotionen *positiv* zu sehen, weil sie zum Menschsein dazugehören. Sie sind keineswegs an sich »schlecht«, sondern manche von ihnen können durchaus in bestimmten Lebenssituationen eigenes und fremdes Leben eher mehren denn mindern. Das ist der Grund, warum sie nicht im Laufe einer Jahrhunderttausende währenden menschlichen Evolution eliminiert wurden. Da das ursprüngliche Feindobjekt (etwa die potentielle Jagdbeute, Gefahren durch Raubtiere, Dürre, Unwetter ...) weitgehend fortfiel, wurde der Mensch dem Menschen bevorzugtes Aggressionsobjekt (aggressiv besetzte Repräsentanz). Sicher gab es innerartliche Feind- und Gegneraggression bei Menschen seit jeher. Selbst die Feindaggressivität war einmal nötig, um das eigene Revier vor Übersiedlung durch Fremde zu schützen (und taucht heute noch auf als »Fremdenfeindlichkeit«). Und auch die Gegneraggressivität ist notwendig, um das richtige Verhältnis von Nähe und Distanz zu finden (deutlich etwa beim Pubertierenden gegenüber seinen Eltern). Doch sinnlos (d. h. menschliches Miteinander störend, ja zerstörend) wird Aggressivität, wenn solche biophilen (d. h. lebensentfaltenden) Aspekte fehlen und sich etwa nekrophiler (d. h. lebensmindernder) Haß entwickelt.
   Doch auch hierbei handelt es sich um eine Conditio humana (eine wenn auch heute weitgehend sinnleer gewordene Bedingung, unter der allein Menschsein möglich ist). Sinnloser, nekrophiler Haß

(oder andere aggressive Besetzungen) repräsentiert – und ist insofern sinnlos – das, was der altorientalische Mythos »Ursünde« nannte. Wir können uns nicht davon befreien. Das Hadern, daß wir Menschen nicht ohne fundamentale Sinnlosigkeiten oder gar Sinnwidrigkeiten existieren (können), geht von einem idealisierten und insofern realitätsabgelösten Menschenbild aus. Wir müssen als Gattung lernen, daß solche Sinnlosigkeiten nichts Böses, sondern *Schicksal* sind. Wenn man Menschen liebt – oder doch wenigstens akzeptiert –, wird man auch ihre (die eigene wie die fremde) Aggressivität akzeptieren.

2. Es kommt darauf an, emotional zu reifen. Diese Reife umfaßt alle Emotionen. Ist ein sozial relevanter emotionaler Bereich (etwa der aggressive) unreif geblieben, dann in aller Regel auch die anderen (also der narzißtische, der soziale, der sexuelle, der erotische ...). Unreife Formen der Gesamtemotionalität bergen aber ernsthafte Gefahren für gelingende Interaktionen. Wie aber kann Aggressivität (und damit in aller Regel auch andere emotionale Bereiche) reifen? Von dem Erlernen von *Sublimierung* (das ist eine bewußte und meist auch bewußt gelernte sowie sozial akzeptierte oder gar erwünschte Form der Abwehr von Emotionen und Bedürfnissen, deren Realisation unter gegebenen sozialen Umständen kontraproduktiv wäre) sozial schädlicher Aggressivität haben wir schon gesprochen. Einige Beispiele dafür seien hier angeführt:
   - andere nicht überfahrende Antriebsstärke,
   - Bereitschaft und Fähigkeit zu effektiven Problemlösungen (das Problem als Gegner),
   - Entwicklung primärer Tugenden (wie Zivilcourage),
   - Bereitschaft und Fähigkeit zum (sportlich, ökonomisch, politisch) fairen Wettbewerb,
   - Bereitschaft und Fähigkeit zur aktiven Toleranz (d. h., dafür einzutreten, daß andere das Recht auf ihre eigene Meinung und ein Anderssein haben),
   - Bereitschaft und Fähigkeit, sich für erkannte Werte (wie Gerechtigkeit, Freiheit und Würde) einzusetzen und deren Gegner zu bekämpfen.

   Doch nicht immer gelingt solche Sublimierung. Dann kommt es darauf an, *Techniken* zu erlernen, eigene Aggressivität sozialverträglich darzustellen und mit fremder sozialunverträglicher umgehen zu lernen. Dazu können folgende Einsichten hilfreich sein:

- Aggressive Interaktionen sind an Auslöser gebunden. Dieser Mechanismus von Auslöser–Reaktion wird nicht gerade selten in der Kindheit festgelegt. Es kommt darauf an, seine eigenen Auslöser zu kennen. Auf welche Meinungen, auf welche Einstellungen, auf welches Verhalten reagiere ich bei welchen Menschen in der Regel aggressiv? Kenne ich meine Auslöser, ist der erste Schritt zum Ziel, eigene Aggressivität zu haben und zuzulassen – nicht aber von ihr gehabt zu werden –, gegangen. Es kann hilfreich sein, zu erkennen, daß diese Befreiung vom Besessenwerden ein Schritt ist auf dem Weg zur Freiheit – als der Fähigkeit und Bereitschaft, selbstverantwortet sein Leben zu gestalten.
- Der zweite Schritt wird darin bestehen, der eigenen Aggressivität zuschauen zu lernen, wie etwa ein kluger Vater die Aggressivität seines Kindes zwar ernst nimmt, aber nicht tragisch, und sich nicht von ihr einfangen läßt. Meditationstechniken können hier sehr hilfreich sein, die Tugend der »passiven Aktivität« des Hinschauens und Abwartens zu lernen.
- Der dritte Schritt wird darin bestehen, daß ein Mensch das aggressiv-sozialunverträgliche Verhalten eines anderen ebenfalls in passiver Aktivität betrachten lernt und sich nicht von ihm einfangen läßt. Es sollte ernst genommen werden, aber nicht tragisch. Es ist ja schließlich das primärprozeßlich agierende »Kind«, dem der andere nun – sozialunverträglich und ziemlich unreif – seine Erwachsenenstrategien zur Verfügung stellt.

Wer nicht unter aggressiver Belastung sinnvoll interagieren kann, dessen Fähigkeit zur sinnvollen Interaktion überhaupt ist erheblich begrenzt.

Manche Autoren unterscheiden persönliche und unpersönliche (etwa politische, ökonomische, militärische, juristische) *Feindschaft*, die sie keineswegs als Gegnerschaft, sondern als Feindschaft im eigentlichen Sinn verstehen. Den Mitbewerber vernichten zu wollen, weil er Mitbewerber ist, muß nichts mit persönlicher Feindschaft zu tun haben, ist aber dennoch sehr wohl Feindschaft. Den Feind im Krieg töten zu wollen, realisiert keine persönliche, wohl aber eine militärische Feindschaft. Es handelt sich um eine ebenso unreife wie nekrophile und damit strukturell unmenschliche Form der Gegnerschaft, da einerseits zwar aggressive Emotionen wie Haß, Neid, Wut nicht im Spiele sind und andererseits das »Räuber-Gendarm-Spiel« oder »Monopoly« unter existentiellen und existenzbedrohenden Bedingungen von Menschen gespielt wird, die zum einen nicht erwachsen wurden und zum andern über erhebliche ökonomische, politische, militärische Macht verfügen. Ich denke in diesem Kontext (vermutlich völlig grundlos?) an Männer wie George Bush und Saddam Hussein, an Yitzhak Schamir, Manfred Wörner und Helmut Kohl. Sie alle scheinen mir zu kaum etwas anderem in der Lage, als mehr oder minder erfolgreich »Krieg zu spielen«. Daß solchen Formen emotionaler und sozialer Unreife, die die Welt in zwei gegnerische Lager, das der »Guten« und das der »Bösen«, trennt, spezifischen Formen infantiler Kommunikation entsprechen, zeigen viele ihrer Reden. Man könnte selbstverständlich entgegnen, daß Macht, die ja immer zu deren aggressivem Mißbrauch verleitet, dumm mache. Das kann in der Regel zutreffen, erklärt aber keinesfalls alle Interaktionsmuster, über die Herrschende verfügen. Die Regression auf pubertäre Verhaltensmuster, verbunden mit entsprechenden narzißtischen Größenvorstellungen, die humane Interaktionen nahezu unmöglich machen, dürfte bei vielen aufweisbar sein. So bin ich denn auch der Ansicht, daß man nicht von »Steuerlüge« (im Fall Kohl) und nicht von »Kriegslüge« (im Fall Bush) sprechen sollte, wenn deren Fehlleistungen auch anders als durch charakterliche Defekte (etwa durch intellektuelle) erklärt werden können.

Wir folgen also keineswegs der Theorie vom Freund-Feind-Verhältnis *Carl Schmitts*, obschon sie implizit nicht selten auch heute noch im allgemeinen Bewußtsein vieler Manager, Politiker, Militärs nachgewiesen werden kann. Schmitt war einer der begabtesten Staatsrechtler der Weimarer Zeit. Er bezeichnete 1932 ein »entpersonalisiertes« feindaggressives Verhältnis als die fundamentale Kategorie des Politischen. Dabei sei jedoch unbedingt der persönliche vom politischen Feind zu unterscheiden. Er stellte als auschließende, aber vollständige

Alternativen der politischen Feindschaft Selbstbehauptung oder Untergang einander gegenüber. Diese Spannung charakterisiere die Grundbefindlichkeit jedes sozialen Systems, vor allem aber des politischen. Wer das nicht akzeptiere, würde das Wesen des Politischen verkennen, Politik verharmlosen oder heimtückisch ihr Wesen verschleiern. Er forderte konsequent einen starken Staat und eine Führung, die nicht normativen Bindungen unterworfen sein sollte. So ist es erklärlich, daß er in den ersten Jahren des Dritten Reiches mit dessen Maßnahmen, etwa dem Röhm-Putsch und dem politischen (von ihm als unpersönlichem interpretierten) Antisemitismus, sympathisierte.
Da scheint die ökonomische Theorie der Politik, die auf alles politische Pathos verzichtet, selbst wenn sie gelegentlich als zynisch abgewiesen wird, um einiges sympathischer zu sein.

c) Erotische Interaktionen als Realisation konkreter Sozialität

Es soll hier nicht unbedingt einem Motto der ausgehenden sechziger Jahre das Wort geredet werden, wennschon es einige Wahrheit hat: »Make love, not war!« Recht hat das Wort, wenn es mit »love« reife Erotik bezeichnet (die der »Blumenkinder« war oft recht unreif).
»Erotisch-reif« nennen wir eine Interaktion, wenn sie – meist unbewußt – den biophilen Nutzen *beider* Interaktionspartner sucht. Sie ist erotisch reif, wenn sie ichgeleitet, verantwortet übernommenen handlungsleitenden Werten folgt. Sie ist erotisch unreif, wenn sie ausschließlich oder doch vorwiegend esgeleitet primärprozeßlich den eigenen biophilen Nutzen anstrebt.
Wir unterscheiden drei (in konkreten Situationen oft nicht in ebensolcher Eindeutigkeit gegeneinander abzugrenzende) erotische Interaktionsmuster: *Kameradschaft, Freundschaft* und *Liebe*. Die beiden letzteren sind durch starke emotionale Besetzungen vom Typ Sympathie bestimmt. »Sympathie« bezeichnet zunächst ein Mitfühlen (*sympáthein*) bzw. ein Mitempfinden von Emotionen der Zuwendung, der Enttäuschung, des Glücklich- und des Unglücklichseins. Dann aber auch – und vor allem – eine Form der Zuneigung, die bereit ist, den eigenen Nutzen nicht gegen den des anderen zu suchen. Das schließt jedoch keineswegs eine Kompromißbildung bei der Anglei-

chung nicht identischer oder gar einander widersprechender Bedürfnisse, Erwartungen, Wünsche oder Werteinstellungen aus.

① »Kameradschaft«
bezeichnet die Bereitschaft, füreinander einzutreten bei vergleichsweiser geringer emotionaler Bindung. Sie ist, insofern sie auch unter gleichgeschlechtlichen Partnern gesellschaftlich zugelassen wird, die wohl verbreitetste Form homoerotischer Bindung. Kameradschaft entwickelt sich meist zwischen den Mitgliedern einer überschaubaren Gruppe oder kleinen Gesellschaft. Die Beziehungen realisieren sich in der Verfolgung gemeinsamer Interessen, im Eintreten füreinander, in Hilfe und Schutz. Typische Kameradschaftssituationen entwickeln sich in Schulen, in militärischen Gruppen, beim Sport (Bergsteigen, Tauchen, Mannschaftssportarten). Diese emotionale Situation der geringen Bindung einerseits und des gemeinsamen themenbezogenen Interesses andererseits bestimmt weitgehend die typisch kameradschaftlichen Interaktionen. So können stundenlange Erzählungen militärischer Erlebnisse ebenso dazugehören wie der Einsatz des eigenen Lebens, um dem Kameraden beizustehen.
Es wurde schon gesagt, daß in Unternehmen Teams mit kameradschaftlichen Besetzungen wie die daraus resultierenden kameradschaftlichen Interaktionen die optimale Voraussetzungen für einen gelingenden Diskurs bilden. Ebenso kann darauf verwiesen werden, daß kameradschaftliche Besetzung und entsprechende Interaktionen zu sehr befriedigenden privaten, auch ehelichen Partnerschaften führen können. Diese vergleichsweise geringe emotionale, wohl aber konstante und von Ambivalenzen weitgehend verschonte Besetzung erweist sich als belastbarer als Freundschaft oder Liebe. Kameradschaft kommt in der Regel über (kritische) Identifikation zustande, während Freundschaft und Liebe nicht selten zu (unkritischen und deshalb nur begrenzt belastbaren) Introjektionen führen (können). Die Erotik ist dann unreif, bleibt letztlich egoistisch.

② »Freundschaft«
bezeichnet einen Typ sozialer Beziehungen zwischen zwei oder mehreren Personen, der auf gegenseitiger Anziehung (Attraktion) gründet. Sie ist bestimmt durch Zuneigung und Vertrauen. Was die At-

traktion begründet, ist seit *Platon* (der in seinem Dialog »Lysis« dieses Problem behandelt, aber nicht löst) strittig. Manche Autoren (etwa *T. M. Newcomb*) vermuten ähnliche Merkmale, Interessen oder Vorurteile als Grundlage von Freundschaft. Andere (etwa *R. F. Winch*) nehmen einander ergänzende Eigenschaften als Grund der Attraktion an. Vermutlich werden beide Formen auftreten. Mir sind Freundschaften bekannt, bei denen weder Ähnlichkeit noch Komplementarität als Attraktion begründend in Frage zu kommen scheint.
Gemeinhin unterscheidet man folgende Typen von Freundschaften, denen durchaus unterschiedliche Interaktionsmuster entsprechen:

- Ritualisierte Freundschaften (wie etwa die Jünglings-Männer-Freundschaften des antiken Griechenland).
- Institutionalisierte Freundschaften (wie etwa die »Blutsbrüderschaft«, die »Gastfreundschaft«).
- Bündische Freundschaften (wie etwa in Jugendbünden).
- Paargruppenfreundschaften (wie etwa zwischen »Busenfreundinnen« – sie lassen keine weitere Person zur Freundschaftsbindung zu).
- Bekanntschaftsfreundschaften (wie etwa Ferienfreundschaften).
- Gruppenfreundschaften zwischen Gleichaltrigen (Peer groups – vor allem in der sozialen Unterschicht dominant).
- Gruppenfreundschaften zwischen Gleichinteressierten (vor allem in der sozialen Mittelschicht dominant).

Von Freundschaften sind sorgfältig Kollusionen gleich welcher Art zu unterscheiden. In ihnen ist nicht die physische und/oder psychische Attraktion beziehungsbegründend, sondern die Kompensation. Freundschaft läßt dem Freund weitgehend Autonomie, während in der Kollusion heteronome Steuerungen dominieren. Dieser Unterschied läßt auch in der Praxis leicht Freundschaften von Kollusionen unterscheiden.
Freundschaften sind für die meisten Menschen zur optimalen Überprüfung ihrer Konstrukte und damit zur Entfaltung ihrer sozialen und emotionalen Begabungen unverzichtbar. Sie gewähren in ihren interaktionellen Rückspiegelungen ein stabiles Selbstbild, das mit dem gespiegelten Fremdbild durchaus verträglich ist. Ich vermute, daß die

Attraktion, zumindest die dauerhafte, davon abhängt, ob ein Mensch sich in den rückspiegelnden interaktionellen Aktivitäten des oder der anderen wiedererkennt und sich bestätigt und angenommen fühlt. Diese »dauerhaft-verständliche Rückspiegelung«, die sich immer wieder bewährende und gelingende Interaktion, macht also das aus, was man gemeinhin mit »Freundschaft« in einem dialektischen Menschenbild, das sich einem interaktionell-konstruktivistischen Paradigma verpflichtet weiß, bezeichnet.
Seit *Aristoteles* gibt es eine gute Diskussion über das Verhältnis von Freundschaft *philía* (als einer Qualität erotischer Interaktionen) und der Gerechtigkeit (als einer Qualität ökonomischer/politischer Interaktionen). In seiner Nikomachischen Ethik stellt er fest, daß es unter Freunden nicht der Gerechtigkeit bedürfe, wohl aber bedürften Gerechte der Freundschaft, um wirklich gerecht sein zu können.

③ »Liebe«
bezeichnet eine soziale Bindungsform mit den zugehörenden interaktionellen Aktivitäten, bei der die Attraktion im Horizont sexueller Aktivitäten ihr Ziel und ihren Höhepunkt erreicht. Im engeren Sinne sind sexuelle oder sexuell orientierte Partnerschaften (wobei die sexuelle Orientierung unbewußt bleiben kann), wenn sie von hohen und stabilen Sympathiewerten begleitet sind, durch den Begriff »Liebe« abgedeckt. Entsprechendes gilt auch für die Attraktion, die Eltern gegenüber ihren Kindern (Elternliebe) und diese gegenüber ihren Eltern (Kindesliebe) entwickeln. Die Disposition, das soziale Feld Liebe zu erzeugen, dürfte instinktoid angelegt sein. In allen anderen Kontexten (wie etwa Nächstenliebe, Feindesliebe, Gottesliebe) wird das Wort Liebe analog, etwa zur Bezeichnung eines stabilen Sympathiefeldes, wie es auch der Freundschaft eigen ist, verwandt.
Wichtig ist jedoch auch für reife Formen der Liebe ein stabiles Sympathiefeld. Insoweit ist sie also nicht mit »Sexualpartnerschaft« oder »Sex« zu verwechseln. Eine entsprechende Praxis der Alltagssprache kann die Besonderungen von Liebe aus dem allgemeinen Bewußtsein eliminieren, und damit zu einer Verarmung der menschlichen Interaktionsmuster führen. Das sollte man, weil nicht biophil, tunlichst vermeiden. Liebe ist die sexuell orientierte erotische Form der Sym-

pathie. Wie auch die anderen reifen Formen erotischer Interaktionen sind die der Liebe Selbstzweck. Wer liebt, liebt um der Liebe und der geliebten Person willen (so *Petrus Abaelard*). Sie kennt weder ein Weil (es sei denn das: »Ich liebe dich, weil du du bist«) noch ein Warum. Und sie weiß um die Stimmigkeit des mystischen Wortes des Angelus Silesius aus der Mitte des 17. Jahrhunderts:

»Die Ros ist ohn warum; sie blühet, weil sie blühet,
Sie acht nicht ihrer selbst, fragt nicht, ob man sie siehet.«

Liebe läßt sich, wie auch andere Formen und Gestalten der Erotik, adäquat nur in einem interaktionistischen Paradigma verstehen. Sie ist kein Gefühl, keine Emotion, sondern die Qualität von Interaktionen. Sie geschieht im interaktionellen Tun und hat von ihm abgelöst keinen Bestand. So ist es unmöglich, einen Menschen zu lieben, mit dem interaktionelle Bezüge grundsätzlich ausgeschlossen sind. Hier handelt es sich allenfalls um Sympathie oder Solidarisierung.

Zudem läßt sich Liebe auch nur konstruktivistisch verstehen. Die geliebte Person wird herausgenommen aus den Konstrukten sozialer Systeme und wird so zum eigenwertigen Du-Konstrukt. Das soziale System, das durch reife Liebe gestiftet wird, ist hochgradig biophil. Seine Realisierung führt zur Entfaltung des emotionalen, des sozialen, des ethischen und des religiösen Lebens.

Das Faszinosum der Erfahrung von Liebe dürfte Menschen schon sehr früh dazu gebracht haben, Liebe als etwas Göttliches zu betrachten. Wohl alle polytheistischen Religionen nennen Liebesgötter: Kama (hinduistisch), Ischtar (babylonisch), Aphrodite und Eros (griechisch). Dieser religiöse Ansatz erfuhr seine letzte Erhöhung im frühen Christentum: *»Gott ist die Liebe, und wer in Liebe bleibt, bleibt in Gott«* (1 J 4,16) oder *»Jeder, der liebt, stammt aus Gott und erkennt Gott«* (1 J 4,7). Es darf jedoch nicht verkannt werden, daß viele Agenten des Christentums ihren Gott als Gott der Rache und des Urteils zu ewiger Verdammnis verkündeten.

Nicht wenige Menschen, sogenannte »Heiden«, die, wie viele »eingeborene« Bewohner der Südsee oder des Nordens Südamerikas, waren nicht bereit, ihren Gott der Liebe gegen den vermeintlich christlichen Richtergott zu tauschen. Taten sie unrecht? Waren sie unfähiger zum

menschlichen Miteinander als manche Agenten ihrer Kirchen, die sich »Missionare« nannten?
Die Elimination der Liebe aus dem generativen Kontext dürfte vor allem von christlichen Autoren des Altertums und des Mittelalters besorgt worden sein, die Liebe auf Freundschaft reduzierten oder doch in Freundschaft (dem *amor amicitiae*) den höchsten Gipfel der Liebe entdeckten. Der Eros und die Philía der Griechen wurde zur Agápe. Daß bei diesem Akt linguistischer Sublimation ein erhebliches Erlebnisfeld eingeebnet wurde, dürfte zu der erwähnten bedauerlichen Resexualisierung von »Liebe« (im Sinne von »make love«) geführt haben.
Wird das Faktum der Sublimation geleugnet und insofern Eros auf Agápe verkürzt, werden »Nächstenliebe«, »Feindesliebe« und »Gottesliebe« sehr hoch gehängt. Dem Eros wird allenfalls noch die »niedrigste Form der Liebe«, die des Begehrens (*amor concupiscentiae*), zugebilligt. Mit dieser Abwertung des Eros und der Aufwertung der Agápe, die nicht als Sublimationsform des Eros akzeptiert wurde, beriefen sich (mit sehr begrenzter Berechtigung) christliche Autoren auf ihre jüdischen Traditionen. Jüdische Religiosität nannte als höchste Gebote das der Gottesliebe und das der keineswegs sexuell oder auch nur erotisch bezogenen Nächstenliebe. Allenfalls akzeptieren noch die Autoren christlicher Mystik in ihren Bildern (etwa von der mystischen Hochzeit) die Bezogenheit von Liebe auf Sexualität. Auch wenn *Thomas von Aquin* in seiner »Theologischen Summe« mit dem Areopagiten in der Ekstase der Liebe ein Bild für die liebende Selbstentäußerung des Schöpfers in der Schöpfung sieht, mag noch etwas von der ursprünglichen Bedeutung von Liebe aufleuchten.
Menschliche Sozialität realisiert sich in den Formen der erotischen Interaktionen wohl am intensivsten. Hier wird die existentielle Verwiesenheit auf das »Wir« am deutlichsten und am intensivsten erfahrbar.

5. Identität und Nichtidentität des sozialen Subjekts

Im *Wir* (also in Sozialgebilden, in denen die leitenden Interaktionen herrschaftsfrei sind) wird Sozialität besonders intensiv erfahren. Sicher sind nicht alle Sozialgebilde vom Typ des »Wir«, viele können auch solche des Typs »Ich–Ihr« oder gar des Typs »Nicht wir« sein. In allen aber objektiviert sich menschliche Sozialität. Die Erfahrung der Interaktion und die Regeln und Bedeutungen, die die interaktionellen Handlungen leiten, bestimmen die Art der Konstrukte, die wir über diese Sozialgebilde erzeugen. Es können Konstrukte vom Typ »Institution« sein oder solche vom Typ »Interaktionsgemeinschaft«. Daß sich Sozialität, wie schon Individualität, in einem *dialektischen Spannungsfeld von Identität und Nichtidentität* ereignet, bedeutet, daß das soziale Gebilde (etwa des »Wir«) nicht mit sich selbst identisch ist, sondern den Keim des anderen stets und unaufhebbar in sich birgt. Diese dialektische Einheit Sozialgebildes der Gegenwart, der Vergangenheit (etwa das »erinnerte Wir«) und der Zukunft (etwa das »erwartete Wir«), die eine Identität des »Sozialgebildes« mit sich selbst ausschließt und sie in allen drei Dimensionen dennoch unverzichtbar aneinander bindet, ist Gegenstand alltäglicher Erfahrung. Sozialgebilde (selbst solche, die dazu führen, daß Konstrukte vom Typ selbstreferentieller Institutionen ausgebildet werden) stehen stets im Spannungsfeld zwischen ihrem »so« und ihrem »anders«. Dieses Spannungsfeld ist der wesentliche Grund für die Eigendynamik des Sozialgebildes (seiner Autopoiesis).
Die dialektische Spannung zwischen Identität und Nichtidentität gilt auch für ökonomische, aggressive oder erotische Sozialgebilde. Das Gemeinte könnte an allen – recht unterschiedlichen – Gestalten von Sozialgebilden unschwer nachgewiesen werden. Wir wählen hier zwei Beispiele:

1. Das dynamische Anderswerden eines Unternehmens (als Beispiel für die Eigendynamik einer Institution),
2. das dynamische Anderswerden einer Freundschaft (als Beispiel für die Eigendynamik einer Interaktionsgemeinschaft).

Beide werden sich entweder dynamisch ändern – oder untergehen. Es wurden schon zwei verschiedene Muster erwähnt, die die Eigendynamik sozialer Gebilde informationsursächlich auslösen und in Gang halten:

1. die autopoietische Eigendynamik (endogene Dynamik) und
2. die fremdreferentiell (durch Informationen aus der inneren und/oder äußeren Umwelt) verursachte Eigendynamik (exogene Dynamik).

Die Eigendynamik kann sich sowohl manifestieren in veränderten Werteinstellungen, Orientierungen, Selbstverständlichkeiten des Bewußtseinsbereichs wie in den (dialektisch damit zusammenhängenden) Veränderungen der Bedeutungen und Regeln der Interaktionsfolgen im Seinsbereich. Verändertes Sein besorgt bekanntlich verändertes Bewußtsein und umgekehrt. Ist die Nichtidentität von Sein und Bewußtsein der Grund für die verändernde Dynamik, handelt es sich um eine endogene Veränderung (d. h., sie ist dem Sozialgebilde strukturell innerlich). Ist die Spannung zwischen Struktur und Umwelt der Grund der Dynamik, handelt um eine exogene (also äußerliche).

a) Das dynamische Anderswerden eines Unternehmens

Die strukturelle Nichtidentität eines Unternehmens mit sich selbst wird im Wandel der ökonomischen und außerökonomischen Werteinstellungen, Grundüberzeugungen (über das, was nützlich, vernünftig, verantwortbar ist) und Selbstverständlichkeiten ebenso deutlich wie im Wandel der unternehmenstypischen Interaktionsmuster, die in die Interaktionen der Unternehmensmitglieder einerseits und dieser mit der ökonomischen (Kunden, Wettbewerber, Lieferanten), politischen, sozialen und kulturellen Umwelt (etwa Einstellung zu Umweltschützern) eingehen. Auch der Wandel der unverständlichen Welt nach Ausmaß und Inhalt signalisierten einen strukturellen Wandel.
Dieser Wandel kann verursacht sein durch die sich in Spannungen, ja Verwerfungen manifestierende Nichtidentität zwischen dem sozialen Sein des Unternehmens (repräsentiert vor allem durch die spezifischen Interaktionsmuster) und dem sozialen Bewußtsein (repräsentiert vor allem durch die Wertvorstellungen und Grundüberzeugun-

gen). Solche Spannungen werden offensichtlich, wenn sich soziales Sein und Bewußtsein an irgendwelchen abstrakten, wenn auch attraktiven Visionen irgendeines ideal gesinnten Vorstandes oder eines untauglichen Unternehmensberaters stößt. Ein konkretisierbares Soll läßt sich nur formulieren, wenn eine exakte Ist-Analyse vorherging und plausible und realisierbare Strategien aufgewiesen wurden, wie man vom Ist zum Soll kommen könne. Begegnen sich abstraktes Ideal und konkretes Real im Widerspruch, kommt es, im Versuch, das Ideal zu realisieren, zu massiven Verwerfungen. Der so eingeleitete autopoietische Prozeß führt in aller Regel zu einer Stabilisierung auf einem Niveau, das vom Ideal weiter entfernt ist, als es der zu ändernde Zustand war.

Ähnliche pejorisierende autopoietische Prozesse kommen in Gang, wenn etwa Unternehmensleitung oder Unternehmensberatung in einer formulierten Unternehmensphilosophie versuchen, das strukturelle Bewußtsein über *materiale* Angaben (von Werteinstellungen und Grundüberzeugungen) zu fixieren. Sehr bald wird deutlich werden, daß materiale Vorgaben in der Praxis nicht zu realisieren sind. Vorgaben der Unternehmensphilosophie oder der Unternehmenskultur werden nur dann dem dynamischen Sozialgebilde Unternehmen gerecht, wenn sie *formal* definiert und festgelegt wurden. Formal sind Normen, Werte, Richtlinien, Regeln aber nur dann, wenn sie kein Verhalten oder Entscheiden situationsunabhängig vorschreiben, sondern dem Sich-Verhaltenden oder dem Entscheider eine Situationsanalyse abverlangen. Erst eine solche Analyse kann feststellen, ob ein Anwendungsfall der Norm gegeben ist und wie die Anwendung der Norm in der konkreten Situation zu geschehen habe, um das angestrebte Ziel zu erreichen.

Die das soziale Sein des Unternehmens bestimmenden Interaktionsmuster ändern sich je nach den sozialen und fachlichen Begabungen der Mitarbeiter, nach der Eigenart und den Bedürfnissen und Erwartungen der Kunden, der Behörden, der Verbände, mit denen es das Unternehmen zu tun hat. Stehen dieser Dynamik Bewußtseinsblokkaden (denn nichts anderes sind Fixierungen, die an einem idealen und abstrakten Sein ausgerichtet sind) entgegen, werden sie entweder durch die Eigendynamik der Struktur wie von selbst behoben, oder aber sie führen zu ernsthaften Krisen.

Wir stehen hier vor dem Problem des konservativen Denkens. Mag eine materiale Unternehmensphilosophie sich auch noch so »fortschrittlich« gebärden, sie bleibt allemal hinter der Dynamik der sich ändernden Realität zurück – und sei es nur, weil jede Entwicklung eines sozialen Gebildes eine Veränderung unter Ungewißheit bedeutet, deren Weg und Ziel niemand mit Sicherheit vorhersehen kann. Die Berufung auf eine materiale Unternehmensphilosophie muß also stets konservativ sein, denn sie will die Ideale und Zielvorstellungen fixieren. Gründe für solche geistige Trägheit, die entweder der Mühsal jedes Nachdenkens entgehen will oder sich der einer realitätsdichten Ist-Analyse verweigert, können sein:

- die Tradition des Hauses (»Das haben wir schon immer so gemacht. Und wir waren damit erfolgreich!«),
- irgendwelche ideologisch orientierten Ideale (»Ein kooperativer Führungsstil wird den Bedürfnissen der Mitarbeiter gerecht und verbessert so ihre Motivation!«).

Die in solchen Unternehmen Tätigen realisieren auch gegen orthodoxen oder konservativen Zwang ihre Interaktionen nach ihren Bedürfnissen. Im Spannungsfeld zwischen diesem *Ist* und einem wem auch immer (sei es der Tradition, sei es einer Ideologie) verpflichteten *Soll* kommt es allemal früher oder später zu einer autonomen (nicht gesteuerten und meist auch nicht erwünschten) Veränderung der Unternehmensstruktur (sowohl der Werteinstellungen wie der Interaktionsmuster).

Dieses Beispiel macht die enge Verschränkung endogener und exogener Dynamik deutlich. Endogen wurde die Dynamik in Gang gesetzt wegen der Spannung von Sein und Bewußtsein, exogen dadurch, daß die im Unternehmen Beschäftigten sich nicht an die strukturellen Vorgaben halten, sondern ihre eigenen interaktionellen Bedürfnisse und Fähigkeiten einbringen und so verändernden Druck auf die bestehenden strukturellen Vorgaben ausüben.

Besonders hemmend können sich materiale Führungsrichtlinien auf den Unternehmensalltag auswirken, wenn sich irgend jemand an diese Richtlinien gebunden fühlt. Die im operativen Führen anfallenden Interaktionen können sich nicht mehr an den fachlichen und sozialen Begabungen und Fähigkeiten der Führenden und ihrer Mitarbeiter ausrichten. Die so besorgte Blockade verhindert optimale

Führungsentscheidungen und Führungsfolgen. Operatives »Führen« impliziert ein doppeltes Optimieren beim Lösen von Aufgaben:

1. Die Aufgabe ist mit einem Minimum an zeitlichem, finanziellem, emotionalem und sozialem Aufwand optimal zu lösen.
2. Die Aufgabe ist so zu lösen, daß im Lösungsprozeß sich die sozialen und fachlichen Performanzen der Mitarbeiter wie des Führenden optimal entfalten.

Welchen Führungsstil der Führende dabei wählt, ist allein ihm überlassen. Der genannte doppelte Erfolg hängt allein ab von den fachlichen und sozialen Begabungen der Mitarbeiter und des Entscheiders vor dem Anspruch der zu lösenden Aufgabe – und sonst von nichts. Auch hier wird wieder die enge Verschränkung endogener und exogener Veränderungsmechanismen deutlich. Ein Unternehmen, das sich solcher Dynamik sperrt, wird vermutlich weit unter dem unternehmerischen Optimum agieren. Es wird die Ausbildung von spontanen Interaktionsgemeinschaften, in denen allein Kreativität, Freiheit und Wohlbefinden gedeihen können, unterdrücken, statt sie nicht nur zu dulden, sondern auch zu fördern. Solches Fördern aber ist nur im Horizont formaler Normen und Richtlinien möglich.
Die Bildung solcher Interaktionsgemeinschaften widerspricht einem *endogenen Zweck* und damit der autonomen Dynamik institutionalisierter Sozialgebilde (Expansion in die innere Umwelt, um deren Interaktionen zu normieren). Realisierte nichtautonome Normen, Werteinstellungen, Richtlinien können als *exogene Ziele* dem Unternehmen, wie jedem anderen institutionalisiertem Sozialgebilde, nur durch führende Persönlichkeiten gegen die Trägheit des Sozialgebildes gegenüber exogenen Zielen aufgezwungen werden. Es ist für ein Unternehmen von existentieller Bedeutung, daß das strategische Führen dem operativen entsprechende Freiräume schafft. Zudem gilt es bei der Auswahl der operativ Führenden, dafür zu sorgen, daß sie psychisch und psychosozial zureichend begabt sind, in ihrem Führungsumfeld Interaktionsgemeinschaften zu erzeugen.

b) Das dynamische Anderswerden einer Freundschaft

»Freundschaft« sei hier verstanden als soziale Bindung zweier Menschen, deren Interaktionen ein spontanes Sprachspiel bilden. Men-

schen sind also miteinander befreundet, wenn sich das soziale Sein und Bewußtsein der Freundschaftsbeziehung an die sich wechselnden Interessen, Bedürfnisse, Erwartungen, Werteinstellungen der Freunde anpaßt. Diese meist gleichordnende Anpassung geschieht in der Regel unbewußt über soziodynamische Prozesse. »Freundschaft« ist also (im Gegensatz zu Kollusionen, die, obschon institutionalisierte Sozialgebilde, Freundschaft vortäuschen können) bezogen auf die Freunde fremdreferentiell. Dabei kann es durchaus vorkommen, daß sich das Gebilde gegen Einflüsse der äußeren Umwelt abschottet. Sie wird dann gelegentlich, wenigstens vorübergehend, zu einem Teil der unverständlichen Welt. Die vermeintliche oder tatsächliche Feindschaft der Mitglieder der unverständlichen Welt kann unter Umständen manche Typen der Freundschaft erheblich intensivieren; sie kann aber auch zur Kollusion führen.
Die typischen der Freundschaft entsprechenden Interaktionsmuster sind variabel. Das weist die Freundschaft, wenn sie nicht kollusionär verkommen soll, als stets im Werden, stets in Veränderung begriffen aus. Der Versuch, Freundschaft zu reflektieren oder gar zu verbalisieren, sie also im Status quo zu erreichen, ist stets zum Scheitern verurteilt. Der Versuch, sie adäquat zu erfassen, setzt voraus, daß sie über eine längere Zeit mit sich identisch bleibt. Das aber tut sie nicht. Freundschaft ist nur stabil als dynamische. Diese Dynamisierung erfolgt durch:

- die auf Grund wechselnder psychischer und sozialer Situationen ebenfalls wechselnden (oft unbewußten) Bedürfnisse, Interessen, Wertbesetzungen und Erwartungen der Freunde an die Freundschaft und das Verhalten der Freunde,
- durch soziodynamische Prozesse, die von Freundschaft realisierenden Interaktionen in Gang gesetzt werden.

Eine lebendige Freundschaft besteht nur im dauernden Wandel der interaktionellen Muster und der freundschaftseigenen Wertvorstellungen und Grundüberzeugungen. Sie ist immer auch anders als das Festgestellte, selbst wenn dieses einen Status quo realistisch wiedergeben sollte. Im Schoße *dieser* Freundschaft ist immer auch eine *andere* Freundschaft geborgen, von der man nicht vorhersehen kann,

zu welchen neuen Interaktionsmustern und Grundüberzeugungen sie führen wird. Das aber bedeutet auch, daß in jeder Freundschaft ihr potentielles Ende strukturell inbegriffen ist. Besonders gefährdet sind Freundschaften, wenn sich materiale Muster des Meinens und Handelns eingeschlichen haben. Sie entlasten zwar die Freundschaft von der dauernden Mühe neuer Orientierungen, entdynamisieren sie aber zugleich.
Lebendige Freundschaft muß sich vielmehr an *formalen* Regeln orientieren. Hierzu zählen vor allem:

- Ich kann meinem Freund vertrauen (im besten Fall: alles anvertrauen, was mich bewegt, erfreut, belastet, ängstigt).
- Ich kann (im Rahmen des Zumutbaren) auf seine Hilfe rechnen, wenn in in Not bin oder anderweitig Hilfe brauche.
- Ich kann annehmen, daß er versucht, mich zu verstehen.

Es handelt sich dabei insofern um formale Regeln, weil sie in konkreten Anwendungsfällen zu material sehr verschiedenen Interaktionen führen können.

Da nahezu unvermeidlich eine stabile und innige Freundschaft ein nicht unwichtiges Element des Selbstkonstrukts eines Menschen ist, ist davon auszugehen, daß sowohl für das Eigenbild als auch für das Menschenbild einer Person seine glückenden und mißglückenden Freundschaftserfahrungen von besonderer Bedeutung sind. Jedenfalls wird das Ende einer solchen Freundschaft Trauerarbeit einfordern, wenn es glücken soll. Glückt es nicht, stirbt ein Mensch ein klein wenig mehr. Ein solch langsames »Vor-sich-hin-Sterben« wird meist erkennbar an nicht vernarbten psychischen Wunden. Sie zeigen sich durch eine Involution der psychischen und sozialen Begabungen.

6. Zur Pathologie der Sozialität

Daß auch menschliche Sozialität entarten kann, dürfte nach dem vorher Gesagten kaum verwundern. Auf einige solcher Entartungen haben wir schon beim Thema Kollusionen oder der soziodynamischen Prozesse verwiesen. Hier sollen vier weitere pathologische

Entartungen menschlicher Sozialität behandelt werden. Sie kommen zustande, wenn sich ein Mensch

- entweder gar nicht von seiner Sozialität her definiert (wie etwa der »glücklich Vereinsamte« oder der »egoistische Ausbeuter«)
- oder aber sich nahezu monopolar von einer fixierten, einseitigen Sozialität her bestimmt (wie etwa der »Systemagent« oder der »Rollenfixierte«).

a) Der glücklich Vereinsamte

Es gibt Menschen, die sich psychisch auf einem Niveau stabilisieren, auf dem sie keine anderen Menschen (als Personen, sondern allenfalls als Funktionen) nötig haben, um leben zu können. Konkrete Menschen, die keine funktionalen, sondern personale Ansprüche stellen mit all ihren Bedürfnissen, Erwartungen, Hoffnungen, Emotionen, werden eher als lästig, vielleicht gar als Störung einer idealen Ordnung empfunden. Da dieser Zustand stabil ist, fühlt sich der so Vereinsamte in seiner Einsamkeit nicht unglücklich. Für ihn ist es die Hölle, in seiner Einsamkeit nicht allein sein zu können. Wirklich wohl fühlt er sich nur bei sich. Hier kann er sein Fühlen, Denken und Handeln seinem Selbstkonstrukt gerecht gestalten, ohne sich sorgen zu müssen,

- daß es sich in personalen Interaktionen nicht bewähren könnte,
- von anderen mißbraucht, falsch verstanden oder gar verachtet zu werden.

Er weiß, daß er auf eher extrovertierte Menschen verschlossen, kontaktscheu, reserviert (vielleicht gar mißtrauisch), arrogant und zynisch wirken kann. Aber damit kann er leben. Er wünscht sich kaum etwas mehr, als daß die anderen sich duldend auf seine Bedürfnisse, Interessen, Erwartungen, Werteinstellungen einstellen und ihn in Ruhe lassen. Da er von anderen nicht erwartet, auf seine personale Dimension einzugehen, sollten sie auch nicht von ihm verlangen, ihre personalen Bedürfnisse zu befriedigen.
Umgangssprachlich wird dieser Zustand nicht selten mit »Introversion« etikettiert. Da die Selbstexkommunikation aus sozialen Bezü-

gen, die nicht funktional-rational gerechtfertigt werden (können), ein in unserem Kulturkreis weitgehend akzeptiertes Verhalten ist und insoweit innerhalb der Norm liegt, sollte sie nicht in die Nähe pathologischer Symptome gerückt werden. Erst wenn die Introversion sich als mangelnde Anpassungsbereitschaft und Anpassungsfähigkeit an die soziale Realität auch in funktional orientierten Interaktionen niederschlägt, muß sie als pathologisch interpretiert werden.
Mir sind im Laufe meiner therapeutischen und beratenden Tätigkeiten nicht wenige Menschen begegnet, die in ihrer Introversion sehr viel mehr und besser Leben in sich und um sich herum entfalten konnten als jene, die extravertiert ihr Leben nach außen lebten.
Wenn wir die glücklich-einsamen Menschen hier dennoch unter pathologisch mißglückten Formen der Sozialisation vorstellen, dann deshalb, weil sie ihre Sozialität nur begrenzt praktisch machen können – in dem ihnen verbliebenen Rahmen aber mitunter sehr erheblich.

b) Der egoistische Ausbeuter

Da haben wir es mit dem Typ »egoistischer Ausbeuter« schon schwieriger. Er versucht sein berufliches, privates, emotionales und soziales Leben auf Kosten anderer zu mehren. Der Mensch, der nach »Selbstverwirklichung« strebt, ohne auf den Preis zu achten, den andere dafür zahlen (müssen), ist ein Prachtexemplar dieser Gattung. Doch dieser Typus soll uns hier weniger interessieren. Mir kommt es zunächst darauf an, Formen der egoistischen Ausbeutung aufzuweisen, die in den Strukturen von Sozialgebilden und nicht in mißlungener Sozialisation gründen.
Ursprünglich bezeichnete »Ausbeutung« die systemisch (etwa durch moralische oder rechtliche Normen) geschützte Aneignung un- oder unterbezahlter menschlicher Arbeitskraft, um den eigenen Nutzen zu mehren. Instrumente der Ausbeutung waren

- ökonomischer Art (etwa durch Marktkräfte besorgt oder durch persönliche Verarmung, die keinen effektiven Marktzugang mehr möglich machte) oder
- außerökonomischer Art (etwa durch den Einsatz physischer, psychischer, sozialer, politischer Gewalt).

Die ausschließliche Beschränkung des Begriffs auf seine ökonomisch-materielle Bedeutung überwand schon *K. Marx* in seiner Ablehnung simplifizierender Verelendungstheorien. Die Ausbeutung besteht in der Verwertung, der Verdinglichung, der Versachlichung menschlicher Arbeit und des Arbeiters. Die ökonomische wird von einer sozialen und emotionalen Ausbeutung (die der frühe Marx unter dem Titel »Entfremdung« in und durch den Arbeitsprozeß abhandelte) begleitet und macht sie in besonderer Weise unmenschlich.
Gesellschaftlich begründete Ausbeutung setzt ein (oft sublim verstecktes) Herrschaft-Knechtschaft-Verhältnis voraus, das es dem »Herrn« erlaubt, den »Knecht« auszubeuten. *G.W.F. Hegel* sah in solchen Herrschaft-Knechtschaft-Verhältnissen noch »den Anfang zu einer Befreiung des Selbst«. Vermutlich war jedoch seine Kenntnis von realer Ausbeutung vergleichsweise gering.
Solche ausbeuterischen Subordinationsverhältnisse können sehr verschiedener Art sein (bis hin zu wechselseitiger Ausbeutung in Kollusionen). Als Beispiele für typische Ausbeutungssituationen (die keineswegs alle in jeder Beziehung diesen Typus realisieren) seien genannt:

- Männer in einer patriarchalischen (androkratischen) Gesellschaft,
- Kapitaleigner in einer kapitalistischen Gesellschaft,
- Politiker in einer demokratischen Gesellschaft,
- Akademiker in einer Bildungsgesellschaft.

Alle diese Situationstypen sichern ihre Herrschaft über Usurpation. Es dürfte kaum eine Legitimation für den Sachverhalt geben,

- daß Männer die weitaus meisten maßgeblichen Positionen in Wirtschaft, Politik, Hochschulen, Kirche besetzen,
- daß der, der über Kapital verfügt, auch über fremde Arbeit nach Art einer dinglichen Sache verfügen kann,
- daß das charakterliche und intellektuelle Mittelmaß die Richtlinien der Politik bestimmt,
- daß Akademiker bei ansonsten vergleichbaren Leistungen besser honoriert werden.

Sicherlich ist auch in legitimierter Herrschaft Ausbeutung möglich. Sie gründet dann aber im Charakter des Ausbeuters und nicht in den Strukturen des Sozialgebildes.
Wir haben uns schon einige Gedanken zum Thema »Eigentum an fremder Arbeit« gemacht. Insofern Eigentum definiert werden kann als dingliches Recht an einer Sache, bedeutet das Eigentum an fremder Arbeit, wie es in einem Dienstvertrag (hier als Arbeitsvertrag verstanden) vom Käufer zu seiner entgeltlichen Nutzung erworben wird, eine interaktionell kaum zu rechtfertigende Besitznahme. Wenn sich Eigentum, wie andere Grundwerte auch, nur interaktionell ereignet, verdinglicht das Verfügungsrecht über fremde Arbeit jedoch die Interaktionen strukturell. Zwar kann diese Verdinglichung funktional durch die konkrete Weise der Verfügung verhindert werden – doch sie muß nicht. Das Institut des Eigentumerwerbs an fremder Arbeit und an Produktiveigentum, diese rentabel zu verwerten, ist kaum interaktionistisch zu sichern. Es ist vielmehr davon auszugehen, daß diese Eigentumsvorstellung im individualistisch orientierten Paradigma, wenn nicht schon seine Heimat, so doch seine Erfüllung fand.
Auch ökonomische Verträge sollten, vor allem, wenn sie erhebliche Auswirkungen auf die und in der Zukunft haben, möglichst unter ökonomisch Gleichberechtigten (das müssen nicht ökonomisch Gleichstarke sein) geschlossen werden. Das aber ist im Dienstvertrag in der Regel nicht der Fall. Die juristische Gleichheit (begründet auf komplementären Willenserklärungen) ist, da ein Dienstvertrag eine drastische und dauerhafte Abhängigkeit begründet, bloße Fiktion. Beide Vertragsparteien sind nicht in gleicher Weise frei, den Vertrag abzuschließen oder nicht. Die vertragsstiftende Willenserklärung des Dienenden kommt in aller Regel unter psychischem und sozialem Druck (mitunter gar Zwang) zustande, seinen und seiner Familie Lebensunterhalt verdienen und den sozialen Schutz (wie Altersversorgung, Krankenversorgung, Arbeitslosenschutz), der mit dem Abschluß eines Dienstvertrages verbunden ist, de facto (wenn auch nicht de jure) nutzen zu müssen. In solchen Fällen ist die vom Kapitaleigner oder seinem Beauftragten ausgeübte Gewalt usurpiert und damit – auch wenn systemisch legal – nicht legitimiert.
Die von *K. Marx* gesehene Gefahr, daß das Dienstvertragsrecht einen Arbeitsmarkt begründe, der anderen Märkten (wie Kapital- und

Gütermarkt) vergleichbar und mit ihnen innigst verschränkt sei, ist ganz offensichtlich gegeben. Ohne einen funktionierenden Arbeitsmarkt ist eine kapitalistisch orientierte Wirtschaft kaum lebensfähig. Behindert doch ein regulierter oder gar fehlender Arbeitsmarkt die übrigen mit ihm verschränkten Märkte. Wenn aber Arbeit auf dem Markt gekauft und verkauft werden kann, dann bedeutet das eine insitutionalisierte Form der Verwertung, der Versachlichung der Arbeit. Sie nimmt Warenform an, wird damit entpersonalisiert und funktionalisiert. Daß damit auch die Gefahr gegeben ist, daß die auf Grund solcher Dienstverträge erzeugten Interaktionen funktionalisiert und damit entpersonalisiert werden, dürfte offensichtlich sein.
Es sollte genauso evident sein, daß ein Kapitaleigner nur Arbeit einkauft, wenn er sich dafür einen Nettoertrag verspricht, der den mit der Bezahlung der Arbeit und des Arbeitsplatzes zusammenhängenden mittelbaren und unmittelbaren Aufwand übersteigt. Er versucht also – und das ist sein legales Recht –, durch den Einsatz seines Kapitals seinen Nutzen zu mehren.
Eine entwickelte und florierende Wirtschaft bedarf keineswegs mehr des Instruments der Dienstverträge. Dieses Instrument war zwar notwendig, um eine solche Wirtschaft auszubilden, wurde dann aber überflüssig. Ein nachkapitalistisches Modell könnte etwa auf folgenden Grundeinsichten fußen:

1. Der Austausch von Gütern gegen Geld geschieht ausschließlich über Werk- und Kaufverträge, bei denen ein Werk und nicht menschliche Arbeit gekauft wird.
2. Der Austausch von Arbeit gegen Geld geschieht ausschließlich so, daß die Kapitaleigner im Unternehmen identisch sind mit den im Unternehmen Tätigen, wobei alle den gleichen Kapitaleinsatz erbringen und somit auch in gleicher Weise am positiven wie negativen Bilanzgewinn beteiligt sind. Das ist über entsprechend verfaßte Kapitalgesellschaften oder Genossenschaften unschwer zu organisieren.
3. Der Austausch von Geld gegen mehr Geld kann über verzinste Einlagen in Banken oder den Kauf von Industrieobligationen geschehen. Beide Quellen der Fremdfinanzierung stehen (neben anderen) den »laboristischen Gesellschaften« zur Verfügung.

c) Der Systemagent

»Systemagent« bezeichnet einen Menschen, der die endogenen Zwecke eines institutionalisierten Sozialgebildes, das er unkritisch als Introjekt internalisierte und in einem Konstrukt vom Typ Institution abbildete, vollstreckt. Er wurde zu einem unkritischen Systemorgan und ist als Typus unter »pathologischer Sozialität« abzuhandeln, weil seine sozialen Begabungen sehr unreif geblieben sind. Systemagenten entwickeln in der Regel folgende Merkmale:

a) Sie sind überdurchschnittlich stark abhängig von sozialer Stabilität und Sicherheit, deshalb neigen sie dazu, institutionalisierte soziale Gebilde zu bevorzugen. Interaktionen in dynamischen und spontanen Sozialgebilden lassen sie allenfalls als Freizeitbeschäftigung gelten.
b) Sie sind unterdurchschnittlich kritisch. Ihre primären Tugenden (wie Zivilcourage, Bereitschaft zum kreativen Ungehorsam, Bereitschaft, notwendige Konflikte durchzustehen) sind zumeist zugunsten sekundärerer (wie Fleiß, Gehorsam, Pünktlichkeit, Sauberkeit) unterentwickelt. Deshalb neigen sie dazu, Sozialgebilde unkritisch zu introjizieren und jede Kritik an ihnen als eine Art von »Netzbeschmutzung« abzuweisen.

Insoweit es sich hier um eine charakterliche Vorgabe handelt, ist davon auszugehen, daß sie institutionalisierte Gebilde nicht nur in ihrer beruflichen, religiösen und politischen Orientierung aufsuchen, sondern auch (etwa in den von ihnen begründeten Paarbildungen oder Familien) institutionalisieren. Als Grund solcher »Soziopathie« läßt sich eine primäre Sozialisation in einer als institutionell organisierten Herkunftsfamilie vermuten. Da für die Begründung sekundärer Sozialisation bevorzugt institutionalisierte Gebilde aufgesucht oder erzeugt werden, werden Interaktionsmuster, die für spontane und kreative, für dynamische und fremdreferentielle Sozialgebilde typisch sind, nie erlernt.
Viele institutionalisierte Sozialgebilde (Unternehmen wie Kirchen, Truppen wie Banden) sind nur überlebensfähig, weil und insofern sie sich solcher Agenten bedienen (können). Da soziale Gebilde gleich welcher Art nicht selbst agieren können, sondern, um etwas in der

Welt zu verändern, der Aktivität von Menschen bedürfen, die ihre Interessen exekutieren, versuchen institutionalisierte Sozialgebilde, sich möglichst willfähriger Organe zu bedienen – eben jener Systemagenten. Jedes Sozialgebilde wird aufgebaut durch menschliche Interaktionen in seinem Innen und nach außen. Interaktionen sind also die Elemente sozialer Gebilde. Ohne die ständige Reproduktion solcher Elemente, die ja in der Regel recht kurzlebig sind, würde jedes soziale Gebilde binnen kurzem im Nichts verschwinden, selbst wenn sich aus seinen Zerfallsprodukten neue Gebilde erzeugen würden. Jedes Sozialgebilde ist also darauf angewiesen, daß sich seine Elemente so organisieren, daß sie autopoietisch Nachfolger erzeugen, die mit ihren Vorgängern eine zureichend konsistente Einheit bilden.

Das gilt für alle Sozialgebilde. Doch verfügen institutionalisierte über die Besonderheit, daß ihre Strukturen nicht erst in den interaktionellen Abläufen gebildet werden, sondern daß sie ihnen vorausliegen. Die systemtypischen und vom System regulierten Interaktionen exekutieren also die Systemstrukturen. Damit sie aber zureichend lange stabil bleiben und so die Identität der Institution mit sich selbst (die Corporate identity) sichern, benötigen sie in der Regel wenigstens einige Mitglieder ihrer inneren Umwelt, die unkritisch den strukturellen Vorgaben gehorchen und so ihre Interessen, ihre Beschlüsse, ihre Wertvorstellungen (die sich zu Normen vom Typ »Gesetz« verdichten können) exekutieren: Sie bedürfen der Systemagenten.

Nicht selten organisieren sich solche Systemagenten zu einem institutionalisierten Sozialgebilde, das man von seiner Funktion her am treffendsten »Bürokratie« nennen kann.

Es ist kein Geheimnis, daß früher oder später (meist früher) alle institutionalisierten Sozialgebilde ihre Bürokratie entwickeln, mögen sie politischer, ökonomischer, ekklesialer Art sein. Sie alle lassen es sich etwas kosten, um »Gemeinkostenstelleninhabern« deutlich und nachvollziehbar zu machen, daß ihr eigener Nutzen genau dann optimiert wird, wenn auch der des institutionalisierten Gebildes optimiert wird. Systemagenten sind, nachdem sie dieser Suggestion erlagen, zumeist der irrigen Meinung, daß sie, da sie auf einen systembegrenzenden Egoismus verzichten, dem Gemeinwohl nutzen. Es ist nicht untypisch für die Moral von Systemagenten, daß sie das Wohl des Sozialgebildes, das sie vertreten, mit Gemeinwohl verwechseln. In

dieser Verwechslung liegt ebenfalls nicht selten der Grund für die eigentümliche Intoleranz der Systemagenten gegenüber Werteinstellungen, Vorurteilen, Selbstverständlichkeiten von Sozialgebilden, die auf irgendeinem Gebiet mit dem von ihnen vertretenen konkurrieren. Diese Intoleranz ist ein Merkmal geschlossener Gesellschaften. In ihnen gedeiht eine Moral, die die Werteinstellungen der introjizierten Gesellschaft zu ihren Normen macht. Eine Moral, die die konkurrierender Gesellschaften nicht als gleichberechtigt (wenn schon nicht als gleichwertig) akzeptiert, nennen wir daher geschlossen.
Da Systemagenten in einer geschlossenen Gesellschaft leben und nur über eine geschlossene Moral verfügen, sind sie psychisch und sozial abhängige Menschen geworden, die kaum etwas mehr fürchten als irreversible (also nicht durch Reue und Wiedergutmachung zu behebende) soziale Strafen. Da die meisten institutionalisierten Sozialgebilde, mag es sich dabei um Kirchen oder Banden, um faschistische Staaten oder Konzerne handeln, in keiner Weise an der Entwicklung und Darstellung kritischer Tugenden ihrer Mitglieder interessiert sind (selbst, wenn sie gelegentlich mit großem Emphase das Gegenteil behaupten), legen sie Wert auf die Praxis sekundärer Tugenden.
Systemagenten begegnen in der Regel Mitarbeitern, die die Gesellschaft »nur« kritisch über Identifikation internalisierten, mit einem fundamentalen Mißtrauen. Sie vermuten meist, daß solche »Pinscher« (um ein Wort Ludwig Erhards zu bemühen) nicht bereit sind, für die Interessen der Gesellschaft (etwa für die freiheitlich-demokratische Grundordnung der BRD) einzutreten.
Daß viele Systemagenten nichts anderes sind als Faschisten, die unkritisch dem »Ruf der Fahne« folgen und nichts mehr beargwöhnen als Menschen, die kritische Tugenden praktizieren und damit die gesellschaftlichen Strukturen dynamisieren, d. h. in ihren Status quo labilisieren, ist leicht verständlich. Auch die Intoleranz gegenüber Gesellschaften mit anderen Wertvorstellungen und Vorurteilen weist sie als gute Faschisten aus. »Faschismus« sei hier definiert als das Strukturmerkmal einer Gesellschaft, die sich selbst und ihren Bestand zum höchsten (politischen, ökonomischen, religiösen, sozialen . . .) Gut macht. Da vermutlich alle Gesellschaften, sich selbst überlassen, zu einer solchen Wertorientierung neigen, sind sie offen oder latent faschistisch. Sie können sich von diesem Makel nur befreien, wenn sie

in ihrer inneren Umwelt Personen zulassen, die ausgestattet sind mit der Fähigkeit und Bereitschaft, ihre gesellschaftsreproduzierenden Interaktionen von kritischen Tugenden leiten zu lassen. Erst diese dynamisieren die gesellschaftlichen Strukturen so, daß die Gesellschaft nicht für sich selbst höchstes zu schützendes Gut werden kann. Der endogene Zweck der Gesellschaft (Selbsterhaltung und Expansion in die Umwelten) wird ergänzt durch exogene Ziele (etwa die Mehrung des Nutzens der Mitglieder der Umwelten), die die Gesellschaft zwingen, durch permanente Strukturanpassung die endogenen Zwecke überhaupt erst optimal zu realisieren.
Daß damit eine Gesellschaft in die Dialektik von Identität und Nichtidentität hineingenommen wird, ist also nicht ihr Schaden, sondern die Voraussetzung des exogenen Wandels.

d) Der Rollenfixierte

Wir nennen einen Menschen »rollenfixiert«, wenn er versucht, immer nur eine einzige formale oder materiale Rolle zu realisieren, und nur bereit ist, Interaktionsangebote zu akzeptieren, die dieser Rolle entsprechen.
Wir sprechen von einer Fixierung auf eine »*formale Rolle*«, wenn jemand regelmäßig (wie unter einem psychischen Zwang) in sozialen Gebilden gleich welcher Art versucht, unabhängig von den materialen Interaktionsmustern, die diesem Status zuzuordnen sind, eine bestimmte Position (etwa einen α-Status) zu erhalten. Es können also mit einer formalen Rolle sehr verschiedene materiale verbunden sein (etwa Familienvater, Vereinsvorsitzender, Vorstand, Biertischredner). Wir sprechen von einer Fixierung auf eine »*materiale Rolle*«, wenn jemand nur soziale Gebilde aufsucht oder herzustellen versucht, die dieser materialen Rolle entsprechen. Solche materialen Rollen sind etwa Offizier, Mutter, erfolgreicher Unternehmer, pflichtbewußter Beamter. Hier kommt es also nicht auf den sozialen Status an, sondern auf eine bestimmte Rolle, von der der Betreffende glaubt, sie bestimme seine personale Identität. Sein Selbstkonstrukt ist also durchwirkt von Mustern, die der Rolle entsprechen.
Die auf eine formale Rolle fixierten Menschen beeinflussen (meist unbewußt) soziodynamische Prozesse so, daß sie sie in die entsprechende Rolle hineinbringen. Gelingt das nicht, wird das entsprechen-

de Sozialgebilde erst gar nicht internalisiert – oder, falls schon internalisiert, wieder externalisiert (d. h. sozial ausgeschieden). Es kommt zu einer inneren oder äußeren »Aufkündigung« der konstruktiven Mitarbeit. Die regelmäßige Verkennung der über soziodynamische Prozesse hergestellten sozialen Situationen läßt einen Außenstehenden oft die »innere Kündigung« sicherer erkennen, als der Betroffene selbst sie wahrnimmt.

Ich hatte anfangs Erklärungsschwierigkeiten, wenn ich in Trainingsgruppen beobachten konnte, daß Menschen in sehr verschiedenen Gruppen (sei es eine α-Rolle, die Rolle des Helfers, des Richters, des Neurotikers, des Ratgebers, des Homosexuellen) mit sehr verschiedenem, durch die soziodynamischen Prozesse bestimmtem materialem Instrumentar immer wieder dieselbe formale Rolle zu realisieren versuchten. Mißlang dies oder wurde dieses Begehren von der Gruppe durchschaut und abgewiesen, folgten auf eine Phase des Leugnens meist einige ebenso zögerliche wie vergebliche Versuche, sich von ihrer Rolle zu befreien. Die Vergeblichkeitserfahrung führte meist, wenn der Trainer nicht assistierend eingriff und die Gruppe dazu brachte, diese formale Rolle als wesentlichen Anteil der Persönlichkeit des Mitgliedes zu akzeptieren, zur inneren Emigration, der nicht selten eine Exkommunikation durch die Gruppe folgte.

Das Problem der Fixierung auf eine materiale Rolle (das des Tragens von Masken) wurde schon behandelt. Wir begegnen hier dem Schicksal der mehr oder minder schleichenden Vereinsamung. Da diese Maske auch dem Therapeuten immer wieder vorgestellt wird und eine unvorsichtige Demaskierung zu einem psychischen Kollaps führen kann, ist das Umgehen mit Maskenträgern selbst therapeutisch nicht immer risikofrei. Man wird wohl hier von zwei verschiedenen Maskierungen sprechen können. Die eine Maske ist bestimmt durch eine als erfolgreich erfahrene oder interpretierte Lebensrolle. Solche Masken aber sollte man nicht fahrlässig in Frage stellen.

Die andere Maske ist bestimmt durch eine Lebenskrise, in der ein Mensch irgendeine gerade angebotene Maske überstreifte, um überhaupt zu wissen, wer er denn sei. So ist es nicht ungewöhnlich, daß Personen eine Psychotherapie mit einer klaren und eindeutigen Diagnose beginnen wollen, die sie öfters anbieten oder durch ihre Erzählungen dem Therapeuten aufzudrängen versuchen. Eine Diagnose (etwa »Zwangsneurotiker«) gibt ihnen das Gefühl, wieder zu wissen, wer sie seien. Sie tragen nun das diagnostische Etikett fast stolz vor sich her. Unbewußt organisieren sie ihre Geschichten um die ihnen mehr oder minder zutreffend bekannten Symptome der diagnostizierten Störung herum. Obschon es nicht immer ganz einfach ist, diese Maske zu lüften, wird doch jeder Therapeut versuchen, dem Betroffenen etwas produktivere Elemente zum Aufbau seines Selbstkonstrukts anzubieten als gerade die von Symptomen mit Krankheitswert.

Kapitel 6

6

Über konkrete Geschichtlichkeit

Als dritter Pol unseres dialektischen Pentagramms als eines Modells der Struktur der psycho-somatisch-sozialen Einheit »Person« sei die *Geschichtlichkeit* behandelt.

»Geschichtlichkeit« bezeichnet nach *G.W.F. Hegel*, der diesen Begriff in die deutschsprachige Philosophie einführte, den Sachverhalt, daß uns eine bestimmte Idee immer nur auch »in der bestimmten Form der Geschichtlichkeit« begegnet. *A. Gehlen* wiederum sprach von der »geschichtlichen Seinsweise des menschlichen Geistes«, und *M. Heidegger* spricht von der »radikalen Zeitlichkeit des menschlichen Daseins«. Wir meinen den Sachverhalt, daß eine Person als Person – und insoweit Person – in ein mannigfaltiges *Geflecht von Geschichten* eingebunden ist.

Um uns dem Thema Geschichtlichkeit zu nähern, sind einige Thesen zu begründen:

1. *Geschichte löst sich auf in Geschichten.*
2. *Geschichte ist nur als gegenwärtige zu erkennen.*
3. *Das Gedächtnis rekonstruiert Geschichten.*
4. *Unsere Vergangenheit repräsentiert sich in präsentischen Geschichten.*

1. Einige Thesen im vorhinein

a) Über Geschichten

Bewußt sprechen wir von Geschichten und nicht von Geschichte. Es gibt nur wenige Menschen, die nach dem Ende der Moderne nicht mit

uns der Meinung sind, Geschichte sei etwas anderes als eine Abfolge mehr oder minder gut und einsichtig aufeinander bezogener Geschichten. Sogenannte »historische Ereignisse«, wie sie etwa von den Historiographen beschrieben werden, machen keine Geschichte, sondern stellen nur das Rohmaterial für Geschichten bereit. Treffend bemerkt Karl Popper: »*Es gibt keine Geschichte der Menschheit, es gibt nur eine unbegrenzte Anzahl von Geschichten, die alle möglichen Aspekte des menschlichen Lebens betreffen.*« Und, so können wir fortfahren: Es gibt auch keine Geschichte des eigenen Lebens und keine Geschichte sozialer Gebilde, sondern nur Geschichten, die mehr oder minder fruchtbar sind, wenn sie nur helfen, möglichst realitätsgerecht die Frage zu beantworten: »*Wer bin ich?*«
Doch ehe wir uns fragen, was das für Geschichten sein mögen, muß eine andere Frage beantwortet werden: die nach der Gegenwärtigkeit von Geschichte in Geschichten. Es geht um das, was man gemeinhin »*Präsentismus*«, die Gegenwärtigsetzung von Vergangenheit, nennt. Geschichte geschieht also niemals anders als in den Geschichten der Gegenwart.

b) Die Gegenwart der Vergangenheit

Die Sache des Präsentismus ist seit langem bekannt:

- *G.B. Niebuhr* stellte 1928 fest, es sei das allgemeine Los der Historiker, »nicht unabhängig von ihrem Zeitalter zu sein«.
- *J.G. Droysen* meinte 1938, es seien Vorstellungen und Erinnerungen, »deren Zusammenfassung und Gegenwärtigkeit unser Ich umschließt«.
- *B. Croce* lehrte 1944: »Jede wahre Geschichte ist Geschichte der Gegenwart.«

Der Terminus »Präsentismus« wurde vermutlich erstmals im Kontext des Dadaismus 1921 von *R. Hausmann* verwendet. Er habe das Ziel, »*die entsprechenden Wirklichkeiten des geistigen Lebens . . . auf den Stand der Gegenwart zu bringen*«. 1950 wurde der Begriff in die historischen Wissenschaften von *Ch. McArthur Destler* eingeführt. Er bezeichne den Sachverhalt, daß wissenschaftliche Objektivität für den Historiker nicht erreichbar sei. Alle Geschichtsschreibung, die

über die Erhebung von Fakten hinausgehe, sei subjektiv. Der historische Forschungsprozeß sei durch die Gegenwart des Historikers bestimmt.
Solcher Präsentismus ist, wenn es nicht gelingt, mit einem bislang fremden Sprachspiel ein neues, gegenwärtiges zu begründen (etwa im Dialog mit einer mir fremden Lebenswelt, etwa der Japans), die einzige Möglichkeit, das fremde Spiel zu verstehen. Da über Vergangenes aber nur in Gegenwart interagiert werden kann – es somit keine Chance hat, sich gegen Fehlinterpretationen interaktionell zu wehren –, kann Vergangenes nur verstanden werden in der Gegenwart. Vergangenheit und Gegenwart bilden eine dialektische Einheit (zusammen mit Zukunft), aber es ist immer die gegenwärtige Vergangenheit (oder Zukunft). Der Grund für solchen Präsentismus ist leicht auszumachen: Alle unsere Konstrukte sind nur als gegenwärtige erfahrbar, interpretieren und orientieren nur in der Gegenwärtigkeit – und das, obwohl sie in Vergangenheit geworden sind und die Eierschalen der früheren Gegenwärtigkeiten mit sich tragen.
Dieser methodische Präsentismus gilt nicht nur für Botschaften aus vergangenen, sondern auch aus gegenwärtigen, dem Subjekt fremden Lebenswelten (etwa des Islam oder des Shintoismus), wenn dem Verstehenwollenden ein aktuelles oder virtuelles Mitspielen aus gleich welchen Gründen unmöglich ist.
Ein solcher Präsentismus ist *objektiv*, wenn der Verstehenwollende mit Mitgliedern seines Sprachspiels sich über die Botschaft und deren Bedeutung ohne destruktive Konflikte verständigen kann. Ein objektiver Präsentismus führt zu diskursfähigen Situationen: Eine »alte Botschaft« wird zum Spielzeug in einem neuen Spiel.
Nicht selten aber versteht ein Mensch seine eigene Vergangenheit (aber auch die seiner Familie, seines Volkes) sprachspielfrei (also interaktionistisch asozial) streng subjektiv. Wir sprechen dann von *subjektivem* Präsentismus.
Ein Verstehen von Botschaften, die sich dem methodischen Präsentismus verweigern, ist weitgehender Beliebigkeit ausgeliefert. Ein Beispiel solcher Beliebigkeit bilden die kontroversen Interpretationen etwa der heiligen Schriften des Christentums und des Islam. Solches an den Bedürfnissen, Interessen, Erwartungen und Werteinstellungen des Interpreten orientiertes Verstehen ist nicht selten der

irrigen Meinung, vergangene und in Vergangenheit abgeschlossene Lebenswelten rekonstruieren zu können. Er glaubt, eine Botschaft objektiv (d.h. im Sinne der Containermetapher: realistisch) verstehen zu können, selbst wenn der Bote verschwunden ist. Ein solcher »subjektiver Präsentismus«, durch den der Interpret seine eigenen Bedürfnisse, Erwartungen, Interessen und Wertvorstellungen in einem Pseudosprachspiel realisiert, ist daran erkennbar, daß er zu destruktiven Konflikten zwischen Subjekten, die innerhalb desselben sozialen Großgebildes sozialisiert wurden, führt. Es kommt dann zur Ausbildung sich wechselseitig exkommunizierender Sozialgebilde.
Ein humanes Miteinander setzt also zwingend die Akzeptation des methodischen Präsentismus voraus, wenn es darum geht, irgendeine Vergangenheit, sei es die einer Person oder die einer Botschaft, zu verstehen und sich über sie zu verständigen.
Das Faktum der immer nur in der Gegenwart vorhandenen Vergangenheit ist eine triviale Erkenntnis schon der Psychoanalyse. Ein Analysant erzählt seine eigene Vergangenheit je nach der augenblicklichen Befindlichkeit seiner Konstrukte, die zum guten Teil als eine Folge der Interaktionen mit dem Analytiker hergestellt werden, anders. Dieses »anders« kann mitunter dramatische Formen annehmen.

c) Über das Gedächtnis

Der Konstruktivismus geht, wegen der unausweichlichen Gegenwärtigkeit der Konstrukte, von der strengen Gegenwärtigkeit jeder Vergangenheit aus. In diesem Zusammenhang werden heute die von *Maurice Halbwachs* zwischen 1925 und 1950 entwickelten Thesen über das *soziale Gedächtnis* wieder lebhaft diskutiert. Halbwachs behauptet:

1. Es gibt kein individuelles Gedächtnis im strengen Sinn. Analog zur These *L. Wittgensteins*, nach der Verstehen kein psychischer, sondern ein sozialer Prozeß sei, ist jedes Gedächtnis (als Vermögen, Erinnerungen zu erzeugen und zu speichern) kein psychisches, sondern ein soziales Gebilde. Die Erinnerungen (als Inhalte des Gedächtnisses) des einzelnen bilden sich an soziale Ereignisse (vor allem vom Typ »Interaktion«) gebunden und werden in tatsächlicher oder imaginierter Verbindung mit sozialen Ereignissen ge-

genwärtig. Das »Individualgedächtnis« ist als Konstrukt zu verstehen, in dem sich der gegenwärtige Kreuzungspunkt verschiedener sozialer Gedächtnisse repräsentiert.

2. Das soziale Gedächtnis von interagierenden Subjekten (Individuen wie institutionalisierte Sozialgebilde) bewahrt aus der Vergangenheit nur das, was der gegenwärtige Bezugsrahmen zu rekonstruieren erlaubt. Das Bewahrte hat den Charakter eines Konstrukts. In ein Konstrukt wird nur das eingelagert, was sich in den Sinnrahmen (der Rahmen, der alle Erinnerungen umschließt, die im Augenblick sinnvoll zu sein scheinen) des Konstrukts eingliedern läßt (eventuell nach Modifikation des Konstrukts). Als sinnvoll werden nur Erinnerungen akzeptiert, die mit den gegenwärtigen Konstruktinhalten eine kohärente und konsistente Einheit bilden und damit gegenwärtig gemacht werden können. Ändert sich der Sinnrahmen, werden Erinnerungen, die nun beziehungslos geworden sind, vergessen (oder anders abgewehrt), andere – inzwischen vergessene – dagegen finden in dem neuen Sinnrahmen einen Ort und werden »wiedererinnert«. Diese Änderungsprozesse selbst werden im Regelfall nicht erinnert.
3. Das Gedächtnis ist nicht nur sozial, insofern es Erinnerungen an vergangene und gegenwärtig anhaltende Interaktionen speichert, sondern auch, insofern es die Bedingung der Möglichkeit zur Bildung stabiler Sozialgebilde darstellt. Die im Erinnern gemeinsamen oder gemeinsam gemachten Inhalte des Gedächtnisses enthalten eine Menge von Bedeutungen und Regeln, aber auch Wertungen, Orientierungen, Interessen, die für eine gelingende Interaktion innerhalb eines nicht flüchtigen Sprachspiels nötig sind. Das soziale Gedächtnis ist also bei aller Dynamik, die sich im Gegenwärtigmachen einstellt, wie jedes Gedächtnis auf die Erzeugung von Kontinuität und Dauer angelegt.
4. Dem »bewohnten Gedächtnis« steht die nicht bewohnte Geschichte gegenüber, die, wenn sie keinen Bezug zur Identität des gerade spielenden Sprachspiels hat, unbewohnt (nicht erinnerbar) ist. Insofern Menschen in einer Mehrzahl von Sprachspielen zu Hause sind, gibt es eine Mehrzahl von »bewohnten Gedächtnissen«. Diese bewohnten Gedächtnisse sind vor allem verantwortlich für die Kontinuität von Überlieferungen (als den sozialen Gedächtnissen

innerhalb von Megasprachspielen). Auch für das individuelle Gedächtnis ist die Unterscheidung zwischen bewohnten und unbewohnten Arealen nützlich.

Statt von bewohnten und unbewohnten Arealen des Gedächtnisses zu unterscheiden, differenziert man heute meist zwischen Speicher- und Funktionsgedächtnis.
Das *»Speichergedächtnis«* beinhaltet alle Erfahrungen, die einmal in die Konstrukte eingelagert worden sind. Seine Inhalte sind *»teilweise verschüttet, unproduktiv, teilweise unterschwellig vorhanden, aber außerhalb der Belichtung durch Aufmerksamkeit, teilweise zu sperrig für ein ordentliches Zurückholen, teilweise schmerzhaft oder skandalös und deshalb tief vergraben . . . Auf kollektiver Ebene enthält das Speichergedächtnis das unbrauchbar, das veraltet und fremd Gewordene, das neutrale, identitätsabstrakte Sachwissen, aber auch das Repertoire verpaßter Möglichkeiten, alternativer Optionen und ungenutzter Chancen* (A. und J. Assmann).«
Das *»Funktionsgedächtnis«* bezieht sich auf den durch den aktuell vorgegebenen Sinnrahmen definierten Bereich des aktuell Erinnerbaren. *»Das Funktionsgedächtnis ruft die Vergangenheit zur Bekräftigung der Gegenwart auf . . . Die Vergangenheit, die das Ergebnis einer die Gegenwart fundierenden Rekonstruktion ist, verändert sich im Einklang mit Wandlungen dieser Gegenwart«* (A. u. J. Assmann)
Die Thesen des *Maurice Halbwachs* bildeten eine der zentralen Grundlagen für die Entwicklung konstruktivistischer Modelle über das Verstehen von Vergangenheit. In der Folge wurden unter anderen folgende für ein humanes Miteinander wichtige Thesen vertreten und empirisch weitgehend bestätigt, als deren wesentliche Autoren vor allem *Jan Assmann* und *Tonio Hölscher* (1988), *Thomas Butler* (1989), *Gérard Namer* (1987), *Lutz Niethammer* (^{2}1985), *Edward Shils* (1981), *Pierre Nora* (1984 und 1986), zu nehmen sind:

1. Die individuelle Vergangenheit ist das Ergebnis einer die Gegenwart sowohl schaffenden als von ihr geschaffenen Konstruktbildung und der Gegenwart sowohl schaffenden als auch von ihr geschaffenen Sozialgebilde. Sie verändert sich durch und in der Labilisierung der Konstrukte. Gegenwart (als gegenwärtige) und

Vergangenheit (als gegenwärtige) bilden also eine dialektische Einheit.

2. Subjekte (Individuen wie Sozialgebilde) gründen in ihrem Funktionsgedächtnis, indem sie bewußt oder unbewußt über Vergangenheit verfügen und so Erinnerungen selektieren. Subjekte sind also nicht mit sich selbst über einen längeren Zeitraum identisch (= genidentisch), wennschon ihnen ihr Gedächtnis solches nahelegt, sondern wesentlich (insofern Subjekte) einem permanenten Wandel unterworfen.
3. Ein Verstehen und Erklären der eigenen Geschichte ist also Subjekten nur präsentisch möglich. Es können nur die vom Subjekt zur Erinnerung zugelassenen Erinnerungen verstehende Gegenwart und verstandene oder verstehbare Vergangenheit konstituieren.
4. Das Speichergedächtnis der Subjekte mit seinen unbewohnten Regionen ist wesentlich mitverantwortlich für die relative Trägheit der Subjekte auch gegenüber manipulatorischen Einflüssen. Die Meinung, Menschen seien leicht »von außen« (also aus Regionen, mit denen sie kein Sprachspiel verbindet) in vorhersehbarer Weise manipulierbar, hat wieder einen Realismus der Containermetapher zur Voraussetzung und ist daher falsch. Dagegen sind Menschen außerordentlich leicht über soziodynamische Prozesse »von innen« (durch die in den Sozialgebilden, denen sie engagiert angehören, ausgebildeten Orientierungen, Werteinstellungen und Vorurteile) zu beeinflussen.
5. Die Fähigkeit, vor allem von sozialen Großgebilden (wie Staaten, Kirchen, Großunternehmen, Parteien), die über schriftliche Tradition verfügen, gegebenenfalls Inhalte aus dem (schriftlich fixierten) Speichergedächtnis ins Funktionsgedächtnis wandern zu lassen, ist für die Art und Geschwindigkeit sozialen Wandels mitunter recht erheblich. Die Durchlässigkeit der Grenzen beider Gedächtnisse scheint wesentliche Voraussetzung jedes sozialen Wandels zu sein. Der Umgang mit »Geschichte« als Folge der politischen Veränderungen in Deutschland 1918, 1933, 1945, 1989 kann das leicht belegen.
6. Das soziale Gedächtnis als »kommunikatives Gedächtnis« repräsentiert sich in Geschichten. Es ist ohne Hilfe schriftlicher Auf-

zeichnungen recht kurzlebig. Es speichert bestenfalls Erinnerungen der letzten drei bis vier Generationen. Die Geschichten sind meist recht informell, wenig strukturiert und unspezifisch. Sie spielen, im Gegensatz zu denen des »kulturellen Gedächtnisses«, meist für die Legitimation institutionalisierter Sozialgebilde eine untergeordnete Rolle.

7. Das soziale Gedächtnis ist als »kulturelles Gedächtnis« sehr viel langlebiger. Es kultiviert in Gestalt von Geschichten, die möglichst unverändert weitergegeben werden, die (scheinbare) Identität von Sozialgebilden. Es behandelt in Form von Erzählungen die Vergangenheit mythischer Erklärungen, vor allem über die Entstehungsgeschichte (etwa eines Volkes). Für die relative Zeitinvarianz sorgen vor allem ein hoher Grad an Strukturierung und Formelhaftigkeit, dann aber auch die Weisen der präsentischen Gegenwärtigsetzung durch Medien in Riten, Festen, Tänzen. So sind die Mythen von der Ursünde oder Schöpfungsmythen, aber auch die Mythen, die von der Entstehung eines Volkes, einer Kirche, eines Staates, eines Großunternehmens handeln, sehr langlebig. Ihre Verwaltung unterliegt nicht selten strenger Aufsicht. Sie stellt in schriftlosen Gesellschaften oft eine erhebliche Machtquelle dar. Das Machtwissen von Häuptlingen und Schamanen hat nicht selten hier seinen Grund. *»In schriftlosen Gesellschaften stellt die im Wissen der Ältesten niedergeschlagene Erfahrung eine wichtige Machtquelle dar. Es geht dabei nicht um das praktische Wissen von den notwendigen Überlebensstrategien (Nahrungsquellen, Wanderwege, Jagdgründe etc.) – worüber auch Frauen verfügen können –, sondern vor allem um das identitätssichernde Wissen über Sitten und Gebräuche, Mythen, Heiratsregeln etc., das fest in männlichem Besitz ist«* (Mario Erdheim, ^{2}1983).
8. Gehen Inhalte des kulturellen (wie des kommunikativen) Gedächtnisses unter, entfallen dem Sozialgebilde die identitätsstiftenden Erinnerungen.
9. In schriftlosen Gesellschaften fallen im kulturellen Gedächtnis soziales Speicher- und Funktionsgedächtnis zusammen: Es wird nur das erinnert (und überliefert), was nützlich und/oder brauchbar zu sein scheint. Das, was erinnert wird, wird auch benötigt. Unbenötigtes verschwindet endgültig, weil es über kein Speicher-

medium verfügt. In schriftlosen Kulturen wirkt das kulturelle Gedächtnis als Anker in der Vergangenheit. Es handelt sich dabei um eine »absolute Vergangenheit«, von der jede Gegenwart gleich weit entfernt ist. Sozialgebilde dieser Art streben danach, mit Hilfe von festen Normen, die sie entwickeln, *»auf gleichsam automatische Weise die Wirkungen auszulöschen, die historische Faktoren auf ihr Gleichgewicht oder ihre Kontinuität haben könnten. Diese [Sozialgebilde scheinen] eine besondere Weisheit erworben oder bewahrt zu haben, die sie veranlaßt, jeder Veränderung ihrer Struktur, die ein Eindringen der Geschichte ermöglicht, verzweifelt Widerstand zu leisten«* (Claude Lévi-Strauss, 1962). Mündliche Kulturen verfügen wegen ihrer Fähigkeit, einmal unnütz Gewordenes endgültig zu vergessen, über ein erhebliches Anpassungsvermögen an veränderte politische, soziale, kulturelle, ökonomische und ökologische Veränderungen. Sie schlagen sich nieder in Veränderungen des sozialen Erinnerns. Neben diese Anpassungsveränderungen treten in vielen Kulturen auch autopoietische Veränderungen. Diese besorgen eine Evolution des kulturellen Gedächtnisses und damit der Kultur.

10. Das soziale Funktionsgedächtnis hat wenigstens drei Funktionen:
    - Es dient der Legitimation von Macht. Das Bündnis von Herrschaft und Erinnerung gründet in der Unfähigkeit von Herrschaft, sich aus der Gegenwart zu legitimieren. Macht braucht legitimierende Geschichte, diese findet sie in der »genealogischen Erinnerung«. Diese Memorialpolitik schuf sich zum Teil gigantische Monumente (von den Pyramiden über Münzen bis zu den Festschriften von Unternehmen). Im Regelfall ist das »offizielle Gedächtnis« angewiesen auf eine mehr oder minder versteckte Zensur und künstliche Belebung in Festveranstaltungen, Festschriften, Festreden. *»Jedes politische Regime konstruiert seine eigene . . . Vergangenheit, die als offizielles Gedächtnis des Staates in verschiedenen Medien propagiert wird. Während man das offizielle Gedächtnis im staatlichen Diskurs fassen kann, ist das nationale Gedächtnis wesentlich ungreifbarer . . . Das Ziel eines Regimes ist es, das offizielle und das nationale Gedächtnis zur Deckung zu bringen, um die mögliche Bedrohung zu reduzieren, die von letztem ausgeht«* (Amos

Ben-Avner, 1989). Übrigens geschieht die wirkungsvollste Zensur nicht etwa durch Verbote oder andere Formen der Verbreitung von informationserzeugenden Signalen. Sie ist vielmehr bestimmt durch Mechanismen einer marktwirtschaftlichen Ordnung. Ein Massenmedium (Presse, Funk) ist darauf angewiesen, die Vorurteilsstrukturen der jeweils angesprochenen Zielgruppe eher zu verstärken denn zu labilisieren. Eine Verstärkung führt zu einer geldwertigen Identifikation der Subjekte der Zielgruppe mit dem Medium. Eine Labilisierung führt zu einer entsprechenden Externalisierung, die sich in Abonnementskündigungen und sinkenden Einschaltquoten objektiviert. So ist denn durchaus verständlich, daß die erheblichsten Deformationen in der Beurteilung der politischen und ökonomischen Situation bei den Lesern von Prestigezeitungen zu finden sind.

- Das soziale Funktionsgedächtnis dient ferner zur Delegitimation »überwundener Sozialgebilde«. Diese Delegitimation delegitimiert die Legitimation von Vergangenem. Plötzlich werden die Untaten ehemaliger Herrscher (etwa die der Inquisition, Hitlers, Stalins) und ehemaliger Freunde (etwa Saddam Husseins) erinnert – mit dem Ziel, ihre Legitimationen zu delegitimieren. Wer es wagt, solche delegitimierte Herrschaft zu verteidigen, wird bestraft – oft genug durch Exkommunikation. Konsequent führt dieser Prozeß zur Delegitimation aller menschlichen Herrschaft. Diese konsequente Delegitimation wird manifest in utopischen oder eschatologischen Formen des sozialen Bewußtseins. Die Geschichte steuert auf ein Ziel hin, das jenseits aller Verwerfungen steht. Die verschiedenen Formen der Apokalyptik wurden und werden zumeist von Subjekten entwickelt, die der Gegenwart Widerstand leisten. Auch Revolutionäre versuchen sich an der Delegitimation des Gegenwärtigen. Charakteristisch für diese Form realitätsabgelösten delegitimierenden Erinnerns ist die Tatsache, daß man alle Revolutionen der Vergangenheit loben darf, niemals aber eine zukünftige.
- Schließlich dient das soziale Funktionsgedächtnis dazu, »erfundene Traditionen« zu verfestigen. So ist das nationale Gedächt-

nis eine Erfindung der Memorialpolitik des sich nationalstaatlich organisierenden 19. Jahrhunderts, die durch Erinnerungsfeiern stabilisiert wurde. Im christlichen Bereich wurde etwa die »Heiligung des Sonntags« als gottgewollt (obschon erst durch Kaiser Konstantin eingeführt) oder die Feier der Geburt Jesu in der Nähe der Wintersonnenwende als erfundene Tradition durch Recht und Feier stabilisiert.

11. Das kommunikative Gedächtnis bleibt auch in Gesellschaften, die über die Fähigkeit verfügen, Gedächtnisinhalte in Schriftform zu konservieren, als »oral history« erheblich, obschon in seinem Erfassungsraum auf etwa 80 Jahre beschränkt (Lutz Niethammer, 1980). Das kulturelle Gedächtnis erfährt jedoch mit dem Übergang zur Schriftlichkeit strukturelle Veränderungen. Kultureller Sinn kann auch außerhalb des menschlichen Gehirns gespeichert werden. Inhalte des sozialen Gedächtnisses werden jetzt, als Botschaften speicherbar, unabhängig von der akzeptierten und für die Formierung von Konstrukten erheblichen Weitergabe durch die mündliche Tradition und der Codierung und Aktualisierung in den Szenarien der jeweiligen Gegenwart. Das kulturelle Gedächtnis verliert durch die Ansammlung einer prinzipiell offenen Menge von Daten seine Konturen. Es wuchert aus und verliert dadurch seine »Gestaltqualität«. Seine Erinnerungen können nicht mehr einem Subjekt zugeordnet werden. Zugleich wird die Grenzziehung zwischen Funktions- und Speichergedächtnis aufgeweicht. Die im Speichergedächtnis eingelagerten und konservierten Botschaften unterliegen – im Gegenwärtigmachen – erheblicher interpretativer Willkür. Die Schriftlichkeit sichert also keineswegs die »historische Identität« eines Sozialgebildes, sondern stellt sie in die Beliebigkeit.
12. Das hat erhebliche Folgen für die Aktualisierungsformen des kulturellen Gedächtnisses in Subjekten (Individuen und untergeordneten Sozialgebilden). Es ist nicht mehr bei allen Subjekten einer soziokulturellen Einheit eines, sondern zerfällt in zahllose Provinzen, die jeweils andere Teile des kulturellen Gedächtnisses ins Funktionsgedächtnis einstellen. Daran ändert auch nichts das Reden von einem »Weltgedächtnis« oder einem »Menschheitsgedächtnis«, insofern es – in der Art eines numerischen Speicherge-

dächtnisses abstrakt konzipierbar – de facto in der Gesamtheit seiner Erinnerungen keinem Subjekt zur Verfügung stehen kann. Das aber bedeutet:

- Die Interaktionsfähigkeit kann auf zunehmend weniger Gemeinsamkeiten zurückgreifen.
- Institutionalisierte Sozialgebilde werden immer weiter zerfallen und immer ohnmächtiger und unerheblicher werden, da die in ihnen spielenden Subjekte ein eigenes kulturelles Gedächtnis ausprägen und somit auch ein eigenes Szenario aufbauen, in denen sich das individuelle und soziale Gedächtnis erinnernd zu Bewußtsein bringt. Das kulturelle Gedächtnis dehnt einerseits die Menge der in ihm gespeicherten Erinnerungen ins Unendliche aus. Auf der anderen Seite schrumpft es, was seine Übersetzung in Inhalte des Funktionsgedächtnisses betrifft. Diese Schrumpfung führt zwingend zum Zerfall großer institutionalisierter Sozialgebilde. Er ist heute im vollen Gang und wird sich mit der Zunahme der Inhalte des kulturellen Gedächtnisses voraussichtlich beschleunigen. Der Zerfall der Vielvölkerstaaten (Sowjetunion, Jugoslawien, Südafrikanische Republik) ist ein politisches Zeichen dieses Sachverhaltes. Doch auch die multikulturellen Kirchen sind mitten im Zerfall in Provinzen begriffen, zwischen denen allenfalls die Gemeinsamkeit der Erinnerungen des kulturellen Gedächtnisses eine sinnvolle Kommunikation möglich macht. Am ehesten scheinen ökonomische Einheiten aus diesem Sachverhalt Konsequenzen zu ziehen: Großunternehmen gliedern sich in strategische Betriebseinheiten auf, in denen ein zureichend großer Durchschnitt der Erinnerungen des kulturellen Gedächtnisses sinnvolle Interaktionsmöglichkeiten bereitstellt.
- Das Tempo der Veränderung macht es zunehmend unwahrscheinlicher, Botschaften vergangener Lebenswelten auch nur einigermaßen zutreffend zu entschlüsseln. Die Rekonstruktion sozialen Seins und sozialen Bewußtseins vergangener Lebenswelten wird dadurch nahezu unmöglich. Unsere Fähigkeit, unseren sich zunehmend verengenden Sinnrahmen wieder zu weiten, nimmt rapide ab. Zunehmende Intoleranz und Vorurteilsbildung sind die zwingende Folge. Mit dem Zerfall der

Einheit der Inhalte des kulturellen Gedächtnisses (= Tradition) werden Geschichten in jeder provinzialisierten soziokulturellen Einheit anders erzählt werden.

d) Über präsentische Geschichten

Was für Geschichten machen nun unsere gegenwärtig gemachte Geschichte aus?

1. Zunächst sind es die Geschichten des eigenen Geschicks. Wir verstehen uns (unser Selbstkonstrukt) immer nur von unserem präsentisch gemachten Vergangenen wie Zukünftigen her. Die Gegenwart ist zwar mehr als die Berührung von Vergangenheit und Zukunft. Sie ist auch das Jetzt – und daher mit Vergangenheit und Zukunft nur verwandt. Der Nu dauert nicht, *er ist.* Und dennoch leben wir nicht nur in Abfolge einer inkonsistenten Menge von Nu. Der Nu hat seine Bedeutung auch darin, daß er eingerahmt wird von Dauer. Unser Selbstkonstrukt existiert zwar in seinem »so« nur im Nu – aber es ändert sich im Nu. Da der Nu nie mehr zurückkehrt, sind wir niemals über den Nu hinaus mit uns selbst identisch. Und schon das Nachdenken zerstört den Nu, der nur im Erleben bei sich sein kann.
2. Aber auch in einem anderen Sinne sind wir unsere eigenen Geschichten. Unsere Erfahrungen (die wir in gelingender oder mißlingender Interaktion in der Vergangenheit machten) und die Verbindung oder Abspaltung solcher Erfahrungen aus der Bestimmung des Selbst, die Besetzung unserer Erfahrungen mit Emotionen ebenso wie die Ablösung von Emotionen bestimmen weitgehend den, der wir sind. Und die Erwartung von Interaktionen, auf die wir uns in Hoffnung oder Furcht vorbereiten, bestimmen uns in unserem Jetzt. Sie bestimmen, was wir wie verstehen und erkennen, unsere Interessen und Erwartungen, unsere Hoffnungen und Ängste, unsere Enttäuschungen und unsere Erfüllungen.
3. Es sind aber auch die Geschichten der Philosophen und Religionen, der Wissenschaften und der Mythen, die sich in uns ins Gegenwärtige setzen. Sie kommen in irgendeiner Form der Zeitigkeit (sei es der Vor- oder Nachzeitigkeit) oder in einem unentmischbaren Gemenge beider in uns und durch uns zu sich. In

diesem Zu-sich-Kommen wandeln sie sich und werden andere – und informieren als andere unsere eigene Zukunft und die der Menschen, denen wir näher begegnen.

4. Es sind aber auch die Geschichten der sozialen Gebilde, die wir internalisierten und deren Selbstverständlichkeiten wir uns mehr oder minder kritisch zu eigen machten:
   - Hierher gehören die Geschichten unserer Herkunftsfamilie. Es können das Geschichten sein, die uns unsere Ahnen erzählen. Es können das aber auch die Geschichten sein, die wir selbst erzählen, wenn wir von unseren Familien sprechen. In uns fließen wenigstens zwei Geschichten zusammen: einmal die der beiden Familien, aus deren Begegnung wir hervorgegangen sind, dann aber auch die Geschichten, in denen sich unsere Herkunftsfamilie erzählte. Familiengeschichten sind oft eine ergiebige Quelle der Erforschung eigener Geschichtlichkeit. Das Selbstkonstrukt eines Menschen entsteht auch im Anspruch von Familiengeschichten. Sind sie Erzählungen von Enttäuschungen oder Hoffnungen, von Aufbegehren oder Resignation, von Erfolg oder Mißerfolg?
   - Hierher gehören die Geschichten unseres Volkes, seien es die Geschichten, die die Geschichtsbücher erzählen, seien es die Geschichten, die entstanden, weil sie von uns oder anderen erzählt wurden. Das Volk der Juden begegnete im Bedenken der Volksgeschichten seinem Gott Jahwe. Das Volk der Massai kennt gar keinen anderen Kult als das Erzählen der Volksgeschichte.
   - Doch auch die Geschichten des ökonomischen Systems, in dem wir leben, sind – wenn auch oft weniger bekannt, weil seltener erzählt – für unsere eigenen Geschichten von Bedeutung. Das Verhältnis zu ökonomischem Erfolg oder Mißerfolg, die Weise, Menschen zu funktionalisieren, sie entpersonalisierend als Produzenten oder Konsumenten von ökonomischen Gütern zu sehen, das Umgehen mit Politik, Kultur, Umwelt bestimmen, sei es im Protest oder in der Introjektion, unser Selbstkonstrukt.
   - Besonders aber sind es die Geschichten des kulturellen Sozialgebildes, die unser Selbstkonstrukt prägen. Hier sind etwa zu nennen die religiösen Geschichten (zeugen sie nun von theisti-

scher oder atheistischer Religiosität), aber auch die Geschichten von Erfindungen, von Literatur und Zeitungen, von Radio und Fernsehen, die uns alltäglich mit Signalen überschwemmen. Sie machen uns mehr, als wir meist wahrhaben wollen, zu dem, der wir sind. Daß ein Mensch, der in einer muslimisch- oder buddhistisch- oder christlich-orientierten Familie aufwächst, zeitlebens anders und anderes denkt, erkennt, erklärt und fühlt, dürfte wohl einsichtig sein. Ebenso wird ein regelmäßiger Leser der FAZ anders und anderes denken, erkennen und interpretieren als ein regelmäßiger Leser der TAZ. Jemand der regelmäßig stundenlang fernsieht, wird wiederum anders und anderes denken, interpretieren und werten als jemand, der statt dessen bei Büchern zu Hause ist.

Sicherlich gibt es Menschen, die ohne alle Geschichten versuchen, im Nu, im reinen Jetzt, zu leben. Aber auch ihr Jetzt hat eine Inkubation, die mit mehr oder minder guten Geschichten beschrieben wird.
Ich vermute, daß jeder Mensch seine Geschichten hat, an die er gelegentlich denkt, die er vielleicht gar erzählt. Nur in Geschichten geben wir etwas von uns her, teilen etwas von uns mit, so daß andere es mit uns teilen.

2. Zur Geschichte menschlicher Geschichtlichkeit

Ein frühes Zeugnis, Menschsein als sich in präsentischen Geschichten geschichtlich zu begreifen, stellen die frühen Mythen über Schöpfung, Sünde, Schuld und Strafe vor. Sie erzählen gegenwärtige Situationen als tief in der Vergangenheit des Ursprungs gründend, wohl wissend, daß solche Geschichten etwas berichten, das niemals war, doch immer sein wird. Diese mythische Form der Geschichtlichkeit war vermutlich zugleich ihr Höhepunkt, denn auch unsere Geschichten erzählen etwas, das so niemals war, aber jetzt so ist.
Geschichte im Horizont von Geschichtsschreibung taucht im europäischen Denken wohl erstmals in der Mitte des fünften vorchristlichen Jahrhunderts bei *Herodot* auf, der Geschichte als Forschen und Fragen nach vergangenen Ereignissen verstand. Auch die Römer, sieht

man einmal von den »Annalen« ab, forschten in diesem Sinne, wenn auch ihre Geschichten eher der Legitimation ihres Volkes und seiner Ansprüche dienten.

Obschon die heiligen Schriften der drei großen Offenbarungsreligionen den Begriff »Geschichte« nicht kennen, sondern nur den der Geschichten, entwickelten doch die frühen christlichen Kirchen einen Begriff von Geschichte, der zwischen dem Weggang und der Wiederkunft Jesu liegen mochte (»Heilsgeschichte«). Die große Bedeutung dieses Wechsels, dessen Spuren sich noch im Idealismus, ja bei *P. Teilhard de Chardin* nachweisen lassen, besteht darin, daß sich Menschen in die Geschichte des Zusammen von Gott und Welt eingebettet wußten. *Th. W. Adorno* hält diese Sicht von Geschichte im Angesicht von Auschwitz für zynisch.

Doch schon bald erfolgen objektivistische Rückschläge. Zur Mitte des dritten Jahrhunderts lehrte *Origenes* Geschichte als die Fähigkeit, buchstabengerecht die Schriften als zusammenhängende Erzählung von etwas zu verstehen, das wirklich geschehen ist. Geschichte ist Bericht von etwas, das zu unserem Heil wirklich geschah. Sie wird knapp hundert Jahre später mit *Eusebios* zur Kirchengeschichte.

Immerhin orientierte der Humanismus um die Mitte des 15. Jahrhunderts Geschichte wieder praktisch. Sie wird in enger Nähe zur Rhetorik und Poesie eine Quelle moralischer Belehrung. Dieser Bezug findet sich noch in der Aufklärung des 18. Jahrhunderts. Erst *G.W.F. Hegel* nimmt dann wieder die Person in die Geschichte mit hinein: *»Der Verlauf der Geschichte ist es, welcher uns nicht das Werden fremder Dinge, sondern dies unser Werden . . . darstellt.«* Und *K. Marx* folgt ihm darin. Auch ihm ist Geschichte das, was die Gegenwart auch des einzelnen erklärt. Zwar nimmt er sie aus den Zufälligkeiten der Geschichten heraus, indem er sie zur Systemgeschichte umschreibt, die ähnlichen Gesetzen gehorche wie die in der übrigen Natur geltenden, aber sein Interesse gilt dem konkreten Menschen (anders als die übliche Geschichte, die den einzelnen nur abstrakt, als handelnde Unperson, als Funktion in einem ungeordneten Prozeß, versteht). Die Geschichte sozialer Gebilde (vor allem der sozioökonomischen) wird nach Marx dem einzelnen helfen, sich und seine Situation zu verstehen, und wird ihm sagen, wie und wohin es weitergehen soll.

Fr. Nietzsche will Leben und Gegenwart nicht länger an Traditionen

orientiert wissen, wie sie die Geschichten erzählen. Was wesentlicher Inhalt der Geschichten ist, bestimmt sich aus dem gegenwärtigen, wirklichen Leben. Konsequent hält er die Vorstellung einer »objektiven Geschichte« für lächerlich. Sie sei bestenfalls Ausdruck eines »ironischen Selbstbewußtseins«. Die »objektiven Fakten« sind uneindeutig und kaum zu fassen.
Daß *M. Heidegger* sich nicht für objektive Geschichte interessiert, sondern für die Geschichtlichkeit der Person, wurde schon angedeutet. Sie begründe die faktische Möglichkeit eines Menschen, zu existieren. Das Sichern von Fakten und Tatsachen erschwere nur den Weg in die Geschichtlichkeit. Geschichte sei Geschick eines jeden Menschen, »Seinsgeschick«. Sie eröffne sich ihm im Nu. Nicht ganz unähnlich meint auch *K. Jaspers*, Geschichte sei *»der Raum der eigenen Wirkungsmöglichkeiten«,* sie sei das, was Interaktion bedeute und den einzelnen aus der Isolation herausnehme. Die so bestimmte Erfahrung der Geschichtlichkeit des Daseins sei die Bedingung der Möglichkeit von Geschichte überhaupt. Hier setzt denn auch die Hermeneutik ein, die Geschichte für nur als in die Gegenwart versetztes Vergangenes erkennbar und verständlich macht. *H.-G. Gadamer* merkt an: *»Geschichte ist, was wir je waren und sind. Sie ist das Verbindliche unseres Schicksals . . . Der Grundcharakter des Geschichtlichseienden ist offenbar, bedeutend zu sein, aber dies in dem aktiven Sinn des Wortes; und das Sein zur Geschichte, sich etwas bedeuten zu lassen.«*
Die Existenzphilosophie, die sich mit Heidegger ankündigt und sich bei Jaspers ausspricht, kommt unmißverständlich bei *J.-P. Sartre* zu Wort: *»Der Ort unserer kritischen Erfahrung ist nichts anderes als die grundlegende Identität eines einzelnen Lebens mit der menschlichen Geschichte (oder der Wechselseitigkeit der Perspektiven).«*
Offenbar bringt der Paradigmenwechsel vom Individualismus zum Interaktionismus ein völlig geändertes Verhältnis zur Geschichte und der menschlichen Geschichtlichkeit mit sich. Geschichte (als das, was unsere Schulen auch heute noch oft genug darunter verstehen) wird als Ausdruck einer Vernunft entlarvt, die das andere in ihrem Innen nicht erkennt und deshalb der irrigen Meinung ist, es gäbe so etwas wie objektive Geschichte. Dieser Täuschung kann man nur entgehen, wenn man Geschichte wieder auflöst in Geschichten, die den einzel-

nen in seinem interaktionellen Zusammen mit anderen betreffen. Die Täuschung des Individualismus über die Möglichkeit »objektiver Informationen und Botschaften« wurde inzwischen entlarvt. Geschichtlichkeit, das personale In-Zeit-Sein, hat die Geschichte mit ihrer Pseudoobjektivität überwunden.

3. Das Werden des In-Zeit-Seins

Menschenkinder haben schon bald ihre eigene Zeit. Die Dauer, die das Wahrnehmen eines Bedürfnisses von dessen Befriedigung (oder dessen Verschwinden) trennt, wird sehr lebhaft schon in den ersten Lebensmonaten erfahren. Das auf rasche Befriedigung seiner Wünsche ausgelegte Es erfährt das Dauern als etwas Negatives. Erst das sich langsam ausbildende Ich baut Zeit als strategisches Element in die personalen Aktivitäten ein. Das Ich ist jene strategische Instanz, die es dem zu sich kommenden kleinen Menschen erlaubt, bestimmte an die Strukturen seiner sozialen Umwelt (vor allem zunächst der Familie) angepaßte Strategien zu entwickeln, um, wenn auch zeitverzögert, effektiver zum Ziel der Bedürfnisbefriedigung, der Wunscherfüllung zu kommen.

Ist dieser Schritt erst einmal getan, sind die Grundlagen gelegt, daß sich Menschen als stets in Zeit Ändernde verstehen. Der Wandel im Laufe der Zeit wird zu einem wichtigen Aspekt der Selbstdefinition. Die Einsicht, daß mein Leben einmal angefangen hat, das Verhältnis zum eigenen Entstandensein in Zeugung und Geburt, wird in unserem Kulturkreis Kindern meist schon sehr früh vermittelt. Das ist nicht selbstverständlich. Ganze Kulturen und Ideologien versuchten, die Zeitlichkeit personalen Lebens in Reinkarnationslehren zu relativieren – und so das Werden nicht als personales Existential zu verstehen, sondern als das einer transpersonalen Einheit.

Vor allem die indische Anthropologie vertrat und vertritt die Lehre vom *Samsara* (Umherwandeln, Geburtenkreislauf), wie sie schon um 700 v. Chr. in den Upanischaden gelehrt wurde, verbunden mit dem Gedanken, daß jede neue Existenz durch das Verhalten im vorigen Leben bestimmt würde. Hinduismus und in dessen Gefolge Dschainismus und Buddhismus übernahmen im fünften vorchristlichen Jahrhundert die Lehre vom Samsara.

Im europäischen Kulturkreis wurde und wird die Lehre von der *Wiedergeburt* im Altertum vertreten von der Orphik, von Platon, von den Pythagoreern und von Mani, der zwar in Babylon aufwuchs, dessen von ihm gestifteten, inzwischen untergegangenen Weltreligion, die sich im 3. und 4. Jahrhundert von Babylon bis nach China und Spanien ausbreitete. In der Gegenwart lehren Anthroposophie und Theosophie die Wiedergeburt.

Der Begriff »Theosophie« bezeichnet seit der Antike eine universale Weltanschauung, die Religion, Philosophie, Kunst und Wissenschaft mit einbezieht. Diese Weltanschauung kann auf eine ununterbrochene Tradition verweisen, die spätestens mit der antiken Gnosis beginnt und über den Manichäismus, den Neuplatonismus, die deutsche Mystik, die Kabbala bis in die Gegenwart führt. Ihr ist das Selbst des Menschen unsterblich, das Leben eine Folge von Zyklen, in denen Geburt und Tod periodisch wiederkehren. Damit erhält ein Mensch die Chance, im Verlauf von Jahrhunderten, ja Jahrtausenden seine Persönlichkeit zu gestalten. Die Unsterblichkeit des Selbst beruht letztlich auf der Identität aller Seelen mit dem höchsten Göttlichen.

Die »Anthroposophie« von *R. Steiner,* in den ersten beiden Jahrzehnten unseres Jahrhunderts begründet, nimmt in einiger Entsprechung zu theosophischen Vorstellungen an, daß unsere Welt in stufenweiser Entwicklung begriffen sei und jeder Mensch, der diese Entwicklung einfühlend – erkennend – nachvollziehe, in sich die Fähigkeit entwikkeln könne, übersinnliche Erkenntnisse zu erlangen und so frei zu werden. In der Zeugung übernimmt ein Mensch die Seele eines anderen und führt dessen Leben in seinem weiter. In jedem Menschen verdichtet sich (zumeist dem Betreffenden unbewußt) so eine Fülle von Erfahrungen, Erlebnissen, Kenntnissen. Diese Lehre bestimmt weitgehend auch die Erziehung der Kinder in anthroposophischen Kindergärten und Schulen (etwa Waldorf-Schulen).

Daß solche Reinkarnationslehren ein sehr anderes Verhältnis zur Zeitlichkeit und zum In-Zeit-Sein eines Menschen haben als jene, die von der absoluten Einmaligkeit personalen Lebens ausgehen, ist offenbar. Doch auch hier gibt es Unterschiede: Ist ein Mensch der Überzeugung, er lebe nach seinem Tode in irgendeiner verwandelten, nicht-reinkarnatorischen Existenzform weiter, wird er ein anderes

Verhältnis zu seiner eigenen Zeitlichkeit haben als ein Mensch, der nicht an eine solche Form des »Weiterlebens« glaubt.
Für unsere Überlegungen ist es wichtig, einzusehen, daß das Verhältnis zum eigenen Sterben auch das Verhältnis zur eigenen Zeitlichkeit mitbestimmt. Das Verhältnis eines Menschen zum eigenen Sterben hat seine in Geschichten objektivierte Geschichte, die meist mit Erfahrungen der Kindheit beginnt. Das Verhältnis zur eigenen Sterblichkeit entwickelt sich (meist alles andere als gradlinig oder gar zielgerichtet) bis hin zum physischen Sterben. Nicht zufällig handelt *M. Heidegger* in »Sein und Zeit« das Verhältnis von Dasein und Zeitlichkeit zunächst unter der Überschrift »Das mögliche Ganzsein des Daseins und das Sein zum Tode« ab.
Wir wollen festhalten, daß das Verhältnis zum In-Zeit-Sein und damit zum eigenen Werden weitgehend bestimmt ist vom *erlernten Verhältnis zum eigenen Sterben*. Daß dieses Verhältnis uns nicht angeboren ist, zeigt nicht nur die sehr unterschiedliche Deutung des Sterbens, sondern auch die Tatsache, daß unser Selbstbewußtsein, d. h. das Bewußtsein, das unser Selbst von sich hat, nichts vom eigenen Ende weiß. Wie unser Selbstkonstrukt kennt es kein Wissen vom eigenen Anfang und Ende, sondern nur ein Wissen um das eigene Gewordensein, ist es sich doch nur im Nu präsent. Das Wissen um das eigene Sterben muß gelernt werden. Und das kann es auf sehr verschiedene Weise. Sie ist, wie noch zu zeigen sein wird, eng verbunden mit dem Umgang mit der eigenen Grenzhaftigkeit. Dieses Unwissen des Selbst über sein eigenes Ende dürfte, psychologisch gesehen, der Grund für die Lehren vom Leben nach dem Tod sein, seien sie nun reinkarnatorisch oder nicht. Religionen und Weltanschauungen, die einen Menschen so mit seinem Lebensende (nicht selten durchaus erfolgreich) zu versöhnen suchen, hätten kaum eine Chance, wenn das Selbst über sein eigenes Ende ähnlich und wie selbstverständlich wüßte wie über seine eigene Existenz.

4. Das In-Zeit-Sein

Das In-Zeit-Sein verdeutlicht sich im Verhältnis zum eigenen Werden. Die scheinbare Endlosigkeit der Zeit des Kindes und die scheinbare Endlichkeit der Zeit in der Erfahrung der Mitt- und Endlebenskrise machen das sehr deutlich. Je mehr sich ein Mensch als Werdender versteht, um so mehr wird er mit seiner Zeitlichkeit (und seiner Zeit) anzufangen wissen.

Ein recht eigentümliches Phänomen unserer Zeit hat *Michael Ende* in seinem Märchen »Momo« vorgestellt. Menschen, die stets »Zeit sparen« wollen, verlieren sich selbst, verlieren ihr Leben. Und erst ein von einer weisen, alten Schildkröte beratenes Kind, eben Momo, kann sie von diesem Wahn befreien: Mit der scheinbar ersparten Zeit kann man entweder nichts anfangen, oder aber man versucht, in ihr noch mehr Zeit zu sparen. Und diese Ersparnis bringt erstaunliche Negativzinsen. Das Geständnis des entlarvten und deshalb sterbenden Agenten der »Zeitsparkasse« lohnt einer gelegentlichen Lektüre: *»Ein mühseliges Geschäft, den Menschen ihre Lebenszeit stunden-, minuten- und sekundenweise abzuzapfen . . . denn alle Zeit, die sie einsparen, ist für sie verloren . . . Wir reißen sie an uns . . . Wir speichern sie auf . . . wir brauchen sie.«* Es gibt Menschen, die sparen Geld – und können vom Gesparten nie genug bekommen. Andere sparen in gleicher Weise Zeit. Die meisten aber kommen nie dazu, das Gesparte zu eigenem Nutzen und Vergnügen auszugeben. Wie man vom Geld besessen werden kann (statt es zu besitzen), so auch von Zeit.

Es ist für mich im Umgang mit Managern immer wieder überraschend, zu erleben, daß viele meinen, wenn sie nicht aktiv seien, würden sie etwas versäumen, würde etwas schieflaufen, hätten sie den Schaden. Sie sind nicht mehr Herrn der Zeit, sondern ihre Sklaven. Sie vermeinen kontrafaktisch, sich die Zeit unterwerfen, ihren Fluß verlangsamen oder gar anhalten zu können. Das *»Carpe diem, quam minimo credula postero«* (»Nutze den Tag, und traue so wenig wie möglich dem kommenden«) aus den Oden des Horaz wird pervertiert. *Horaz* war der Ansicht, den Tag zu nutzen, hieße, ihn zu genießen. Die Zeitsparer aber meinen, den Tag zu nutzen, hieße, den Tag mit 16stündiger Arbeit auszuschöpfen, den Schreibtisch leerzuarbeiten, als ob es kein Morgen gäbe. Sie bedenken nicht mehr ihr personales Werden (es sei denn das Werden von Macht, Einfluß, Karriere . . ., das sie nicht selten mit personalem Werden verwechseln), sondern das ihrer Arbeit. Und damit haben sie ihre Zeitlichkeit entpersonalisiert, funktionalisiert: Leistung ist Arbeit in der Zeiteinheit.

Menschen, die ein gut Teil ihrer Lebenszeit zur Zeitsparkasse tragen, sind meist unfähig zur *passiven Aktivität.* Sie können nicht mehr zuhören, nicht mehr zuschauen, nicht mehr nachdenken, nicht mehr abwarten, nicht mehr geschehen lassen . . ., denn alles das kostet ja Zeit, die keine Rendite abwirft.

Wenn sich ein Leser selbst testen möchte, ob er seine Zeit entpersonalisierte und sich selbst dabei verlor, könnte etwa folgendes prüfen:

- Wie lange kann ich auf einer Bank sitzen und dem Wind in den Bäumen zuhören? Überkommen mich schon nach wenigen Minuten Gefühle vertaner Zeit, die mich dazu bringen, irgend etwas anderes zu tun, zu denken, zu planen, als dem Wind zuzuhören? Habe ich zuviel von mir an die grauen Männer von der Zeitsparkasse verkauft?
- Betrachte ich fremdes Reden nur als Anregung, als Vorspann zum eigenen? Kann ich geduldig bis zu Ende zuhören – den letzten Satz des anderen ebenso wichtig haltend wie den ersten (wohl wissend, daß viele Menschen erst im letzten Satz das sagen, was ihnen besonders wichtig ist)? Oder aber höre ich nur so lange zu, bis mir etwas zum Gehörten einfällt, weil mir – oft nicht eingestanden – das wichtiger zu sein scheint, was mir durch den Kopf geht, als das, was der andere sagt? – Sollte das so sein, haben Sie ebenfalls schon zuviel von sich verkauft! Erwarten Sie wirklich eine hohe Rendite Ihrer eingesetzten Zeit, ohne zu bedenken, daß Ihr Zeiteinsatz mit Negativzinsen bestraft wird?
- Überlege ich, wenn ein paar Minuten bis zum nächsten Termin frei sind, was ich in dieser »freien Zeit« noch erledigen kann? Auch eine solche Einstellung zur Zeit entpersonalisiert die Zeit zur Funktion von Aktivitäten.

Nicht zufällig lautet ein Spruch römischer Weisheit: *»Age, quod agis«* (»Tue das, was du tust, ganz, und halte nichts für wichtiger als das, was du gerade tust«). Ein Paradoxon der Zeitsparideologie lautet: »Wenn dir die Arbeit über den Kopf wächst, dann erledige möglichst zwei Dinge gleichzeitig.« Vergessen ist die triviale Einsicht, daß ein Mensch, der das, was er gerade tut, für das Wichtigste hält, was es gerade zu tun gibt, sehr viel mehr und Besseres zustande bringt als jeder »Doppeltäter«.

Die Funktionalisierung des eigenen Werdens ist eng verbunden mit einer funktionalen *Selbstdefinition.* Ein Mensch, der sich von irgendeiner Form des in Zeit erworbenen Habens definiert, also etwa vom Machthaben, vom Einflußhaben, vom Ansehenhaben (und anderen Habensgrößen der Erwachsenenwelt), wird nicht mehr wissen, wer er ist, es sei denn in der neurotischen und nekrophilen Verwechslung von Sein und Haben. Nicht er wird, sondern sein Haben wird, mehrt oder mindert sich, bleibt erhalten (oder nicht).
Wenn ich aber weiß, daß ich als Person nur Person sein und bleiben kann, wenn ich mich stets *in Zeit verändere*, weiß ich ein klein wenig mehr um die Chancen, aber auch die Grenzen meiner Existenz. Weiß ich gar darum, daß ich dieses Werden in gewissem Umfang verantwortlich und verantwortet steuern kann – und daß diese Steuerung Ausdruck meiner Freiheit ist, der Bereitschaft und Fähigkeit also, selbstverantwortet mein Leben zu gestalten –, dann habe ich sicherlich eine wichtige Voraussetzung geschaffen, die es mir ermöglicht, menschlich mit anderen und mit mir umzugehen. Bedenken wir einige Konsequenzen dieses existentiellen Werdens:

1. Ich kann, wie jeder andere Mensch, niemals für meine Zukunft die volle und uneingeschränkte Verantwortung übernehmen. Alles, was ich tue, tue ich unter Unsicherheit über die Folgen meines Handelns. Biophil gemeinte Handlungsintentionen können nekrophil (d. h. eigenes und fremdes Leben eher mindernd denn mehrend) ausgehen. Ich muß mir also die Chance lassen, meine Orientierungen und Werteinstellungen vor dem Anspruch einer nicht vorhersehbaren geänderten Welt zu modifizieren.
2. Ich kann niemals im voraus wissen, wer ich und jeder andere Mensch, mit dem ich als in Zeit Gewordener interagiere, etwa in zehn Jahren sein werde. Die Eigendynamik meiner und fremder Entwicklung in Zeit verträgt keine Prognose.
3. Ich kann niemals im voraus wissen, wie sich das Allgemeine Bewußtsein in seinen Wertvorstellungen, Selbstverständlichkeiten und Vorurteilen entwickelt. Auch hier kann ein Anderswerden, das durch die Internalisierung des Allgemeinen Bewußtseins geschieht, neue, nicht vorhersehbare Lebenssituationen und Wertorientierungen schaffen. So hat sich das Allgemeine Bewußtsein

von der Bevorzugung einer endogenen Moral hin zu der einer exogenen entfaltet. Insofern ich »Kind meiner Zeit« bin, habe ich den Wandel selbst mitvollzogen. So gilt also heute nicht mehr der gleiche Normenkatalog, der vor zwanzig Jahren meine Moral bestimmte.

4. Ich kann niemals im voraus wissen, wie sich die Beziehungen zwischen Menschen ändern. Jede neue Bezugnahme definiert die alten neu. Jeder Mensch, der mit Erheblichkeit in mein Leben tritt, verändert die Beziehungen zu allen anderen Menschen. Das Selbstkonstrukt und die Konstrukte über Sozialgebilde (auch über Paarbeziehungen) stehen in einem dialektischen Zusammenhang. Es kann sein, daß alte Systeme zerbrechen und neue erheblich werden.
5. Ich kann niemals im voraus wissen, wie sich institutionalisierte Sozialgebilde (wie Familien, Kirchen, Parteien, Unternehmen, Staaten) ändern, an die ich mich schicksalhaft gebunden habe.

Mitunter kann man in der Ausfaltung eines Menschenlebens oder eines sozialen Gebildes oder des Allgemeinen Bewußtseins kurzfristige Trends ausmachen. Aber das auch nur unter Unsicherheit. Die Fähigkeit, aus Modellen (wie etwa den Konstrukten) langfristige Prognosen herzuleiten, ist uns Menschen nicht gegeben. Eine solche Begabung wäre auch kaum verträglich mit unserer radikalen Geschichtlichkeit.

Das aber bedeutet, daß ein Mensch niemals sein ganzes Leben bindende *Versprechungen* abgeben kann. Alle Versprechungen können nur unter dem Biophilievorbehalt gegeben werden. Geht die Erfüllung von Versprechen dauerhaft für mich und meine Mitmenschen nekrophil aus, ist das Versprechen nichtig. Juristisch könnte man sagen, die »Geschäftsgrundlage« eines auf Lebenszeit gegebenen Versprechens, die zur Zeit der Versprechensgabe und -annahme als dauerhaft angesehen wurde, kann entfallen, *»wenn das Verhältnis von Leistung und Gegenleistung sich zugunsten des einen Vertragsteils so verschoben hat, daß dem anderen Vertragsteil das Festhalten am Vertrag nicht mehr zumutbar ist»,* wie es der BGR 1976 (NJW 76,566) in der Interpretation, was »Treu und Glauben« unter Rücksicht auf die Verkehrssitte (gemäß § 242 BGB) zumutbar ist und was nicht, formu-

lierte. Diese juristische Formel wird auch unserem anthropologischen Anliegen gerecht, »Vertragspartnern« ein Anderswerden zuzubilligen, das die Forderung auf Erfüllung des Versprechens als einen Verstoß gegen Treu und Glauben unter Rücksicht auf die Verkehrssitte, die die Verbindlichkeit unserer Interaktionen bestimmt, bezeichnet.
Ich bin der Ansicht, daß Versprechen (wie Verträge) nicht mehr und so lange nicht verpflichten, wie die Beobachtung oder die Erfüllung des Versprechens allen Beteiligten (etwa im Sinne des Biophiliekriteriums) nur schadet. Wer dennoch auf Erfüllung besteht, handelt (nicht nur im juristischen Sinne) sittenwidrig. Das gilt selbst für das feierliche Versprechen ehelicher Gemeinschaft.

Wovon hängen das Werden in Zeit und seine Richtung ab? Listen wir einmal einige Momente auf, die außerhalb genetischer Vorgaben das Werden eines Menschen bestimmen (können). Um sie zu wissen, scheint mir für ein menschliches Miteinander wichtig zu sein. Es sind hier zu nennen:

- Die autopoietischen Prozesse, die durch die Dialektik von Sein und Bewußtsein, die Dialektik der Konstrukte, die Dialektik von früher und später ausgelöst und wenigstens teilweise – post factum – als teleologisch (zielgerichtet) interpretiert werden können. So werden sich Wertvorstellungen ändern, wenn sie in erheblicher Spannung zu den praktisch in Interaktionen realisierten Werten stehen. Mir ist ein Fall bekannt, in dem ein Manager den strukturellen Bewußtseinswert »Gerechtigkeit« sehr hoch angesiedelt hatte, in seiner interaktionellen Lebenspraxis aber diesem Ideal in keiner Weise entsprach. Obschon er eine solche Nichtidentität sich selbst und anderen gegenüber nicht zugab, sondern seine konkrete Ungerechtigkeit massiv abwehrte, kam es doch nach wenigen Jahren zu einer (psychologisch gesehen) erfreulichen autopoietischen Dynamik: Er ersetzte sein Gerechtigkeitsideal durch das Bemühen, auf seine Mitarbeiter zuzugehen. Parallel dazu wurde sein Verhalten seltener als ungerecht interpretiert, wennschon das Zugehen auf andere weitgehend im Ideal-Bereich eingeschlossen blieb.

- Die fremdreferentiell ausgelösten Prozesse, die auf eine Veränderung der Interaktionsangebote zurückgehen. Auch hier mag ein Beispiel das Gemeinte veranschaulichen. Ein Manager, der aus Überzeugung versuchte, mit seinen Mitarbeitern symmetrisch (in Koordination) zu interagieren, erhielt von diesen nahezu ausschließlich Interaktionsangebote, die von ihm ein komplementäres Interagieren (in Subordination) verlangten. Er wurde dauernd als »Chef« behandelt. Das hatte zur Folge, daß er sich unbewußt nach wenigen Monaten den Interaktionsangeboten seiner Mitarbeiter anpaßte und subordinativ mit ihnen interagierte. Das allerdings stieß nun keineswegs auf allseitige Begeisterung.
- Die fremdreferentiell ausgelösten Prozesse, die auf eine Veränderung des Allgemeinen Bewußtseins zurückgehen. Ein Manager begann durch die Veränderung des Allgemeinen Bewußtseins, das mehr sexuelle Freizügigkeit erlaubte, die eheliche Treue erheblich großzügiger zu interpretieren. Da seine Partnerin nicht in der gleichen Weise das veränderte Allgemeine Bewußtsein internalisierte, kam es zu erheblichen Krisen, die zur Auflösung der Ehe führten. Nun aber traten autopoietische Prozesse ein, die das endogene Gewissen des Partners aktivierten und ihn des Bruchs eines feierlich gegebenen Versprechens ziehen. Da diese Schuldzusprache niemals sinnvoll aufgearbeitet wurde, bildete der Manager lebensmindernde Abhängigkeiten (Arbeit, Alkohol) aus, um sich durch Selbstbestrafung zu entschulden.
- Die fremdreferentiell ausgelösten Prozesse, die auf die Veränderung der Rolle zurückgehen. Ein Chemiker, der viele Jahre in einem Unternehmen in dieser Funktion erfolgreich tätig war, wurde Werksleiter. Mit dieser Rolle war nicht nur operatives Führen eines kleinen Mitarbeiterkreises verbunden und die enge Bindung an Kollegen, sondern es wurde strategisches Führen verlangt, ohne dauernde und stabile Rückbindung an hierarchisch Gleichgestellte. Da es das Unternehmen verabsäumte, ihn durch geeignete Schulung auf die neue Position vorzubereiten, kam das »Peter-Prinzip« zum Tragen. Es besagt, wie wohl den meisten Lesern bekannt, daß ein Mensch in einer hierarchisch organisierten Gesellschaft so lange die hierarchische Leiter emporsteigt, bis er die Sprosse seiner Inkompetenz erreicht hat, auf der er dann zum

Schaden der Gesellschaft verweilt. Er begann – vermutlich aus Unsicherheit – eine überzogene Chef-Rolle zu spielen. Das führte dazu, daß das Chef-Sein zu einem wichtigen Aspekt seiner Selbstdefinition wurde. Dieses Chef-Sein führte unter anderem dazu, daß er sich seiner für das innere Rechnungswesen verantwortlichen Mitarbeiter fachlich für überlegen hielt und alles besser wußte. Das wiederum führte zu einigen unternehmerischen Fehlentscheidungen, die in seinem kaufmännischen Unwissen gründeten (so waren etwa seine Kenntnisse über Engpaßstellen, über Betriebsabrechnungsbögen und deren Interpretation, über Plankostenrechnung . . . außerordentlich gering). Seine beruflichen Mißerfolge hatten zur Folge, daß er sich in seiner Familie über eine α-Rolle zu stabilisieren versuchte. Er wurde immer einsamer und niedergeschlagener. Nach einigem therapeutischem Mühen erkannte er jedoch seine Situation und bat seinen Vorstand, ihn wieder als Chemiker zu beschäftigen. Nach etwa einem Jahr beherrschte er wieder – privat und beruflich – die alten Rollen, die ihm ein Leben in zureichender Geborgenheit und Anerkennung ermöglichten. Meist gelingt die Rückkehr aus dem »anders« jedoch keineswegs so reibungslos.

- Die fremdreferentiellen Prozesse, die auf eine Veränderung der unverständlichen Welt zurückgehen. Ein Manager in einer Vorstandsposition, der jahrelang eine gute Presse hatte, wurde von einem einschlägigen Magazin »fertiggemacht«. Das hatte ein tiefes Mißtrauen in die Massenmedien allgemein zur Folge. Dieses Mißtrauen führte ihn dazu, Informationen an die Presse zurückzuhalten oder zu vertuschen. Er war ein anderer geworden, weil er einen ihm unverständlichen Feind erhalten hatte.

  Dieses Andersgewordensein hatte dann seinerseits zur Folge, daß der Manager über das Muster einer »self fulfilling prophecy« sich die Massenmedien zu Feinden machte. Darunter litt das Unternehmensimage nicht unerheblich. Kosten durch Reibungsverluste mit der äußeren (etwa der politischen) Umwelt des Unternehmens (»Interaktionskosten«) fielen an. Nach einigen Jahren schlugen sie auf das Betriebsergebnis durch. Es blieb dem Aufsichtsrat des Unternehmens nicht anderes übrig, als sich von ihm zu trennen.

- Die fremdreferentiellen Prozesse, die auf Systeminterpenetration zurückgehen. »Systeminterpenetration« bezeichnet die Tatsache, daß die Konstrukte sozialer Systeme meist nicht scharf gegeneinander abgegrenzt werden, sondern sich etwa im Bereich der Werteinstellungen oder Vorurteile überschneiden (sie interpenetrieren). Ein Manager hatte zunehmend private Schwierigkeiten, die, soweit ich eruieren konnte, vor allem in einer psychischen Krise der Partnerin gründeten. Das führte dazu, daß er im Unternehmen immer konfliktscheuer wurde. Die häuslichen Konflikte sensibilisierten ihn so, daß er jeder Form der sozialen Aggressivität soweit als irgend möglich auswich. Er, der einst konfliktfähige Mann, der bereit und fähig war, notwendige Konflikte mit einem sinnvollen psychischen und sozialen Aufwand bei sich und dem Konfliktpartner durchzustehen, hatte sich zu einem konfliktscheuen Menschen gewandelt, der »um des lieben Friedens willen« auch das Unternehmen schädigende Kompromisse einzugehen bereit war. Da diese Konfliktscheu auch im Privaten zu einem inneren Rückzug aus der Partnerschaft führte – auf den die Partnerin mit paranoiden Symptomen reagierte –, scheiterte der so geschlagene Mensch in beiden Lebensbereichen. Er trennte sich vom Unternehmen wie von seiner Partnerin und lebt ein Leben in einsamer Resignation, ohne Freude und Freunde.

Keineswegs gehen alle Persönlichkeitsveränderungen negativ (im Sinne eines geminderten sozialen und emotionalen Lebens) aus. Doch sind die negativen Auswirkungen sehr viel eindrucksvoller als die positiven, und nur sie führen – bestenfalls – zu einer therapeutischen Begleitung. Das hat auf die vorgestellten Beispiele abgefärbt. Zudem kann das andauernde Verkennen einer eigenen »negativen Entwicklung« sehr viel dramatischere Folgen haben als das einer »positiven«. Eine positive Entwicklung bei einem anderen Menschen nicht wahrzunehmen führt nicht nur zu erheblichen Interaktionsstörungen (mit Kommunikationsabbruch), sondern oft auch zu einer Hemmung der Entwicklung, da sich viele Menschen unbewußt an das in Interaktionsangeboten vorgestellte Bild anpassen.
Vor allem die Veränderungen, die mit der natürlichen psycho-sozio-somatischen Reife verbunden sind, sind Veränderungen hin auf eine

Entfaltung des personalen Lebens in allen seinen Dimensionen. Die *Entwicklungspsychologie* behandelt die normale Entwicklung und Entfaltung des personalen Lebens und die optimalen Bedingungen, unter denen es zur optimalen Entfaltung kommt, ebenso wie die Bedingungen, die einer solchen Entfaltung entgegenstehen. Ich lade Sie ein, ein paar Seiten mit mir einige Gedanken zum Werden menschlicher Psyche nachzuvollziehen. Das Wissen um das eigene und fremde Gewordensein ist von großer Bedeutung, wenn man versucht, verantwortet mit anderen Menschen umzugehen.
Ich gehe mit *E.H. Erikson* davon aus, daß jeder Mensch nicht nur in der ungestörten *körperlichen* Entwicklung einem epigenetischen Entwurf folgt, sondern auch in der *psychischen* und *sozialen*, zumal diese drei eng miteinander verschränkt sind. Der »epigenetische Entwurf« ist (ähnlich wie die genetischen Vorgaben) nicht ein Programm, sondern zieht der Entwicklung eines Menschen einen Rahmen, innerhalb dessen er sich entfalten kann. Das Télos dieser Entwicklung ist die Entfaltung des Lebens. Das gleiche gilt nun nach Erikson auch für das Télos der emotionalen und sozialen Entwicklung. Er beschreibt die Epigenese der personalen Identität so:

① Ein Kind lebt im ersten Lebensjahr in der Spannung zwischen Vertrauen und Mißtrauen, ob die wesentliche Bezugsperson wieder in erwünschter Weise mit ihm interagiert. In dieser Spannung erfährt es, ebenso zeitliche Perspektiven zu beachten als auch Gefühle zeitlicher Verwirrung. Wir berichteten schon, daß in diesem Spannungsfeld das Ich aufgebaut wird. Wird diese Spannung optimal aufgelöst, bildet sich eine Form eines elementaren Vertrauens in sich und in andere Menschen, in soziale Systeme wie in soziodynamische Prozesse aus, das wir »Urvertrauen« nennen. Dies bleibt, sieht man einmal von psychotischen Regressionen ab, in denen Menschen sich ganz auf sich selbst zurückziehen und allen anderen und allem anderen mißtrauen, zeitlebens erhalten und bestimmt den Aufbau aller Konstrukte und damit die Strukturen aller Interaktionen.
Von besonderer Bedeutung ist die Ausbildung der elementaren Ich-Funktionen, vor allem der Bedürfnisstruktur und der der Emotionalität. Deren Intensität und Hierarchie werden, sieht man von genetischen Dispositionen ab, durch die mehr oder minder gelingende (nach

Häufigkeit und den Triebansprüchen des Kindes gerecht werdend) Rückspiegelungsarbeit der Mutter als der primären Bezugsperson, mit der das Kind eine symbiotische Einheit bildet, bestimmt. Hier werden also die Grundlagen gelegt, welcher Bedürfnis-/Emotionstyp für das weitere Leben dominant sein wird.
Sinnvollerweise unterscheidet man bei den psychosozialen Bedürfnissen (und Entsprechendes gilt für die Emotionen) einerseits vor allem die folgenden Typen (die keineswegs immer rein sein werden, sondern mit anderen verschränkt vorkommen) und andererseits die kompensatorischen Bedürfnisse, die gewählt werden, wenn das primäre Bedürfnis andauernd nicht (oder nicht in der erhofften Weise und Intensität) befriedigt wird:

	Narzißtische Bedürfnisse	Soziale Bedürfnisse	Erotische Bedürfnisse	Aggressive Bedürfnisse
Primäre Bedürfnisse	Dominanz Autonomie Selbst-achtung	Dazu-gehören Anlehnen Aner-kennung	Kamerad-schaft Freundschaft Liebe	Besiegen Unterwerfen Bestrafen
Kompensa-torische Bedürfnisse	Verein-samung	Sucht Leistung	Flucht Konsum	Resignation

Sicherlich ist die Aufzählung kompensatorischer Bedürfnisbefriedigungsmuster sehr unvollständig. Ihnen allen ist gemeinsam, daß sie erfolglos bleiben. Ihre Realisierung befriedigt nicht eigentlich, sondern macht eher unbefriedigter. Wachsende unthematische Unzufriedenheit, die durch nichts behoben werden kann, ist meist ein Zeugnis solchen Ausweichens in die nie zum Ziel führenden Kompensationen. Weil bei diesen Formen kompensatorischer Bedürfnisbefriedigung die Aufwandsgrößen den realen Nutzen weit übersteigen, vermehrt sich permanent die Vergeblichkeitserfahrung. Solche Strategien, die nie ihr Ziel erreichen oder doch nur mit einem absurden Aufwand-Leistung-Verhältnis, nennen wir *neurotisch*.

Schon ein Kind lernt solche kompensatorischen Techniken: Angefangen vom Daumenlutschen, das orale Bedürfnisse kompensatorisch befriedigen soll, bis hin zum nicht mehr altersgerechten Bettnässen, das zu einer Art Zuwendung führen soll, entwickeln Kinder Muster, die sie – mehr oder minder modifiziert – nicht selten zeitlebens beibehalten.
Ist die Bedürfnisbefriedigung der ersten Lebensperiode durch mangelnde Zuwendungsaktivitäten der Mutter (Füttern, Trockenlegen, Anlächeln, Zusprechen, Hautkontakt...) nachhaltig gestört, fixieren nicht wenige Kinder den frühkindlichen Narzißmus, der noch nichts anderes kennt als sich selbst und den Wunsch nach Triebbefriedigung. Der »autistische Charakter« funktionalisiert alle Bedürfnisse in seinen interaktionellen Aktivitäten und macht sie so solipsistisch-selbstbezüglich. Alle Interaktionen werden verzwecklicht und damit letztlich entpersonalisiert. Die Differenzierung von Welt- und Selbstkonstrukt ist mißlungen oder wurde wieder rückgängig gemacht.

② In der zweiten Phase (etwa während des 2. und 3. Lebensjahres) versucht ein Kind, seinen Eigenstand (seine Autonomie) gegen andere in einer Selbstdefinition zu sichern: Dazu nabelt es sich zunächst von der primären Bezugsperson psychisch und sozial ab. Es beginnt der Aufbau von Konstrukten sozialer Systeme. Die Mutter-Kind-Symbiose zerfällt. Das macht es dem Kinde möglich, weitere stabile interaktionelle Partnerschaften aufzubauen. In diesen erkennt es sich als anderer wieder und kann sich über das Anderssein gegen andere abgrenzen. Dieser Abgrenzungsprozeß, in dem das Selbstkonstrukt sich gegen das soziale System ausgrenzt, gelingt – statistisch gesehen – optimal, wenn das Kind wenigstens drei verschiedene stabile Partner hat. Diese Partner ermöglichen es dem Kind, aus dem »entgegen« der Bedürfnisse und Emotionen, der Interessen und Erwartungen seinen Eigenstand zu erkennen und zu bejahen.
Dieses Bejahen fällt dem Kind nicht immer leicht, denn der Versuch der Ab- und Ausgrenzung ist begleitet von Scham und Zweifel. Die Personwerdung geschieht also in Interaktionen, die bestimmt sind von der Spannung zwischen Autonomie und Scham über die eigene Ohnmacht, aber auch von dem Zweifel, ob die autonomen Interak-

tionen, die den kämpferischen Willen realisieren, man selbst zu sein, nicht zur Abwendung der Interaktionspartner führen könnte. Gelingt dieser Prozeß der Personwerdung, steht gegen Ende dieser Phase ein Kind in der dialektischen Situation, in der es zum einen die Frage: »Wer bin ich?« (natürlich nicht verbal, sondern mental) beantwortet mit: *»Ich bin, der ich bin!«*, in dialektischer Einheit verbunden mit: *»Ich bin, der ich werde!«* In ebendiesem Spannungsfeld entfaltet sich das Verhältnis zur eigenen Zeitlichkeit.
Um seine Autonomie zu prüfen, baut das Kind verschiedene Typen von Spannungsfeldern auf, die, wenn seine Partner optimal agieren und/oder reagieren, zur Entwicklung »primärer Tugenden« führen:

- Im Spannungsfeld von Gehorsam und Ungehorsam entwickelt sich die Fähigkeit zu Zivilcourage und zu kreativem Ungehorsam.
- Im Spannungsfeld von Aktivität und Passivität entwickeln sich die Tugenden der »aktiven Passivität« (Zuhören, Abwarten, Hinschauen, Nachdenken, Toleranz).
- Im Spannungsfeld zwischen mein und dein entwickelt sich die Fähigkeit, Eigentum als soziale Verpflichtung anzusehen.
- Im Spannungsfeld von Autonomie und Heteronomie entwickelt sich die Fähigkeit und Bereitschaft, sein Leben selbstverantwortet und vor anderen verantwortbar zu gestalten, d. h. die Fähigkeit und Bereitschaft zur verantworteten personalen Freiheit.
- Im Spannungsfeld von Nähe und Distanz werden die verschiedenen sozialen Emotionen (narzißtische, soziale, erotische und aggressive) in ihrer sozialen Darstellbarkeit getestet und entwickelt.
- Im Spannungsfeld von dürfen und müssen erfährt das Kind, ob es in einer geschlossenen (ein moralisches, sprachliches, ethnisches, soziales »anders« nicht tolerierenden) oder offenen Lebenswelt (ein »anders« tolerierenden) aufwächst, und macht sich diese als Standard zu eigen.

Mißlingt der Versuch, die eigene Autonomie gegen andere zu bestimmen und zu erfahren, hat das Kind verschiedene Möglichkeiten:

- Es verzichtet auf die Ausbildung einer eigenen Persönlichkeit und organisiert sich heteronom. Es wird dann ein recht brauchbarer »Systemagent« werden können. In jedem Fall lebt es nicht sein

Leben, sondern ein Leben aus zweiter Hand, das ihm andere Menschen vorgeben.

- Es entsozialisiert seine Autonomie und regrediert auf die Asozialität des »autistischen Charakters«, der andere Menschen nur als Funktionen, eigene Ziele und Zwecke zu erreichen, behandelt. Es ist kaum in der Lage, personale Interaktionen (das sind vor allem auch solche, die ihren Zweck in sich selbst haben) erfolgreich zu gestalten. Selbst seine private Welt wird es auf Effizienz, auf Außenzwecke hin, zu optimieren versuchen. Nicht selten demonstrieren solche Menschen eine Form »tragischer Stärke«, hinter der sich nichts anderes verbirgt als eine depressive Vereinsamung.
- Es entpersonalisiert sich selbst (wenn die Personalisierung je gelungen sein sollte) und definiert sich von dem her, was es hat. An die Stelle des »Ich bin, der ich bin!« tritt ein »Ich bin, was ich habe!«. Das Haben und Habenwollen, ja Habenmüssen führt es in zahlreiche Zwänge hinein, die sein Leben beherrschen. Der »Zwangscharakter«lebt ebenfalls ein Leben aus zweiter Hand, nur sind es jetzt nicht Personen, die ihn leben lassen, wie er soll, sondern Sachen oder Fähigkeiten (wie materieller Besitz, Einfluß, Erfolg, Macht, Konsum, Wissen, Glauben, Potenz). Auch ein solches Leben in der Versklavung setzt selbstzweckliche personale Interaktionen hintan. Sie sind bestenfalls unvermeidbare Übel. Interaktionen müssen, wenn sie sinnvoll sein sollen, einen erkennbaren Zweck außer sich haben (sie müssen etwa dazu dienen, das Gehabte zu mehren oder zu erhalten, wenigstens aber, es nicht zu mindern).

③ In der dritten Phase (etwa vom Ende des 3. Lebensjahres bis zur Schulreife) versucht ein Kind über seine Interaktionen herauszufinden, welche Art von Person es werden könnte. Das »ich bin, der ich werde« macht sich konkret. Es übt in zahlreichen Rollenspielen die Rollen ein, die am besten zu seinem Selbstbild passen, und modifiziert dabei sein Selbstbild. Aber nicht nur das soziale Können wird auf seine Möglichkeiten und Grenzen getestet, sondern auch das intellektuelle, das physische, das emotionale. Es steht in diesem Bemühen im Spannungsfeld von Initiative und Schuldgefühlen. Gelingt ihm jetzt eine Orientierung, wird es durch Androhung von Schuldgefühlen durch das jetzt entstehende endogene Gewissen zu sozialverträglichen Formen seiner Initiativen finden.

④ Die Interaktionen des frühen Schulkindalters sind bestimmt von der Spannung zwischen zielorientierten Aktivitäten vor dem Horizont der Identifikation mit einer Aufgabe und der Sorge, dabei zu versagen. Zielgerichtete Aktivität und Versagenssorge bestimmen seine Interaktionen in Schule, Elternhaus und Kindergruppe. Kommt es zu einem Überhang von Versagenserlebnissen, können Mindergefühle (Minderwertgefühle, Minderleistungsgefühle, Minderanerkennungsgefühle) das weitere Schicksal bestimmen – bis hin zur resignierenden Lähmung oder dem kompensatorischen Aktivismus, durch den ein Mensch sich und anderen permanent beweisen will, daß die Mindergefühle unberechtigt sind.

⑤ In der Vorpubertät sind die Interaktionen, meist ausgelöst durch die Entdeckung (oder Wiederentdeckung) massiver Ansprüche der eigenen Sexualität, bestimmt von der Spannung zwischen Identität und Identitätsverwirrung. Der junge Mensch weiß nicht mehr, wer er ist. Das Selbstkonstrukt wird unscharf und uneindeutig. Er versucht es abzuklären in den interaktionellen Reaktionen seiner Partner (Eltern, Lehrer, Mitschüler). Diese aber geben keine zureichend eindeutigen und stabilen Rückspiegelungsmuster vor, zumindest nicht solche, in denen der junge Mensch sich in seiner Unsicherheit und Verwirrung verstehen könnte. Allenfalls die Mitglieder derselben »Horde« spiegeln Verständliches zurück. Das aber stabilisiert eher einen Zustand, der zu emotional und sozial (noch) nicht beherrschten Konflikten mit der Erwachsenenwelt führt. Ängste vor jeder Form von Intimität sind nicht selten.

⑥ Die eigentliche Pubertät ist bestimmt von einem Gefühl, man wisse, wer man sei. In diesem Identitätswissen spielen narzißtische Träume von der eigenen Größe und dem eigenen Einfluß und Können gelegentlich eine wichtige Rolle – aber auch Tugenden wie Treue und Gerechtigkeit. Diese Identität wird meist von anderen, nicht einmal von Gleichaltrigen, in ihren Interaktionen nicht zureichend zurückgespiegelt. So verbindet sich Identität mit dem Willen, mit sich allein zu sein, sich zu isolieren, da die soziale Welt nahezu vollständig unverständliche Welt geworden ist.

⑦ Die späte Pubertät bringt ein oft wagemutiges Ausbrechen aus dem selbstgeschaffenen Getto. Zunächst wird der Kontakt mit der Außenwelt meist nicht über kommunikative Interaktionen gesucht, sondern über kreatives Tätigwerden, das jedoch im Spannungsfeld zu Stagnation steht – und daher immer wieder neue Mühe einfordert. Selbst die beginnende oder wiedererwachende Fähigkeit zur Intimität wird meist nicht kommunikativ dargestellt, sondern unter irgendwelchen, oft sehr kreativ gestalteten Symbolen. Zudem ist dieses Alter das der selbstgewählten Führer, mit dem der Spätpubertierende nicht selten ein blindes Führer-Gefolgschafts-Verhältnis eingeht. Die Jugendbewegung versuchte, dieses Bedürfnis zu institutionalisieren.

⑧ Mit der Adoleszenz, der Zeit der psychischen und sozialen Reife, der Zeit des Erwachsenwerdens, beginnt ein oft krisengeschüttelter Prozeß, der mitunter erst im Alter endet: Der junge Mensch versucht, alle Erfahrungen und Erlebnisse zu einer Einheit zu fügen. Daß dieser Versuch im Spannungsfeld zwischen Orientierung und Verzweiflung steht, wird in solchen Krisen sichtbar. Die Fragen

- *»Wohin soll mein Leben gehen?»*
- *»Kann ich meinen Kurs noch einmal ändern?«*
- *»An wen oder was muß ich mich binden, damit mir mein Leben glückt?«*

bleiben latent erhalten. Sie werden offen gestellt in den großen normativen Krisen der Adoleszenz (*»Was soll aus mir werden?«*), der Mittlebenskrise (*»Was ist aus mir geworden?«*), der Endlebenskrise (*»Lohnte es sich, dieses Leben zu leben?«*). Finden diese Fragen keine Antwort, die der augenblicklichen Lebenssituation zureichend gerecht wird, steht im Hintergrund immer die verzweifeltste aller Fragen: *»Was soll denn das alles eigentlich?«* (das »So-what-Syndrom«).

Jede der hier aufgeführten Phasen der (werdenden wie gewordenen) Persönlichkeit übt ihren Höhepunkt ein und erzeugt dadurch eine normative Krise, die sich gegen Ende des Stadiums mehr oder minder vollständig und mehr oder minder biophil auflöst.

Die *normativen Krisen* zeigen, daß das Anderswerden in Zeit eine Conditio humana, eine Bedingung, ist, unter der allein Menschsein möglich ist. In ihnen verdichtet sich krisenhaft Zeitlichkeit. »Normativ« nennen wir eine Krise, die in der »normalen« (d. h. vom soziokulturellen Standard aus gesehen in der Norm liegend) Entwicklung und Entfaltung eines Menschen vorkommt – durch die er »hindurch muß«. Doch am Ende dieser Krise ist ein Mensch ein anderer geworden als der, der er zuvor war. Andere bemerken solche Metamorphosen im Horizont der Zeitlichkeit mitunter früher als der sich Ändernde selbst, vor allem, wenn – wie bei vielen normativen Krisen, mit Ausnahme der der Vorpubertät – die Änderung eher schleichend vor sich geht.
In *nicht normativen Krisen* (etwa bei Krisen, die durch Verluste des Partners, des Berufs, eines Kindes ausgelöst werden) werden Menschen dagegen mitunter von einem Tag zum anderen andere.
Das Anderssein und das Ein-anderer-Werden sind keineswegs metaphorisch zu verstehen. Wenn wir die personale Identität eines Menschen von seiner Struktur her bestimmen, dann bedeutet die Veränderung von Werteinstellungen und vieler (etwa religiöser, politischer, ökonomischer, nationaler, altersspezifischer) Selbstverständlichkeiten, wie sie in Krisen üblich sind, auch eine folgende Veränderung der beherrschten (oder zumindest bevorzugten) Interaktionsmuster – also eine Änderung der personalen Struktur und damit der personalen Identität. Das im 2. Weltkrieg in der »Mount Zion Rehabilitationsklinik für Kriegsveteranen« geschaffene Wort von der *»Identitätskrise«* mit dem nicht seltenen Symptom der »Identitätsverwirrung« hat hier sein Recht.

5. Das In-Zeit-Sein und das Nicht-in-Zeit-Sein

Dennoch wäre es falsch, Personsein mehr oder minder ausschließlich von Zeitlichkeit her zu bestimmen. Wir sind auch *zeittranszendent*, überschreiten in einem Mit-uns-identisch-Bleiben alle Zeitlichkeit. Die Geschichten unserer Vergangenheit bleiben in aller Wandlung in Zeit unsere Geschichten, selbst wenn wir – infolge einer Krise andere Gewordene – sie jetzt anders erzählen oder anders gewichten. Meist

sind zwar die standardisierten Geschichten, in denen ein Mensch seine Geschichte reflektiert und zur Sprache bringt, vor und nach einer existentiellen Krise andere, doch stehen ihm auch noch seine alten Geschichten zur Verfügung, selbst wenn er ihre Themen inzwischen verabscheut, sie nicht mehr leiden und erzählen mag.
In dieser Spannung zwischen geschichtlicher Identität und Nichtidentität zu leben bleibt keinem Menschen erspart. Es kommt darauf an, *wie* er damit umgeht. Das Aushalten dieser Spannung ist die Chance jeder Entwicklung, jeden Anderswerdens.
Aber nicht jedes Anderswerden ist biophil. Manche Menschen sterben ein Stück, wenn sie anders werden müssen. Andere wiederum differenzieren sich im Anderswerden und vermehren so die Menge der von ihnen emotional und sozial beherrschten interaktionellen Situationen. Das In-Zeit-Sein ist Chance und Gefahr in einem. Nicht zufällig läßt *Hermann Hesse* im »Glasperlenspiel« alle seine Helden (den Magister ludi ebenso wie den Regenmacher) scheitern, obschon er sie unter das »Gesetz der Stufen« stellte:

»Es muß das Herz bei jedem Lebensrufe
Bereit zum Abschied sein und Neubeginne,
Um sich in Tapferkeit und ohne Trauern
In andere, neue Bindungen zu geben.
Und jedem Anfang wohnt ein Zauber inne,
Der uns beschützt und der uns hilft zu leben.«

6. Zur Pathologie des In-Zeit-Seins

Es gibt sehr verschiedene Methoden, sich das In-Zeit-Sein mit all seinen Folgen *nicht* eingestehen zu müssen. Vor allem leiden narzißtisch-dominante Menschen unter dem In-Zeit-Sein, das ja auch immer Vergänglichkeit, ja, Leben zum Tode anzeigt. *J.W. von Goethe* hat dem Problem menschlichen Werdens im Faust ein Zeugnis gesetzt, das des Bedenkens wert ist: Die Wette, die Faust mit Mephisto abschließt, läßt Mephisto siegen, wenn sich Faust seiner Zeitlichkeit entfremdet, wenn er zum Augenblicke sagt: »Verweile doch, du bist so schön!« Und Faust verliert die Wette, wennschon er das In-Zeit-

Weilen auch nur im Konjunktiv äußert. Nur eine Kraft vom Himmel kann ihn noch retten.
Doch ganz so pathetisch sieht die Verweigerung des Werdens mit der Chance des damit immer möglichen Scheiterns bei den meisten Menschen nicht aus. Um die Möglichkeit des Scheiterns nicht denken zu müssen, um dem Selbstbewußtsein seine Illusion von der Unvergänglichkeit nicht rauben zu müssen, verdrängen sie diesen Aspekt ihrer Zeitlichkeit. »Zeitlichkeit«, das bedeutet immer auch ein Ausgeliefertsein an etwas, das wir nicht beherrschen – das uns aber beherrscht. So verkürzt Goethes »Prometheus« in seiner Auseinandersetzung mit Zeus seine Zeitlichkeit ins Großartige:

»Hat mich nicht zum Manne geschmiedet
Die allmächtige Zeit
Und das ewige Schicksal,
Meine Herrn und Deine?«

Bedenken wir nun einige Ausdrucksformen pathologisch entarteter Zeitlichkeit, ob sie nun verherrlicht und damit in ihrer existentiellen Bedeutung verkürzt wie bei Hesses Magister ludi und Goethes Prometheus oder in anderer Weise abgewehrt (etwa durch Verleugnen oder Verdrängen) wird. Einige der wichtigsten Formen pathologischer oder doch pathogener Zeitlichkeit sind:

1. Die Verleugnung des Alterns und die Sehnsucht nach ewiger Jugend,
2. die Verleugnung des Sterbens und die Sehnsucht nach ewigem Leben,
3. die (regressive) Flucht in die Vergangenheit,
4. das Sich-Fixieren auf frühe Lebensphasen,
5. das Sich-Verweigern vor dem Anspruch des »anders«.

Bedenken wir diese Formen reduzierter Zeitlichkeit ein wenig mehr.

a) Die Verleugnung des Alterns und die Sehnsucht nach ewiger Jugend

Die Sehnsucht nach ewiger Jugend scheint jeder Gesellschaft eigen zu sein, die in irgendeiner Weise »Jugend« verherrlicht. In der mittelalterlichen Epik (etwa in der Alexanderdichtung oder im »Trojanerkrieg« des Konrad von Würzburg), doch auch im Volksschauspiel und in der Malerei (etwa beim älteren Lucas Cranach) taucht immer wieder das Motiv vom »Jungbrunnen« auf, von dessen Wasser zu trinken ständig neue Verjüngung bewirke. Und das, obwohl das Mittelalter vermutlich ein ungestörtes und nicht neurotisch-realitätsflüchtiges Bild vom Altern hatte, wie es unserer Zeit eigen ist.

In unserer Gesellschaft gilt das Altern nicht als Chance menschlichen Reifens, sondern als möglichst abzuwehrendes menschliches Schicksal. Nicht wenige Menschen versuchen das Bewußtsein des Alterns so wirkungsvoll abzuwehren, daß das Alter ihres Selbstkonstrukts nicht selten Jahrzehnte hinter dem kalendarischen Alter des Selbst zurückliegt. In einer statistisch nicht repräsentativen Umfrage bei 100 Managern, die, über fünfzig Jahre alt und zur Beantwortung der Frage bereit waren, ergab sich ein Durchschnittsalter im Selbstkonstrukt von gut 36 Jahren. Es lag damit gut zwei Jahrzehnte unter dem kalendarischen Alter der Befragten. Nun muß dieses Ergebnis nicht unbedingt als Resultat von Abwehrprozessen gedeutet werden. Es mag immerhin darin begründet sein, daß ein im 19. Jahrhundert standardisiertes Altersbild das Allgemeine Bewußtsein beherrscht. Im Vergleich zu diesem Altersbild fühlen sich Menschen heute durchaus zu Recht jünger, als ihr kalendarisches Alter angibt. Sie sind sicherlich körperlich, sozial und emotional leistungsfähiger als der Durchschnitt Gleichaltriger des vergangenen Jahrhunderts.

Aber da begegnen wir dem eigentlichen Problem. Das Alter wird bezogen auf die Leistungsfähigkeit. Und da diese in manchen für unsere Leistungsgesellschaft erheblichen Aspekten im Alter abnimmt, impliziert, selbst wenn wir vorgenannte Deutung akzeptieren, das Selbstkonstrukt ein Menschenbild, das von einem technisch-funktionalen Leistungsverstehen geprägt ist. Das aber läßt sich viele Menschen nicht mit ihrem Altern versöhnen.

Dieses technisch-funktionale Leistungsverstehen ist eng verbunden mit der Dominanz sozioökonomischer Vorstellungen vor denen soziokultureller Art. Genauer gesagt: Sozioökonomische Vorstellungen dringen in das soziokulturell bestimmte Allgemeine Bewußtsein ein, das zu einem erheblichen Wandel der in den Strukturen des sozioökonomischen Systems festgelegten Werteinstellungen führt. Wie aber konnte es zu einer solchen Korruption des Menschlichen in den

soziokulturellen Strukturen unserer westlichen Gesellschaften kommen?
Es wurde schon mehrfach die Tendenz erwähnt, die Pathologie unserer Gesellschaft als Wandel von personalen zu funktionalen Wertorientierungen zu deuten. Da vor allem das sozioökonomische System heute die Wertvorstellungen und Wertvorgaben definiert und diese der Sache nach funktional (im Sinne einer nicht allzu engen Bedeutung des »ökonomischen Prinzips«) sind, wird die Ökonomie der Werte von den Werten der Ökonomie bestimmt. Und da sind funktionale Leistungen, die unmittelbar ökonomisch verwertbar sind (wie etwa körperliche Kraft, Konzentrationsvermögen, Beherrschen neuester Technik, Verfügen über moderne Theorien) erheblicher als solche, die oft genug nicht gefragt sind (wie Erfahrung, die eher als Abwehr des Neuen gewertet wird; wie Weisheit, die als Schwäche interpretiert wird).
So kommt es denn, daß ein Manager über Fünfzig nur noch geringe Chancen hat, in einem anderen Unternehmen als dem bisherigen eine Führungsposition zu übernehmen. Und so kommt es, daß graue Haare mit Blue Jeans, altersbedingte Konzentrationsprobleme mit Jogging, Erinnerungsschwund mit sexueller Aktivität kombiniert werden. Die menschliche Reife wird auf dem Altar der Jugend feierlich geopfert.
Pathologisch ist dieses Verhalten, weil es darauf schließen läßt, daß die Selbstdefinition nicht vom Sein, sondern von irgendeiner Form des Habens (vor allem der der Leistungsfähigkeit) her erfolgt. Ein Mensch, der sich von seinem Sein her definiert, wird sein Altern akzeptieren – und, wenn er lernte, damit umzugehen, gar lieben. Wer sich aber von seiner ökonomisch verwertbaren Leistungsfähigkeit her definiert, wird das Schwinden dieser Leistungsfähigkeit nicht wahrhaben wollen und in anderen Formen der »Leistungsfähigkeit« (etwa der sportlichen oder sexuellen) sich und anderen zu beweisen trachten, daß auch mit der ökonomischen noch alles in Ordnung ist.

b) Die Verleugnung des Sterbens und die Sehnsucht nach ewigem Leben

Vermutlich ist die Abwehr des Sterbens eine Eigenschaft allen Lebens. Auch wir sind in unseren Funktionen auf Selbsterhalt ausgelegt.

Der Traum vom »ewigen Leben« auf *dieser* Erde (nicht in einem Jenseits, von dessen Vorgaben wir nichts wissen) dürfte sehr alt sein. Schon altägyptische Darstellungen zeigen den Pharao, wie er von Wasserströmen übergossen wird, die alle das Lebenszeichen tragen. Der große Alexander soll auf seinen Heerzügen das Ende der Welt gesucht haben, wo er den Brunnen des Wassers vermutete, das ewiges Leben schenke. Die Hoffnung der arabischen und christlichen Alchimisten des Mittelalters, einmal eine Universalarznei zu erfinden, die ewige Jugend, ewige Schönheit und ewiges Leben schenkt, hat sich ihre letzten Reste noch in der Medizingläubigkeit vieler Menschen der Gegenwart bewahrt. Nicht wenige meinen, oft gegen besseres Wissen, Aufgabe des Arztes sei es, nicht nur gegen Erkrankungen zu kämpfen, sondern auch gegen den Tod.
Denn der Tod hat seine Schrecken. *William Shakespeare* läßt es seinen Hamlet so sagen:

> *»Nur daß die Furcht von etwas nach dem Tod –*
> *Das unentdecke Land aus dessen Reich*
> *Kein Wanderer wiederkehrt – den Willen lähmt,*
> *Daß wir die Übel, die wir haben, lieber*
> *Ertragen als zu unbekannten fliehen.*
> *So macht Gewissen Feige aus uns allen . . .«*

Doch möchte ich vermuten, daß die Angst vor dem Tode in unseren Zeiten, die oft nicht mehr an etwas nach dem Tode glaubt, neue große Blüten treibt. Dem Traum vom ewigen Leben wird durch die moderne Medizin, von der manche glauben (wollen), sie sei die moderne Inkarnation des Göttlichen, nur sehr wenig von seiner Illusion geraubt. Die Hoffnung, daß die Medizin in ihrem Fortschreiten einmal alle Krankheiten wird beheben können, ist nicht selten. Die Furcht vor etwas *nach* dem Tod ist heute meist nicht der Grund, der Hamlet noch bewog, den Tod zu fürchten. Es geht vielmehr, nachdem der Zauber des Religiösen verblaßte, um eine animalische Angst vor dem Tod, der keine Rationalität beizukommen vermag. Ist es doch rein rational kaum einzusehen, daß ein Mensch, der keine Angst hat bei der Vorstellung, niemals geworden zu sein, Angst hat vor der Zeit, in der er einmal nicht mehr sein wird. Die Angst vor dem Nichts ist aber

der Ursprung aller Ängste. *»Die Sterbeangst bedeutet in Wirklichkeit eine Art von Lebensunfähigkeit . . . Die Angst betrifft das Sterben erst sekundär. Primär ist es eine Angst vor dem Leben selbst oder, genauer, vor der Leere eines Lebens«* (H.-E. Richter).
Die Verdrängung des Todes und des Sterbens als jenes Prozesses, der auf den Tod hinführt und sich in ihm vollendet, ist leichter geworden in unseren Tagen. Unsere Gesellschaft ist in der Lage, Sterben und Tod in Krankenhäuser und Schlachthöfe zu verbannen. So wohnen die letzte Phase des Sterbens und der Tod zunehmend außerhalb aller Erfahrung.
Es ist erstaunlich, wie wenige Menschen jemals einem Sterbenden geholfen haben, in der Erfahrung unverstellter (und nicht durch Ängste ambivalent gewordener) menschlicher Zuwendung zu sterben. Viele Menschen sterben in absoluter Einsamkeit. Das Sterben ist für sie die Erfahrung totaler Entsozialisierung und die endgültige und vollständige Rücknahme auf den Pol »Individualität« und damit der Entpersönlichung. Das Sterben wird aus dem Leben eliminiert – obschon es doch ein Teil des Lebens ist, das nur personales Leben sein kann, weil und insofern es im Tode endet.
Es ist mir immer eine existentielle Begegnung mit dem Leben, wenn ich einem zum Tode kranken Menschen sagen muß, daß er bald sterben werde. Gelingt es unserem Beisammensein, das Sterben zu akzeptieren, entwickelt er eine erstaunliche Dynamik seines Lebens. Die Endphase des Lebens kann sehr wohl erfüllt gestaltet werden. Beziehungen können im Angesicht des Todes abgeklärt werden: Schuld und Entschuldung, Haß und Liebe, Versöhnung und Wahrheit können ihr letztes und redliches Wort finden. Alles dieses ist unmöglich, wenn der Sterbende nicht um seinen Zustand weiß und die Angehörigen und Freunde nicht wissen, worüber man denn reden kann. So gerät dann das Sterben in die Nähe des Verendens – obschon es Vollenden sein kann und soll.
Die Desintegration des Sterbens aus dem Leben ist um so tragischer, als die Theorie, nach der nur die Menschen etwas Sinnvolles mit ihrem Leben anfangen können, die das Sterben als Geschehnis des Lebens in ihr Leben integrieren, gut bestätigt ist. Andernfalls wird ein Mensch besessen von der dauernden Verdrängungsarbeit und der Angst, daß diese Verdrängung nicht aufrechterhalten werden kann

und sich das Sterben und das Wissen vom Ende ins Bewußtsein drängt und hier zur fundamentalen Desorientierung führt. Diese existentielle Desorientierung ist sicher die Folge einer mißlungenen Selbstdefinition und einer erheblichen Ich-Schwäche, die es verhindert, daß das Sterben in die Strategien des Lebens einbezogen wird. In einem unglücklichen Zirkel schwächt die Verdrängung, vom Ich aufrechterhalten, das Ich, das mit der Aufrechterhaltung der Verdrängung ziemlich beschäftigt ist. Das Ich stellt also keine sinnvollen und erfolgreichen Strategien, Leben biophil zu gestalten, bereit. Statt Angst zu beheben, erzeugt es (mehr oder minder unbewußte) sinnlose Angstzustände, die sich in Krisen, den normativen wie außerordentlichen, (mehr oder minder) zensiert, etwa in der Frage: »Was soll das alles?«, zu Worte melden. Auf diese schreckliche Weise vom Tode besessen zu werden ist wohl die ärgste Form der Fremdbesessenheit, des Selbstverlustes, die tragischste Form der Fremdsteuerung und des Endes aller Freiheit.

M. Heidegger schreibt in »Sein und Zeit« über die Bedeutung der Hereinnahme des Todes ins Leben: *»Das Erreichen der Gänze des Daseins im Tode ist zugleich Verlust des Seins des Da. Der Übergang von Nichtmehrdasein hebt das Dasein gerade aus der Möglichkeit, diesen Übergang zu erfahren und als erfahrenen zu verstehen.«* Im Tod repräsentiert sich gelungenes, auch teilweise mißlungenes Personsein in seiner Gänze. In ihm wird das zuvor immer unvollständige Leben erst vollständig. Erst die Erfahrung des Übergangs vom »Da« zum Nicht-mehr-Da läßt verstehen, was personales Leben bedeutet. Die Vollendung des Sterbens im Tode unterscheidet personales Leben von anderen Gestalten des Lebens, die enden, ohne zu wissen warum. Das Wissen um das Warum setzt selbstredend ein Wissen um den Sinn des Lebens voraus, das das Sterben nicht desintegrierte. Ein Sinn, der zu kurz greift, der Altern wie Tod eliminiert – beide nicht auch besinnt und so zum Sinn bringt –, ist immer ein leerer, bedeutungsloser Sinn, wenn überhaupt. Eher ein schlechter Kompromiß zwischen dem Gehabten und der Angst, es zu verlieren.

Es kommt also darauf an, vor dem Anspruch der Zeitlichkeit, des steten Vorübergangs, des immerwährenden Abschieds (kehrt doch keine Situation, keine Begegnung, kein Wort, kein Zusammen jemals so, wie es war oder ist, wieder), die Frage nach dem Lebenssinn zu beantworten. Es mag sein, daß unser Leben einen Sinn vorgegeben erhielt, sei es von »der Menschheit«, sei es »vom Leben«, sei es »von Gott«, doch dann ist er uns in aller Regel nicht erkennbar, denn das Überpersonale schweigt. Der Sinn von Leben kann nur sein, es bei sich und anderen zu erhalten und zu entfalten – also die Realisierung des Biophiliepostulats. Dieses Postulat ist jedoch formal – es gibt mir keine unmittelbaren Handlungs- oder Verstehenshinweise in konkreten Situationen des Lebens. Wie es in konkreten Situationen praktisch zu machen ist, kann kein Mensch einem anderen sagen. Das muß er selbst herausfinden.

Dieses Herausfinden ist jedoch zumeist an soziale Situationen gebunden. Das plötzlich aufgehende vollständige Wissen (*samahdi*) um das Geheimnis des vom Tod umfangenen Lebens ist sehr individuell. Oft ist es gebunden an lange Jahre einübender Versenkung in der Meditation. Mitunter wird es praktisch in gelingenden Interaktionen in Interaktionsgemeinschaften. Das Leiden unter den lebensfeindlichen Aktivitäten von institutionalisierten Sozialgebilden ist hier weniger hilfreich, wennschon sie einen Leidensdruck erzeugen können, der einen Menschen davon abhält, in die Irre zu gehen und sich von den Wertorientierungen und Vorurteilen, von den Ideologien und Ausgrenzungen solcher institutionalisierten Gebilde eine Antwort auf die Frage zu erhoffen. Die Emanzipation von institutionalisierten Gesellschaften, die gelingende Autonomie, die solche Gesellschaften allenfalls kritisch über Identifikation sich zu eigen macht, dürfte eine Voraussetzung dafür sein, Sinn zu finden, der das Sterben auch in seinem letzten Schritt, dem Tod, umgreift.

Es ist schon eigentümlich, daß wir Menschen um uns herum eine Welt aufbauen, die mit »objektiver Realität« kaum etwas zu tun hat. Die einzig uns faßbare Wirklichkeit, unser Bild von Welt und Mensch, ist unsere (oft vertäuschte, psychisch unbewußt verarbeitete und oft ebenso unbewußte) »Erinnerung« an vergangene mehr oder minder gelingende und mehr oder minder mißlingende Interaktionen. Unsere Geburt war eine harte und unbedingte Begegnung mit Realität, an die wir uns nicht mehr erinnern. Eine letzte wird unser Tod sein, den wir nicht wahrhaben möchten. Das aber bedeutet, daß unser Ich nicht unbedingt die besten Strategien entwickelt, unter konkreten Umständen (die stets nur unsere Repräsentationen von Umständen sind, die

wir aus irgendeinem Grund nahezu unvermeidlich real – unabhängig von unseren Erkenntnisvermögen existierend – halten) sich und diese Umstände biophil zu organisieren.
Ob ein Menschenleben mit seinem Ende versöhnt ist und nicht nur der Illusion solcher Versöhnung erliegt, ist vergleichsweise leicht zu testen. Wichtige (wenn auch nicht unbedingt sichere) Kriterien für solches Versöhntsein sind:

- Ein Mensch ist in der Lage, Abschied zu nehmen, ohne zu trauern. Gemeint sind hier nicht die großen Abschiede, die uns allen Trauerarbeit abverlangen, sondern die ungezählten kleinen. Zu wissen und dieses Wissen zu er-leben, daß ich diesen Menschen, diesen Baum, diese Gruppe, diese Landschaft voraussichtlich zum letzenmal in meinem Leben sehe.
- Ein Mensch ist in der Lage, auch ungebeten und ohne Worte zu verzeihen, wohl wissend, daß einmal der Tag kommen wird, und es mag schon das Heute sein, da es zu spät ist für alles Verzeihen.
- Ein Mensch wird sich freuen können an der Unwiederholbarkeit der Erfahrung des Guten, des Schönen. Er wird nicht dominant leistungs-, sondern erlebnisorientiert sein Leben leben, denn Leben heißt nicht etwas leisten, sondern etwas er-leben. Der französische Existentialismus der frühen Nachkriegszeit erzählt uns eine Novelle, in der ein Forscher des Mittelalters das Elixier des Lebens fand – und das schrecklichste Verbrechen beging, einer Maus davon zu fressen zu geben. Das Tier durfte nicht mehr sterben. Das bedeutet: Alles, was es erlebt, wird es ungezählte Male genau so erleben. Und solches Wissen ist der Tod aller Freude, aller Trauer, aller Liebe, die alle aus der Einmaligkeit von Begegnungen leben. Schon der babylonische Adapa-Mythos berichtet, der weise Adapa habe sich in seiner Weisheit den Genuß des Lebenswassers verweigert und sich so Sterblichkeit eingehandelt.
- Ein Mensch wird seine Entscheidungen und Handlungen von einiger Bedeutung danach ausrichten, wie er hätte entscheiden und handeln müssen, damit er am Ende seines Lebens sagen kann: »Es ist mir geglückt!« Darüber werden manche Dinge, die der Gegenwart und den Zeitgenossen erheblich zu sein scheinen, recht nebensächlich werden, während scheinbar Nebensächliches er-

hebliche Bedeutung erhält. Einem Menschen unrecht getan zu haben wird, »von achtern gesehen«, wesentlich erheblicher sein, als der Gewinn von Ansehen, Einfluß, Macht und Geld.

So ist der griechische Mythos um den unterweltlichen Strom Lethe, aus dem zu trinken ewiges Vergessen schenkt, ein Ausdruck von mißlingender Aufhebung von Zeitlichkeit. Zeitlichkeit wird nicht aufgehoben im Vergessen, sondern im Erinnern, auch im *Voraus-Erinnern* des eigenen Endes.

c) Die Desintegration wichtiger Lebenserfahrungen

Für ein gelingendes Verhältnis zur eigenen Zeitlichkeit ist es unverzichtbar, daß wichtige, wenn auch als negative, vielleicht das narzißtische Selbst beleidigende Erfahrungen nicht in die Uneigentlichkeit entlassen, sondern als integrale Bestandteile des eigenen Lebens verstanden werden. Je mehr Ereignisse ein Mensch aus seinem Leben als nicht zu ihm gehörend desintegriert, um so fragmentarischer und realitätsabgelöster wird sein Selbstbild sein.
Welche Erfahrungen werden nun besonders leicht abgewehrt (etwa ins Uneigentliche und damit Unerhebliche oder gar ins Vergessen verdrängt)? Es sind vor allem solche Erfahrungen, die mit dem Idealbild, das wir von uns selbst haben, nicht zusammenstimmen. Um dies nicht aufgeben zu müssen, um – wie die psychoanalytische Theorie sagen würde – unsere narzißtische Homöostase (d. h. das Gleichgewicht unseres Selbstwertfühlens) nicht zu gefährden, verleugnen oder verdrängen wir alles, was damit unverträglich ist. Die Selbstentfremdung des Menschen geschieht nicht – wie K. Marx vermutete – durch den kapitalistischen Produktionsprozeß, sondern vor allem durch die Abwehr jeder realistischen Selbsterkenntnis. Das Ergebnis ist eine fragmentierte Persönlichkeit, die sich nur aus jenen Fragmenten ihrer Erfahrungen zusammensetzt, die mit dem Idealbild des Selbst von sich verträglich sind. Es ist das ein Mosaik, dem so viele Steine fehlen, daß ein Außenstehender kaum mehr erkennen kann, was und wen es denn darstellen mag. Nur der Phantasie der fragmentierten Persönlichkeit gelingt es, darin sich selbst zu erkennen.
Daß in jedem Menschengeschick Geschichten spielen, die nicht in das Idealbild des Selbst passen, ist unbestreitbar. Daß wir versuchen

werden, unser Ideal-Selbst zu retten vor den Repräsentationen eigenen Versagens, ist ebenso verständlich, denn jede Labilisierung des psychischen Gleichgewichts bedeutet Aufwand, den wir zu vermeiden trachten; wobei nicht einmal feststeht, als wen und auf welchem Niveau wir uns (bzw. unser Selbstbild) wieder stabilisieren. Keiner, der das Risiko eingeht, die interessanteste aller Expeditionen zu unternehmen, die denkbar sind: die in die Strukturen der eigenen Person, mit dem Ziel verbesserter Selbsterkenntnis, kehrt von dieser Expedition als der zurück, der er war – und erst recht nicht als der, von dem er glaubte, er sei es gewesen.

Nicht zufällig gruben die Griechen über dem Eingang des Tempels des Apollon zu Delphi in Stein die Worte ihrer höchsten philosophischen und religiösen Weisheit ein: *Gnôthi seautón* (»Erkenne dich selbst!«).

Wir wissen heute, daß unser Unbewußtes einer unverstellten Selbsterkenntnis den Weg verlegt – aber dennoch können wir mehr von uns selbst erkennen als die Gaukelspiele des Selbst-Ideals. Sie ein wenig minimieren zu wollen, indem wir unser Selbstbild der interaktionellen Bewährung aussetzen, ist eine wichtige Voraussetzung, damit Interaktionen auf Dauer gelingen, damit Umwelt sich nicht zunehmend mehr in unverständliche Welt wandelt.

Eine wichtige Hilfe ist das »Aufarbeiten«. Es geschieht in mehreren Schritten:

1. Wenn mir etwas widerfuhr (Kritik, Mißerfolg, moralisches Versagen), das mit meinem Selbst-Ideal unverträglich ist, werde ich es nicht abwehren, sondern dazu stehen. Ich werde akzeptieren, daß solches Versagen nicht anderen angelastet werden kann, sondern vor allem mir selbst. Ich bin offenbar fähig zu Aktivitäten, die nicht mit meinem Ideal verträglich sind. Ich habe offensichtlich Eigenschaften, die dem Ideal widersprechen. Dieses zu erkennen ist der erste Schritt auf dem Wege gelingender Selbsterkenntnis.
2. Ich versuche herauszufinden, ob dieses Versagen in meiner Charakterstruktur begründet ist oder nicht. Sicherlich gibt es fehlgelernte Muster, schlechte Angewohnheiten – und gegen die kann ich etwas tun. Es gibt aber auch »Charakterfehler«, Webfehler meines Charakters, die ich nicht selbst beheben kann. Ich muß mit

ihnen leben lernen oder mich einem Menschen anvertrauen, der mir hilft (das muß keineswegs unbedingt ein Therapeut sein, auch ein weiser Freund, vor dem ich mich nicht schäme, dem ich voll vertraue, kann sehr hilfreich sein).

3. Ich werde versuchen, die fehlgelernten Fehler abzulegen. Da das in der Regel schwierig ist, da die Erkenntnis eines Fehlverhaltens sehr vertuscht und mit allen möglichen Entschuldigungen abgemildert werden kann, werde ich mich aus dem Kreis meiner wichtigsten Interaktionspartner auf solche Fehler aufmerksam machen lassen (d. h., ich werde mir einen Coach suchen). Gerade im Bemühen, eigenes interaktionelles Verhalten zu korrigieren, werde ich eine Menge über mich lernen können.
4. Ich werde versuchen, wenn es mir erst einmal gelungen ist, in etwas weniger verstellter Selbsterkenntnis, als sie mir das Phantom »Ideal-Selbst« zu vermitteln suchte, mir selbst zu begegnen und über meine tatsächlichen Begabungen und deren Grenzen unterrichtet zu sein, meine Begabungen innerhalb ihrer Grenzen zum eigenen und fremden Nutzen zu entfalten. Ich werde mich in meinen Lebensentscheidungen nicht mehr dem Spruch des Ideal-Selbst beugen. Dieses Unterwerfen macht mich mir immer fremder, es sorgt dafür, daß ich mich selbst – immer weiter von der Realität entfernt – (miß-)verstehe.

d) Die Illusion »historischer Gesetze«

Nicht wenige Menschen glauben an irgendwelche »historischen Gesetze«, die ihr eigenes Leben und das sozialer Gebilde bestimmen. Zur Herleitung solcher Gesetze werden nicht selten Pseudowissenschaften vom Typ »Astrologie«, »historischer Materialismus« oder scheinbar »evidente Regeln« benutzt (wie etwa die von *O. Spengler* um 1920 in »Der Untergang des Abendlandes«). Aber auch wenn wir uns nicht mit »Gesetzen« beschäftigen wollen, die das Schicksal einer Person von außen bestimmen – etwa die Sternkonstellation im Augenblick unserer Geburt –, bleibt uns noch die Beschäftigung mit Gesetzen *in* der Geschichte sozialer Gebilde wichtig.

Weil wir Sozialwesen sind, nehmen wir teil an den Geschichten der sozialen Gebilde, die wir als Systeme internalisierten, denen wir also – nicht nur äußerlich – zugehören. Wir tradieren und verändern im

Tradieren (gemäß unseren individuellen Erfahrungen) nicht nur die Geschichten unseres eigenen Lebens, sondern auch die Geschichten der sozialen Gebilde, in die wir eingebettet sind (wie etwa die Geschichten unserer Familie, unseres Volkes und unserer Religionsgemeinschaft), und die Geschichten der sozialen Gebilde, in die wir eintraten (etwa die unserer Unternehmen, unserer Parteien, unserer Partnerschaften). Es wurde schon deutlich gemacht, daß die Rückführung von Geschichte auf Geschichten den Begriff »objektive Geschichte« ins Land der Fabel verweist. In jeder Lebenswelt, der individuellen wie kollektiven, bricht sich das Geschehene immer wieder neu in Geschichten der Gegenwart und objektiviert sich niemals in Geschichte.

Marxisten wie auch O. Spengler nehmen dagegen eine Form der »objektiven Geschichte« an, die sich zwar bricht in den Geschichten sozialer Gebilde, dennoch aber aus diesen Geschichten insoweit rekonstruierbar wird, als es dem Geschichtsschreiber möglich ist, aus den Geschichten herauszutreten und etwa nach dem von *A. C. Danto* eingeführten Modell des »letzten Interpreten« die eigene Verstrikkung in die eigenen Geschichten zu überwinden. Diese Überwindung ist eine zwingende Voraussetzung, wenn man für sich in Anspruch nimmt, objektive historische Gesetze ermitteln zu können.

Die Tradition einer historischen Zyklentheorie ist nicht neu. Sie wurde schon von *Giovanni Battista Vico* um 1700, von *Johann Gottfried von Herder* um 1800, von *Karl Lamprecht* um 1900 mehr oder weniger prononciert ausgeführt. Zyklentheorien nehmen an, »Kulturen« seien eine Art überindividueller Wesen, die bestimmten historischen Gesetzen (in Entsprechung zu biologischen, die über das Entstehen, das Werden und das Sterben von Organismen handeln) unterworfen sind. Jeder Zyklus habe seine eigenen Geschichten: Geschichten des Werdens, der Größe und des Untergangs.

Wenn auch »Der Untergang des Abendlandes« ein zwar vielzitiertes, aber nur wenig gelesenes Werk war, bestimmte es doch das Denken nicht weniger Intellektueller bis in die späten fünfziger Jahre unseres Jahrhunderts. Die Thesen Spenglers seien deswegen hier in wenigen Zeilen angedeutet: Die Homologie der Geschichte einer Kultur mit der eines Organismus erlaubt es, verschiedene Kulturen, selbst wenn zwischen ihnen keine interaktionellen Brücken bestehen, wenigstens

in bezug auf den Ort ihrer Entwicklung zu verstehen. Die Geschichtswissenschaft hat solche Bewegungen zu erforschen, dazu ist nicht zergliederndes Erkennen, sondern Einfühlen und Erleben vonnöten. Sie gelangt dann zu Verlaufsgesetzlichkeiten, die schicksalhaft-unabänderlich und gültig sind – wie die Formen von Herrschaft und Knechtschaft oder die Formen von »Rasse«. Eine Kultur endet schließlich in Zivilisation. So stehe auch das Abendland vor seinem Ende. Der Zerfall von kulturellen Werten (dazu gehören auch die moralischen) geben davon beredtes Zeugnis.
Die Tradition des *historischen Materialismus* dagegen lehnte eine Zyklentheorie ab, nahm statt dessen jüdisch-christliche Geschichtsvorstellungen auf, nach denen Geschichte sich teleologisch fortentwickle: In den Geschichten der Juden hin auf ein messianisches Reich, in den Geschichten der Christen hin auf das »Gottesreich«, in den Geschichten des historischen Materialismus im Kommunismus. *»Er ist das aufgelöste Rätsel der Geschichte und weiß sich als diese Lösung«* (K. Marx).
Marx sieht den Motor der Geschichte in der Dialektik von Arbeit und Kapital. Deren unversöhnliche Ansprüche treiben die Geschichte einer sozioökonomischen Einheit (etwa die des in der Tradition der europäischen Antike stehenden sozioökonomischen Gebildes) über verschiedene Etappen unaufhörlich voran. Geschichte ist also nicht die eines »Geistes« oder die von »Begriffen«, sondern die von Handlungen wirklicher Menschen mit antagonistischen Interessen. Diese Menschen schaffen sich in dieser und durch diese Spannung ihre Lebensbedingungen (etwa Arbeitsteilung, Familienstrukturen), ihre sozialen Verhältnisse (etwa die von Eigentum und Herrschaft), ihre Institutionen (wie etwa Staat, Religion, Recht, Philosophie), die ihr gesellschaftliches Bewußtsein bestimmen. Die Geschichte unseres sozioökonomischen Systems ist bestimmt durch die immer abstrakter werdende Arbeit und das immer abstrakter werdende Kapital. Während anfangs (etwa zur Zeit der Sklaverei) das Kapital einem bestimmten Menschen gehörte, der dafür einen anderen Menschen kaufen mußte, um dessen Arbeitskraft an Produktionsmitteln rentabel einsetzen zu können, steht heute der Gesamtarbeiter (Rentiers im eigentlichen Sinne gibt es kaum mehr) dem Gesamtkapitalisten (in Gestalt des heutigen sozioökonomischen Systems) gegenüber. In die-

ser Spannung kommt es zu einer stetigen Entwicklung der Produktivkräfte (vor allem der Produktionsmittel), die – da und insoweit die bestehenden Produktionsverhältnisse (vor allem die Eigentums- und Herrschaftsverhältnisse, unter denen produziert wird) nicht mehr deren optimalen Einsatz und deren optimale Entfaltung sichern können – einen Umbruch dieser Verhältnisse, unter denen Menschen ihr gesellschaftliches (politisches, ökonomisches, soziales, kulturelles) Leben organisieren, heraufbeschwören. Da sich nun aber die Dialektik von Arbeit und Kapital entpersonalisierte und sich in systemischen Strukturen und deren Agenten vorstellt, kann das sozioökonomische System nur noch expandieren (und solche Expansion benötigt es zum Leben), zunächst in den Markt »Ausland«, indem es den politischen durch einen ökonomischen Imperalismus ersetzt. Nachdem aber auch der Markt »Ausland« keine rentable Kapitalanlage mehr hergibt, bleibt dem sozioökonomischen System nichts anderes übrig, als in das politische System hineinzuwuchern und die Agenten des politischen Systems in den Dienst ökonomischer Interessen zu stellen. Da damit die letzte Expansionsmöglichkeit erschöpft ist, wird das kapitalistische System, nachdem es alle (materiellen) Produktivkräfte aufs höchste entwickelte und die Arbeitsproduktivität unüberbietbar steigerte, zum Sozialismus (evolutiv oder revolutionär) mutieren.
Soweit die von Marxisten behaupteten Gesetze der Ökonomie und der Politik. Wennschon sie nur die Geschichten einer einzigen »Kultur« erzählen und obschon sie etwas tun, was kein Modell, und mag es noch so stimmig erscheinen, zu tun erlaubt: nämlich Prognosen zukünftiger Ereignisse zu erstellen, gibt es immer noch Menschen, die, weil sie die Geschichte der europäischen Ökonomie in ihren Grundzügen als zutreffend erzählt wiederfinden, an den historischen Materialismus glauben.
Töricht wäre es allerdings, wenn man mit der deutschen und amerikanischen Prestigepresse annehmen wollte, durch den Zusammenbruch der Ökonomien des Ostblocks habe sich der historische Materialismus falsifiziert. Torheit ist es zu übersehen, daß der historische Materialismus Wert auf die Feststellung legt, daß eine sozialistische Ökonomie nur dann zu entfalten ist, *nachdem* der Kapitalismus seine letzte Fruchtbarkeit entwickelte. Das war aber bei keiner der östlichen Ökonomien unter der Herrschaft des politischen Marxismus-Le-

ninismus der Fall. 1859 schreibt Marx: *»Eine Gesellschaftsformation geht nie unter, bevor alle Produktivkräfte entwickelt sind, für die sie weit genug ist, und neue höhere Produktionsverhältnisse treten nie an die Stelle, bevor die materiellen Existenzbedingungen derselben im Schoße der alten Gesellschaft selbst ausgebrütet worden sind.«* So ist es denn auch verständlich, daß Marx im »Kommunistischen Manifest« einen Lobgesang auf die kapitalistische Ordnung anstimmt. Sie weitete den Weltmarkt und gestaltete Produktion wie Konsumtion kosmopolitisch. Sie reißt durch unendlich erleichterte Kommunikation alle, auch die barbarischen Nationen in die Zivilisation. Sie hebt immer mehr die Zersplitterung von Produktionsmitteln, von Besitz und von Klassen auf. Sie hat *»in ihrer kaum hundertjährigen Klassenherrschaft massenhaftere und kolossalere Produktionskräfte geschaffen als alle vergangenen Generationen«.*
Doch ist der historische Materialismus, wissenschaftstheoretisch gesehen, nicht von wesentlich besserer Qualität als die Darlegungen Spenglers. Beiden unterlaufen erhebliche Fehler:

1. Sie konstruieren Modelle und sind der irrigen Meinung, aus ihnen ließen sich, wie aus Theorien der rein erklärenden Wissenschaften, Prognosen über zukünftige Ereignisse herleiten.
2. Sie generalisieren die Geschichten der eigenen »Kultur« und leiten aus solch unzulässigen Generalisierungen allgemeine Gesetze her.

Wenn wir die Existenz von »Schicksalsgesetzen« leugnen, soll das nicht heißen, daß ein Menschenleben oder auch das eines sozialen Gebildes nicht unter bestimmten Regeln stehe oder von bestimmten Dispositionen reguliert sein könnte, die jedoch in seiner *individuellen Vergangenheit* gründen. Über Singularitäten kann man jedoch keine Gesetze konstruieren, die irgendeinen Erkenntniswert haben. Solch ein Gesetz ohne jeden Erkenntniswert wäre etwa: »Jeder Mensch muß sterben!«, oder: »Alle uns bekannten Kulturen sind früher oder später untergegangen!« Einigen Informationswert hätten solche Aussagen nur, wenn es gelänge, die Gründe dafür auszumachen. Marx und Spengler haben das versucht – aber die Ergebnisse sind wissenschaftlich außerordentlich unbefriedigend.
Die Geschichtlichkeit ist individuell – und kennt deshalb keine überindividuellen Gesetze.

Kapitel 7

Über konkrete Welthaftigkeit 7

Als vierten Pol unseres dialektischen Pentagramms, das uns modellhaft die Struktur des personalen Systems »psycho-sozio-somatische Einheit« verdeutlichen soll, nannten wir die »Welthaftigkeit«. Personsein bedeutet immer auch *In-Welt-Sein*. Auch das Wissen um die radikale Weltverwiesenheit von Personen ist wichtige Voraussetzung für menschliches Miteinander-Umgehen.

1. Was »Welt« bedeutet

Martin Heidegger machte schon früh in »Sein und Zeit« darauf aufmerksam, daß eine Bestimmung von Welt nicht ausgehen kann von den zahllosen Weltbildern, die in verschiedenen »Kulturen« erzeugt wurden und sich in mythischen Geschichten über das Entstehen und Vergehen von Welt zur Sprache brachten.

Wenn wir heute nicht mehr über mythische Weltbilder, ein mythisches Verstehen, was denn »Welt« bezeichne, verfügen, ist das keineswegs nur Bereicherung. Magische und mythische Weltbilder umgreifen im Bild – ohne je aus dem Bild heraustreten zu müssen, im Wissen um die Spannung von Weltlichkeit und Unweltlichkeit des magischen Geschehens und der mythischen Geschichten – Welt umfassender als »unsere Weltbilder«. Ein Weltkonstrukt, das vor allem empirisch-wissenschaftliche Informationen zu verarbeiten und zu vereinigen sucht, muß stets Fragment bleiben. Wie sehr wird doch Welt fragmentiert, wenn man etwa vom »Kopernikanischen Weltbild« spricht! Was meint da »Welt«?

Der Heidegger von »Sein und Zeit« verweist zu Recht darauf, daß man am stets auch individuellen Dasein (als einem »Seienden, das sich in seinem Sein verstehend zu diesem Sein verhält«, aber auch »Seiendes, das je ich selbst bin«) nur ausmachen könne, was Welt und In-Welt-Sein bedeute. Es kann nicht erschöpft werden durch die Aufzählung aller Dinge, die auch in Welt sind, denn Welt ist mehr als die Summe aller Dinge in Welt, zugleich aber auch weniger, da sie nicht alle vergangenen, gegenwärtigen und zukünftigen Dinge in Welt kennen muß. Der späte Heidegger bestimmt »Welt« als geschichtlich und sprachlich ausgelegten Horizont jedes Verstehens und als geschichtlich und sprachliche Erfahrung der eigenen Existenz. »Welt« ist damit ein in Geschichte und Sprachlichkeit sich wandelndes Epiphänomen des Verstehens menschlicher Existenz.

»Welt« setzt sich als Begriff von verstandener Welt immer schon als gegeben voraus, auch wenn sie sich erst im Sprechen über sie, im Bedenken ihrer schafft. Es gibt sie nicht. Aber sie wird immer neu, gebunden allerdings an Menschsein. Ohne ihren »Begriff« wäre Welt nicht. Sie wird erst von ihm geschaffen. Die Analyse dieses Begriffs aber macht deutlich, daß er etwas Umhüllendes sagt, in dem etwas ist. Es bezeichnet keine Sachverhalte, keine Menge von Sachverhalten, sei sie geordnet oder nicht, sondern die »Umhüllende aller möglichen und denkbaren Sachverhalte«, mögen sie nun außerhalb unseres Erkennens bestehen oder nicht. Alles, was ist, kann, insofern es ist, nur in Welt sein. Etwas, was in keiner Weise in Welt ist, kann auch nicht sein. Welt ist also das *Worin* alles Seienden. Auch des Menschen. Er schafft Welt in seinem Begreifen von sich selbst und setzt sich in seinem Begreifen in Welt als seinem Worin.

Das macht deutlich, daß der Begriff von Welt prinzipiell alle Konstrukte umgreift. Auch das Selbstkonstrukt befindet sich in etwas, wie auch das Weltkonstrukt und die Konstrukte sozialer Systeme. Es gilt also sorgsam zu unterscheiden zwischen Weltbild (= Weltkonstrukt) und dem »Begriff von Welt«. Unter diesen Begriff fällt alles, was ist, als seiend gedacht. Aus diesem Grund haben wir in der Skizze der Konstrukte (vgl. Seite 64) »Welt« als Umhüllende bezeichnet. Welt ist also nicht real in dem Sinne, daß sie unabhängig von unserem Erkennen existieren könnte. Unabhängig von unserem Erkennen existieren nur »Sachen«.

Diese Einsicht verdeutlicht, daß, wie *I. Kant* schon feststellte, Welt in philosophischer Bedeutung des Wortes nicht etwas bezeichnet, das außerhalb unserer Erkenntnisvermögen existiert. Welt als »die absolute Totalität des Inbegriffs existierender Dinge« steht für eine normative (transzendentale) Idee, deren Begriff wir notwendig bilden müssen. Das Verfügen über diesen Begriff ist die Bedingung der Möglichkeit, Reales überhaupt zu denken. Von Kant stammt auch die Einsicht, daß Welt auch »Moralische Welt« umfaßt. Sie wiederum sei die Grundlage der Idee »Freiheit«.

Wenn wir heute auch kaum noch einen apriorischen Kosmos sittlicher Gesetze annehmen, so ist doch die Einsicht, daß ein In-Welt-Sein nicht nur eine Orientierung auf und an Zeichen, die auf Sachen zu verweisen scheinen, sondern auch eine solche, die auf Werte (darunter auch moralische) zu verweisen scheinen, wichtig. Zum Weltbegriff gehören nicht nur »Sachzeichen«, sondern auch weisende.

Ohne den Begriff dieser Umschließenden würde die Vorstellung von Ordnung nicht möglich sein. Und diese Vorstellung von Ordnung ist notwendig für jedes Erkennen, das, wie das menschliche, in dem Erkennen von informationserzeugenden Zeichen gründet. Nicht zufällig bedeutet das griechische »Kósmos« der Vorsokratiker ebenso »Welt« wie »Ordnung«.

Philolaos, ein Zeitgenosse des Sokrates, dürfte als erster eine Kosmostheorie entworfen haben, die entfernt unserem heutigen Verstehen ähnelt. Bei *Platon* bezeichnet Kosmos unter anderem das durch den Schöpfer nach den Prinzipien der Harmonie hervorgebrachte einheitliche Ganze (*tò hólon*) des Alles (*pân*), das vor aller Zeit geworden ist. Noch heute zeugt die gelegentliche Gleichsetzung von »Welt« und »Schöpfung«, daß dieser Sprachgebrauch Platons nicht untergegangen ist.

2. Welt als Zeichen

An dieser Stelle ist es angebracht, einen kleinen Ausflug in die *Erkenntnistheorie* zu versuchen – nicht aus wissenschaftlichem Interesse, sondern aus praktischem: Machen wir uns doch über das, was in Welt ist, meist erhebliche Illusionen. Werden solche Illusionen nicht durchschaut, kann es zu nicht-behebbaren Konflikten kommen.

Sicherlich ist der Begriff von Welt als der Begriff eines alles Umhüllenden allen Menschen gemeinsam. Auch dürfte allen Menschen gemeinsam sein die Differenzierung von Welt und Ich (als Konstrukte). Doch was und wie »Welt« umhüllt, das *Was* und *Wie* der Konstrukte, ist bei allen Menschen verschieden, auch wenn bei Menschen, die in ein ähnliches soziokulturelles Gebilde hinein sozialisiert wurden, zureichende Ähnlichkeiten vorhanden sind, um Kommunikation zu ermöglichen. Doch stets gilt es zu bedenken, das bei jedem Menschen Konstrukte und der Inhalt der Umhüllenden auf Grund individueller Erfahrungen anders gebildet wurde. Wenn das verkannt wird, ist menschliches Miteinander-Umgehen kaum möglich.
Der Begriff von der »Umhüllenden aller Sachverhalte« ist als Begriff ein Zeichen. Zeichen gelten aber dem Alltagswissen nicht als etwas Reales, das seine Realität aus erster Hand hat. Real (im Sinne der Realität von Sachen) ist auch nicht das, worauf sie zeigen, denn sie zeigen immer wieder auf andere Zeichen. Ihre Realität ist wie die aller Begriffe eine von unseren Erkenntnisvermögen geschaffene Realität, eine Realität »aus zweiter Hand«. Insofern reines Zeichen, ist der Sachverhalt »Zeichen« ein logisches Gebilde.
»Welt« bedeutet also als Inbegriff ein »reines Zeichen« – nicht mehr und nicht weniger. Das soll heißen, es gibt sie nur als Zeichen. Sie geht restlos in ihrer Zeichenhaftigkeit auf. Es gibt keine Welt, die außerhalb der Zeichenfunktion eines Begriffs besteht. Was aber bezeichnet das Zeichen »Welt«? Diese Fragen können wir jedoch nicht mit einem Hinweis (etwa mit einem Zeichen, das auf etwas zeigt) beantworten, wie wir es können, wenn jemand uns fragt, was denn das Zeichen »Tisch« bedeute. Damit haben wir noch nicht verstanden, was ein Tisch sei. Um das zu verstehen, benötigen wir weitere Zeichen, seien es Sprach- oder Tathandlungen, die Zeichen stiften. Wir verstehen also nur Zeichen. Sachverhalte, die nicht Zeichen sind, verstehen wir nicht.
Das aber hat seine Folgen: Alle Sachverhalte, insofern sie in Welt sind, sind reine Zeichen. Nur insofern sie nicht in Welt sind, sondern irgendwo anders, etwa in einem Zimmer, einem Wald oder einem Planetensystem, können Sachverhalte keine Zeichen sein. Da wir aber nur das verstehen, was in Welt ist, können wir zeichenlose Sachverhalte, die in einem Zimmer, einem Wald oder einem Plane-

tensystem sind, nicht verstehen. Und da Verstehen und Erkennen eine dialektische Einheit bilden – erkennen wir doch nur immer im Horizont verstehenden Erklärens, und Verstehen wir doch nur im Erkennen –, können wir diese »reinen Sachverhalte« weder erkennen noch erklären. Sie sind bloße Anschauungen. Sobald wir sie in Sprache einholen, sie in Worte fassen, von der bloßen Anschauung zur Erkenntnis bringen, werden sie zu Zeichen – und zwar zu reinen.

Dieser Zeichencharakter aller Worte läßt sich leicht belegen. Wenn wir nach der Bedeutung von Worten im Horizont von Sprache oder Erkennen (also nicht von bloßer Anschauung) fragen, bleibt uns nichts anderes übrig, als das befragte Zeichen mit anderen Zeichen zu beschreiben, zu be-zeichnen. Zeichen sind Zeichen, insofern wir etwas verstehen. Erklären bedeutet dagegen, ein Zeichen durch andere Zeichen, die vielleicht verständlicher sind, zu ersetzen. Sicherlich neigen wir dazu, Zeichen etwas zuzuordnen, das kein Zeichen ist. So werden die meisten Menschen dem Wort »Tisch« eine Sache zuordnen, die kein Zeichen zu sein scheint – etwa einen Sachverhalt, an den man sich setzt, um zu Mittag zu essen (genauer: eine Sache, die sich so verhält, daß man an ihr zu Mittag essen kann). Wer so argumentiert, vergißt, daß die Bedeutung von »Tisch« erst wieder durch Zeichen erklärt werden muß, wenn verständlich werden soll, was ein Tisch ist (etwa durch die Zeichen: »An ihn kann man sich setzen, um zu Mittag zu essen«).

Zu Recht bemerkt J. Simon: *»Wir leben in dem Glauben, Zeichen hätten wenigstens ›in the long run‹ etwas anderes als immer wieder Zeichen zu bedeuten, obwohl wir jetzt und in jeder vorstellbaren Gegenwart als Antwort auf die Frage nach der Bedeutung eines Zeichens immer wieder nur ein anderes Zeichen nennen können und gerade die als objektiv vermeinte Bedeutung unsere bloße ›Meinung‹ bleibt.«*

Schon *Platon* kannte diesen realitätsablösenden Zwang unserer Erkenntnisvermögen, Zeichen (die er »Simulakra« nannte) »objektive Sachverhalte« zuzuordnen. Diese Illusion macht nicht nur verständlich, daß die Weltbegriffe (aber auch die Weltkonstrukte), die Menschen erzeugen, sich um die Zeichen organisieren, die sie mit positiven Emotionen besetzten. Zugleich aber wird einsehbar, daß das

Zeichenrepertoire auch die Möglichkeiten und Grenzen individueller wie kollektiver Weltbilder bestimmt.
Das personale Strukturelement »Welthaftigkeit« macht deutlich, daß wir in einer Welt von Zeichen und nicht in einer Welt zeichenabgelöster, »objektiver Realität« leben. Wir wollen diese aus Zeichen aufgebaute Welt, die Welt unseres Wirkens, »Wirklichkeit« nennen.
Die psychoanalytische Theorie weiß ebenfalls davon, daß wir in einer Welt von »Objekten« leben. Dabei bezeichnet »Objekt« nicht etwa etwas, das ohne uns und unser Erkennen und Verstehen bestehen könnte, sondern eine emotionsbesetzte Repräsentanz, der wir einen »realen Sachverhalt« zusprechen. In unseren Welten befinden sich also nicht etwa »reale Sachverhalte«, sondern Objekte. Diese Objekte haben durchaus den Charakter von Zeichen – sie bezeichnen andere Objekte. Ohne diesen Verweisungscharakter gäbe es keine Objekte. Sollte es dem Bewußten schon einmal gelingen, ein »isoliertes«, (ein) nicht auf andere Objekte bezogenes »Objekt« zu repräsentieren, sorgen Vorbewußtes und Unbewußtes dafür, daß es unverzüglich eingebunden wird in die Welt der übrigen Objekte. Es gibt also keine beziehungslosen und damit unverständlichen Objekte. Welt ist psychoanalytisch daher nicht die Umhüllende von »realen Sachverhalten«, sondern die der mehr oder minder konsistenten Menge der Objekte.
Wie aber kommt »Welt« zustande? Sie ist das Ergebnis unserer interaktionellen Erfahrungen, in denen Geben, Nehmen und Verarbeiten von informationserzeugenden Signalen eine ebenso wichtige Rolle spielen wie Kontaktvergewisserungen, Selbstdarstellungen und mehr oder minder versteckte Appelle. Ein und dieselbe Signalfolge kann also zu sehr verschiedenen Informationen verarbeitet werden. Weicht diese Information wesentlich von der des Signalgebers ab, sind also die Objekte, die die Interaktionspartner auf Grund ihrer Interaktionen erzeugen, wesentlich voneinander unterschieden, kommt es zu fundamentalen Mißverständnissen. Objekte sind nicht nur abhängig von der individuellen Konstruktbildung, sondern auch eng verbunden mit den Begleitumständen der interaktionellen Vermittlung.
Wann wird »In-Welt-Sein« praktisch? Es macht sich praktisch in allen Interaktionen, die, wenn sie irgendwie verständlich sein sollten, von Welt als ihrer Umhüllenden umgeben sind. In jeder Interaktion tref-

fen verschiedene Welten aufeinander, man könnte sagen: interagieren verschiedene Welten miteinander. Interaktionen, die Kommunikationsgemeinschaften begründen oder in ihnen spielen, besorgen eine Dynamisierung im Bereich der Konstrukte der Zeichen, der Objekte – also auch der Welt und des In-Welt-Seins. Häufig gelingende Interaktionen, die in Kommunikationsgemeinschaften spielen, führen zur Annäherung der Welten und damit der Wirklichkeiten.
Interaktionen, die in Institutionen spielen, befestigen dagegen, wenn diese Interaktionen von der systemischen Struktur der Institution reguliert werden, die standardisierten Zeichen (zusammen mit deren institutionalisierten Bedeutungen und Verknüpfungsregeln) dieser Institution. Hier exerziert sich eine erstarrte Welt (die in ihrer Erstarrung immer gefährdet ist) von den Mitgliedern ihrer inneren und äußeren Umwelt und droht in die Unverständlichkeit einer untergegangenen Welt verbannt zu werden. Von Systemagenten wird erwartet, daß sie die Welt der Institution zu ihrer eigenen machen und bereit sind, mit ihr unterzugehen. Die Ereignisse von 1990 bis 1992 im ehemaligen Ostblock geben davon beredtes Zeugnis.

3. Zur Geschichte der Welthaftigkeit

Daß Menschen schon früh den Begriff »Welt« bildeten, mag sehr wahrscheinlich sein. Aber ganz so selbstverständlich ist das Verfügen über »Welt« als Zeichen für die Umhüllende von Konstrukten und Objekten auch wieder nicht. Ehe die Vorsokratiker den Kosmos verweltlichten, war es in der griechischen Philosophie eher üblich, mit »Kosmos« eine soziale oder moralische Ordnungsvorstellung zu verbinden.
Vermutlich bezeichnete Kósmos in vorphilosophischer Zeit ein Durchsetzen von Befehlen und Gesetzen wie auch ein Einfügen des einzelnen in das militärische oder politische Sozialgebilde. Die Geschichtsschreiber *Herodot* (um 450) und *Thukydides* (um 400) meinten mit Kosmos die Verfassung der Polis, des griechischen Stadtstaates. Die Philosophen *Demokrit, Platon* und *Aristoteles* wiederum bezeichnen im 4. Jahrhundert v. Chr. mit Kosmos des öfteren auch politische Verfassungen im allgemeinen. Erst als sich vom Osten her

astronomische Vorstellungen Bahn brachen, wurde der Ordnungsbegriff vom Sozialen auf »Welt der Gestirne« ausgedehnt. Immer noch war er ein Begriff, der – damit anderen Begriffen gleich – etwas Unbegriffliches zu bezeichnen beanspruchte. Es ist nicht auszumachen, wann »Welt« erstmals als Begriff verwandt wurde, der nichts bezeichnet als eine imaginäre Umhüllende. Vermutlich wurde »Welt« philosophisch in ihrer fundamentalen und existentiellen Erheblichkeit erstmals von *Kant* gedacht.

Wir wollen im folgenden »Welt« als den Begriff verstehen, der den Horizont auslotet, innerhalb dessen ein Mensch im Anspruchsbereich seiner Konstrukte sein Erkennen-Erklären-Verstehen (als eine unaufhebbare Einheit) erfährt. Dabei wird er im Regelfall vermuten, daß dieser Horizont für alle Menschen gleich gezogen sei oder doch zumindest ähnlich. Die in geschichtlicher Bedingtheit, in sprachlicher Verwiesenheit und in Konstruktbildung gründende Individualität des Horizonts »Welt« wird ihm zumeist erst in der (philosophischen oder vorphilosophischen) Reflexion über interaktionelles Geschehen deutlich. So lebt denn jeder Mensch in einem anderen Horizont, der sein Geschick, sein Schicksal ist. Das zu bedenken, führt ihn dazu, zwischen wirklicher Welt (der der Eigenwelt eines jeden Menschen, in dem sein Schicksal geschieht) und realer Welt (als einem erkenntnistheoretischen Konstrukt, das von der Menge aller möglichen wahren Aussagen definiert wird) zu unterscheiden.

Der Wirklichkeit von Welt entsprechen die in menschlicher Geschichtlichkeit und den interaktionellen Erfahrungen (samt deren Verarbeitung und unbewußter Neuorganisation in Konstrukten) entsprechenden Geschichten, wenn sie authentisch, soll heißen, die Eigenwahrnehmung und Eigenüberzeugung möglichst unverstellt wiedergebend, erzählt werden. Aus den Geschichten eines Menschen könnte man seine Welt rekonstruieren, wenn man sie nicht als von den eigenen Konstrukten erzeugte Geschichten verstehen müßte. So ist es nur möglich, die Geschichten zu einem Du-Konstrukt zusammenzusetzen. Fremde Geschichten werden also immer interpretiert als mögliche Eigengeschichten, die, wennschon authentisch erzählt, doch niemals wie gemeint zu verstehen sind.

Die schon zitierte Einsicht des *Protagoras von Abdera*, nach der der (konkrete, je andere) Mensch das Maß aller Dinge sei: *»der Seienden,*

das sie sind, und der Nichtseienden, das sie nicht sind«, scheint schon in der Mitte des fünften vorchristlichen Jahrhunderts etwas von unserem Wissen über das, was In-Welt-Sein bedeutet, vorwegzunehmen. Jeder Mensch lebt nicht nur in seiner eigenen Welt, sondern auch seine eigene Welt.
Erst im 17. Jahrhundert kommt (in Anwendung des Realismus der Containermetapher) mit dem Siegeszug der Naturwissenschaften der Mythos auf, wir Menschen verfügten über ein Wissen, das allen identisch zur Verfügung stünde. Erst *K. Marx* und *S. Freud* zerbrachen diesen Mythos, der die Moderne begründete, da sie erkannten, daß alles Wissen Epiphänomen entweder des gesellschaftlichen Seins (Marx) oder des Unbewußten (Freud) und also subjektiv ist.

4. Das In-Welt-Werden

Daß das Bild von Welt eines Menschen sich in den ersten Lebensjahren in der Trennung von Selbst- und Weltkonstrukt weitgehend individuell gestaltet, wurde schon berichtet. Die erste Welt des Säuglings ist für vier bis sechs Monate die »der kosmischen Einheit« (in der Selbst- und Weltkonstrukt noch nicht geschieden sind). Er ist »die Welt«. Diese »kosmische Selbstwahrnehmung« und ihr Zerbrechen sind für die Weltbildung eines Menschen und sein Wissen über sein In-Welt-Sein von entscheidender Bedeutung.
Das zunächst noch weitgehend unverständliche Weltkonstrukt wird durch die Strategien des Ichs langsam beherrschbar. Und in eben dieser Weise, wie Weltbeherrschung durch das Ich gelingt, wird das Ich nach Stärke und Struktur (aus der die beherrschten Techniken der Umweltmeisterung folgen) ausgebildet. Jetzt stehen Selbst und Welt einander gegenüber. Das Selbst wird komplementär zur Welt gebildet. Hier wird offensichtlich, daß das Bild von Welt und die Anschauung von Welt kaum etwas mit »Welt an sich« zu tun haben. Es ist vielmehr die Vorstellung, die das Konstrukt von Welt, die dem Selbst entgegensteht als sein »anderes«, ausmacht.
Andererseits nimmt das Kind Welt nicht nur als Gegenüber wahr, sondern auch als mit sich verbunden. Hier ist es vor allem die Rückspiegelungsarbeit der Mutter, in der es sich entscheidet, ob »Welt« vor

allem als funktionale Größe der Bedürfnisbefriedigung wahrgenommen wird oder als personale Größe, ob das Selbst ein personales oder funktionales Verhältnis zu sich selbst entwickelt. Geschieht diese Spiegelungsarbeit nur unzureichend, werden Selbst- und Weltkonstrukt nur fragmentarisch ausgebildet.
Spätestens an dieser Stelle wird deutlich, daß das Werden des In-Welt-Seins von sehr verschiedenen Faktoren abhängt, die das Konstrukt und die Anschauung von Welt bestimmen.
Wenn man nach dem In-Welt-Sein eines Menschen fragt, wird man sehr oft eine rationalisierte (dem Selbst-Ideal korrespondierende) Antwort erhalten. Möchte man mehr vom eigenen und fremden In-Welt-Sein erfahren, sollte man – selbstredend immer nur im Horizont der eigenen Konstrukte – Interaktionsfolgen analysieren. Man kann aber auch das eigene wie das fremde Weltbild zu rekonstruieren versuchen aus seinen Geschichten (die im Verstehen jedoch immer zu unseren eigenen werden). Das setzt jedoch die Fähigkeit voraus, Deckgeschichten (das sind Geschichten, die bewußt oder unbewußt tatsächlich Geschehenes bedecken, verstecken) von »wirklichen Geschichten« zu unterscheiden.
Das aber will gelernt sein. Die Kunst, das Eigene vom Fremden zu trennen, die Fähigkeit, zwischen Du-Konstrukt und Du zu unterscheiden, ist nur schwer zu erlernen. Nicht zufällig müssen zukünftige Analytiker sich selbst einer vieljährigen Analyse und einer dauernden Supervision ihrer Tätigkeit unterziehen, um solcher Verwechslung nicht unkontrolliert zu verfallen.

a) Weltbild

Das Weltkonstrukt repräsentiert sich unter zwei Aspekten: als Weltbild und als Weltanschauung. »Weltbild« bezeichnet eine mehr oder minder konsistente Menge von Wissen über Objekte, die über unbewußte Strategien zur Einheit zusammengeführt werden. Das (intellektuell-emotional) nach solcher Verarbeitung erzeugte Wissen führt zu differenzierten Weltbildern. Diese Differenzierung wird maßgeblich von dem Objekt (oder dem Objekttyp) bestimmt, der im Mittelpunkt des Interesses steht. Dieses Interesse wiederum ist weitgehend bestimmt vom Selbstkonstrukt des Betroffenen. So kann man unterscheiden:

- *Religiöse* Weltbilder, in denen ein Gott oder ein göttliches Prinzip dem individuellen Leben wie dem Lauf der Welt Ordnung und Sinn vorgibt.
- *Anthropozentrische* Weltbilder, in denen Menschen sich und/oder die von ihnen geschaffene Kulturwelt in den Mittelpunkt stellen. Die Kulturwelt wird meist als eine der mehr oder minder chaotischen und wenig Sinn zuspielenden Naturwelt abgerungene Welt verstanden. Erst Technik und Institutionen schaffen Ordnung und Sinn.
- *Soziozentrische* Weltbilder, in denen Menschen in der Begegnung mit anderen Menschen über gelingendes Interagieren für sich und andere Ordnung und Sinn schaffen. Konstrukte (vor allem das Selbst- und das Weltkonstrukt) müssen sich bewähren in Interaktionen.
- *Meachanistische* Weltbilder, in denen Menschen davon überzeugt sind, daß die Natur (die physikalische wie die biologische, politische, ökonomische) festen Regeln als Ausdruck einer grandiosen Ordnung gehorche. Insofern Menschen Teil dieser kosmischen, durch ordnung- und sinnschaffende Gesetze determinierten Welt sind, hat ihr Leben Ordnung und Sinn, wenn es sich dem Walten der Gesetze unterstellt.
- *Biozentrische* Weltbilder, in denen Menschen überzeugt sind, daß sie selbst eingebettet sind in das Leben. Nur ein menschliches Verhalten, das nicht das Leben um sich herum (und damit auch mittelbar in sich) zerstört, hat Sinn und Ordnung. Die Ordnung ist die des Lebens.

Nicht selten sind jedoch als Folge einer fragmentierten Selbstrepräsentanz auch die Weltbilder fragmentiert. Die Objekttypen bilden zusammengesetzt kein Fresko, das für einen Außenstehenden verständlich wäre. Nur der Eigner eines solchen Weltbildes kann es über ihm unbewußte Brücken als verständlich und konsistent vermuten. Die Dialektik zwischen den vielen Objekten und der einen Welt führt meist nicht zu fundamentalen Schwierigkeiten. Nur selten lösen Menschen das Problem, indem sie Welt wieder auf Selbst zurücknehmen. Das aber kann das Symptom einer psychotischen Störung sein.
Das Weltbild eines Menschen ist ein wichtiges Strukturelement seiner

Persönlichkeit. In ihm verdichten sich die Selbstverständlichkeiten seines Umgangs mit Welt – also auch seiner Interaktionen.
Man kann individuelle Weltbilder von kollektiven unterscheiden. Die kollektiven Weltbilder sind Strukturelemente des Allgemeinen Bewußtseins innerhalb von Sozialgebilden. Sie bestimmen die kollektiven Selbstverständlichkeiten über Welt. Da Menschen in der Selbst-Bildung Inhalte des Allgemeinen Bewußtseins internalisieren, findet man in der Regel im Weltbild eines Menschen in mehr oder minder großen Anteilen weltbildhafte Elemente des Allgemeinen Bewußtseins, aber auch der Geschichte seiner Sozialität wieder.

b) Weltanschauung

»Weltanschauung« nennen wir den Aspekt des Weltkonstrukts eines Menschen, der vor allem Wertorientierungen enthält. Man kann auch von »Wertewelt« sprechen, wennschon dieses Wort fälschlich nahelegt, die Objektwelt und die Wertewelt seien fundamental voneinander unterschieden. Das aber sind sie gerade nicht, denn beide sind Aspekte des einen Konstrukts. Die Wertorientierung eines Menschen ist aus seinen Interaktionen nur sehr viel leichter zu erheben als die Selbstverständlichkeiten seines Weltbildes. Da man Werten Bedürfnisse zuordnen kann, mag man sinnvoll unterscheiden:

- *Narzißtische* Wertwelten, in denen Werte wie Erfolg, Anerkennung, Selbstverwirklichung, Bessersein, Erstersein die entscheidende Rolle spielen.
- *Soziale* Wertwelten, in denen soziale Werte wie Frieden (als Konfliktfähigkeit), Freiheit (als das Vermögen und die Bereitschaft, selbstverantwortlich sein Leben zu gestalten), Kulturwerte, Tradition als Wert die zentrale Rolle übernehmen.
- *Erotische* Wertwelten, in denen erotische Werte wie Freundschaft, Kameradschaft, Liebe (mit ihren Sublimationsformen Nächstenliebe, Feindesliebe, Gottesliebe) die wichtigste Rolle spielen.
- *Aggressive* Wertwelten, in denen aggressive Werte wie Rechtbehalten, Siegen, Kämpfen, Wettstreiten im Mittelpunkt der Weltanschauung stehen.

Da die individuelle Weltanschauung von der psychischen, sozialen und kosmischen Situation abhängt, in der sich ein Mensch befindet, kann man nicht von der Wertbestimmung, die die Interaktionen in einer einzigen Situation bestimmen, unbedingt auf die schließen, die die einer anderen Situation führen. So kann zumindest der Schwerpunkt, die Hierarchie der interaktionsleitenden Werte von Welt zu Welt, von Tag zu Tag, ein anderer sein. So stabil ein Weltbild sein mag, so instabil können (nicht müssen) Weltanschauungen sein, da sie oft rollenspezifisch orientiert sind. So kann die Wertorientierung, die die Interaktionen eines Managers mit seinen Wettbewerbern bestimmen, sehr viel anders aussehen als die, die seine Interaktionen mit seinen Mitarbeitern oder seinen Kindern leiten. Das soll heißen: Die in der personalen Struktur vorgegebenen Wertorientierungen werden situationsspezifisch hierarchisiert. Die Konstanz liegt dabei nicht bei den Werten, sondern meist bei den Unwerten, die eine Person unter allen Umständen nicht interaktionell realisieren will. So könnte etwa der genannte Manager in keiner der genannten Situationen bereit sein, etwas zu tun, was er für Unrecht hält.

Innerhalb eines bestimmten Rahmens sind Werte meist sehr viel variabler als Unwerte. Das mag damit zusammenhängen, daß der mit der Realisierung von Unwerten verbundene psychische und soziale Aufwand bei gelungener Sozialisation für erheblicher gehalten wird als der durch die Realisierung von Unwerten erwartete Nutzen.

Eine relative Stabilität verdanken Weltanschauungen und die mit ihnen verbundenen positiven Wertorientierungen der relativen Konstanz der Wertüberzeugungen des Allgemeinen Bewußtseins. Wenn dieses internalisiert wurde, ist sowohl eine relative individuelle wie kollektive Wertkonstanz anzunehmen. Wie schon gesagt, sind heute, im Übergang vom individualistischen Denken zum interaktionistischen das Allgemeine Bewußtsein und seine Wertimplikationen im heftigen Wandel begriffen, so daß diese Feststellung relativer Stabilität heute nur einen begrenzten Wert hat.

Jedes soziokulturelle und jedes sozioökonomische Gebilde definiert sich auch über Werte und Unwerte. Kirchen, wie marktwirtschaftliche Ordnungen, Demokratien wie Diktaturen, offene wie geschlossene Gesellschaften verfügen über ein mitunter erstaunliches Wissen über alles, was mit Werten zu tun hat. Sie wissen, was gut und böse, richtig und falsch, vernünftig und unvernünftig, wichtig und unwichtig ist.

Dieses Wissen ist zumeist eine unmittelbare Konsequenz der Identität eines Sozialgebildes mit sich selbst. Es dient dem Selbsterhalt.
Daß dabei auch die Sprachverfügung, wie *W. von Humboldt, F. Mauthner, B. L. Whorf* u. a. überzeugend aufwiesen, eine Rolle spielt, sei dabei nicht bestritten. Da wir jenseits unserer Sprache zumindest keine kollektiven Werteinstellungen von einiger Komplexität aufbauen können, sei zugegeben, daß, wennschon nicht die sprachliche Vermittlung, so doch die Muster der bevorzugten Interaktionen mit den Werteinstellungen korrelieren. Die aber können Sprachlichkeit transzendieren.
Entsprechend den Weltbildtypen werden (meist im nachhinein) die Werteordnungen der Weltbilder gerechtfertigt. So gibt es, je nach der Quelle der Werte, theozentrische, anthropozentrische oder soziozentrische Weltanschauungen. Der ursprüngliche Grund der Wertbildung ist das die Weltanschauung leitende Paradigma. Und das ist in der Regel identisch mit dem das Weltbild leitenden.

5. Das In-Welt-Sein und das Nicht-in-Welt-Sein

Wir Menschen sind also, insofern Menschen, immer in Welt. Und das so umfassend, daß *L. Wittgenstein* im »Tractatus« schreiben kann: *»Ich bin meine Welt«*, und das Ich tritt in die Philosophie dadurch ein, daß *»die Welt meine Welt ist«*. Andererseits aber erschöpft sich unsere Existenz nicht in diesem In-Welt-Sein, nicht in Weltlichkeit. Wir leben vielmehr diese Weltlichkeit in dialektischer Spannung mit unserer Unweltlichkeit. Nur diese Spannung von Welt mit ihrer Negation, der Unwelt, läßt uns mit Welt werdend, in ihr und außer ihr in stetem Werden sein. Wittgenstein formulierte die eigentümliche Unweltlichkeit der Person so: *»Das Subjekt gehört nicht zur Welt, sondern es ist eine Grenze der Welt.«* Wir leben am Rand unserer Welt, sind gleichsam deren Singularitäten, die es uns verbieten, über uns und Welt zu integrieren.
»Unweltlichkeit« soll heißen, daß wir nicht nur von Welt geborgene, sondern gleichermaßen mit Welt Unversöhnte, ja, aus Welt Verstoßene sind. Das gilt sowohl für die »Zeichenwelt«, deren Sachverhalte Zeichen sind, als auch für die von uns aus dem Horizont der Reprä-

sentanz entlassene »Realwelt«, von der wir, durch unsere Sprache verführt, annehmen, daß sie in irgendeiner magischen Weise mit der Welt unserer Zeichen korrespondiere. Das gilt aber auch für jene »Welt unserer Wirklichkeiten«, die wir dadurch aufbauen, daß wir Zeichen nichtzeichenhafte Sachverhalte zuordnen.

Daß wir selbst nicht mit unserer Zeichenwelt versöhnt sind, beweist, daß unsere Zeichen nicht einmal für uns selbst eindeutig sind. Wir vermuten gar, daß es eine Welt gäbe, die außerhalb unserer Zeichen liegt. Wie auch immer wir unsere Zeichenwelt dehnen, sie stößt nie an eine Grenze. Verweist das nicht auf eine Realwelt, die immer mächtiger ist als die Welt unserer Zeichen? Zwar gilt das Wort L. Wittgensteins für diese Welt, nach dem, wenn man Zeichen nicht auf Sprachzeichen, sondern jede Form von Zeichen anwendet, die in Interaktionen vorkommen können, die Grenzen meiner Zeichen die Grenzen meiner Welt bedeuten. Es gilt aber auch seine Vermutung, daß es etwas jedes konkrete System von Zeichen Transzendierendes gibt. Er nennt es »das Mystische«, vor dessen Anspruch unsere Zeichen schweigen.

Wir sind aber auch nicht mit der Welt unserer Wirklichkeiten versöhnt. Diese »wirkliche Welt« (sehr zu unterscheiden von »realer Welt«) konstruieren wir und ordnen – sprachverführt über psychische Zwänge – Zeichen nichtzeichenhafte Sachverhalte zu, so daß möglichst jedem Zeichen ein Sachverhalt oder eine Klasse von Sachverhalten entspricht. Diese durch unsere Zeichen erzeugten Sachverhalte nehmen wir in unserem magischen Weltbild als real wahr. Die Unversöhntheit mit dieser Welt demonstrieren uns alltäglich Interaktionen, die ihre Relativität nachhaltig belegen. Nicht nur, daß sie sich mit der Art und dem Inhalt der Zeichen, über die wir verfügen, ständig ändert, sondern wir bemerken auch, daß andere Menschen auf Grund anderer Zeichen zu ganz anderen Vorstellungen von wirklicher Welt und den in ihr vorhandenen Sachen kommen. Unsere ursprüngliche Vermutung, daß wirkliche Welt irgend etwas Erhebliches mit »realer Welt« (»Welt an sich«) zu tun habe, wird nur dann aufrechterhalten bleiben, wenn wir annehmen, daß wir uns oder die anderen (und zwar jeder auf seine ihm eigene Weise) sich nicht in Wahrnehmungen täuschen und/oder in der Interpretation des Wahrgenommenen irren. Pathologisch wäre es, Täuschung und Irrtum nur

anderen zuzusprechen – sich selbst aber davon auszunehmen, etwa mit der Behauptung: »Das ist so evident, daß ich mich gar nicht täuschen kann!«
Wenn wir also unsere wirklich Welt für so real halten, daß auch andere Menschen real in ihr leben, werden oder bleiben wir sozial Unversöhnte. Wenn wir aber unseren eigenen Irrtum (und zwar den für uns auf Grund unserer individuellen Zeichenverfügung unüberwindbaren) akzeptieren, werden wir wirkliche Welt kaum als unsere Heimat verstehen. Wir leben in ihr als mit ihr unversöhnte Fremdlinge. Welt ist immer auch unverständliche Welt.
Gehen wir noch einen Schritt weiter: Es könnte ja sein, daß es im Jenseits unserer Zeichenwelt und der von ihr erzeugten wirklichen Welt eine »reale Welt« objektiv gibt, mit der unsere Zeichenwelt keine objektivierbare Verbindung unterhält. Nichts spricht für den Bestand einer solchen Welt, nichts aber auch dagegen. Verleugnen wir nun einmal unser Unwissen über diese Welt, dann wird auch sie im Jenseits unseres Wissens wie Unwissens zu einer Welt, die uns unversöhnt läßt mit ihr und mit uns, wenn wir uns als in dieser Welt lebend und interagierend verstehen.
Nun gilt es zweifelsfrei in nahezu allen Formen und Gestalten des Allgemeinen Bewußtseins als außerordentlich vernünftig, die Existenz einer solchen realen Welt anzunehmen. Sie wird bestimmt als die Umhüllende aller (materiellen, psychischen, sozialen, lebenden . . .) Sachen. Zwischen diesen Sachen und den Tatsachen unserer wirklichen Welt bestehen Beziehungen, die es uns erlauben, einige Eigenschaften von Sachen als Eigenschaften von Tatsachen zu behandeln. Dazu gehören etwa:

- Konstrukte und die sie umhüllende wirkliche Welt,
- Folgen interaktioneller Handlungen (Interaktionen) und Personen, die miteinander interagieren können (darunter vor allem ein Pendant zum Selbst-Konstrukt),
- Regeln und Bedeutungen solcher Handlungsfolgen sowie eine Sache, in der sie gespeichert werden können,
- Sachen, die wir als Sachverhalte erkennen, deuten, erklären, verstehen, werten, ohne daß sie uns interaktionell begegnen (wie Steine, Blumen, Autos oder ähnliches).

Wie aber können wir feststellen, daß unseren Tatsachen Sachen in realer Welt korrespondieren? Es gibt zwei Anzeichen für solche Korrespondenz:

- Die Sachen können uns offenbar Widerstand leisten (angefangen vom Widerstand eines »falsch« behandelten Autos bis hin zum Widerstand eines uns strafenden Sozialgebildes).
- Wir erfahren, daß der Versuch, sich in einer Welt voller Tatsachen einzurichten, biophil oder nekrophil ausgehen kann. Gehen sie biophil (lebensmehrend) aus, können wir annehmen, daß wir uns auch in der realen Welt der Sachen entsprechend gut eingerichtet haben. Dabei nehmen wir, ohne alle Begründung, das Prinzip als geltend an, daß die reale Welt so organisiert ist, daß Lebensmehrung der Lebensminderung »objektiv« vorgezogen wird.

Doch auch mit der realen Welt leben wir nicht versöhnt.

- »Reale Welt« steht uns auch immer im Widerstand entgegen. Unsere Unternehmungen haben nicht immer den erwarteten Erfolg. Unsere Interaktionen scheitern ungewollt. Selbst unsere Naturwissenschaften gründen in der Vermutung dieses Gegenübers: Theorien sind nur dann brauchbar, wenn der Versuch, sie an und in Sachverhalten von Welt zu überprüfen, auch scheitern kann. Fehlt solches Scheitern, muß aber nicht schon eine Theorie brauchbar sein. Der Grund des Nichtscheiterns mag sein, daß unsere Theorie nichts betrifft, was mit »Welt an sich« etwas zu tun hat. Daß unsere Versuche, Prognosen aus Theorien zu erzeugen, zu potentiell scheiternden führen kann, ist einer der wichtigsten Gründe, so etwas wie eine »objektive Welt« anzunehmen. Selbst wenn niemals ausgeschlossen werden kann, daß dieses Scheitern darin gründet, daß wir Zeichen unerlaubt interpretieren. Manches in der Mikrophysik (etwa der der verschränkten Systeme) scheint dafür zu sprechen.
- »Reale Welt« wird von uns immer auch als bedrohlich erfahren, schon allein deshalb, weil wir ahnen, daß wir uns in den Sachen und ihren Eigenschaften täuschen und in unserer Interpretation irren können. Auch die Bedrohungen, die uns aus der realen Welt

heimsuchen, scheinen deren Existenz zu bestätigen. So bedrohen etwa manche Viren (etwa HIV) oder Bakterien (etwa Pasteurella pestis) unser Leben – und damit auch uns selbst. Und alljährlich kommen durch Unwetter, Erdbeben, Vulkanausbrüche, Sturmfluten, alkoholisierte Autofahrer und versagende Maschinen einige hunderttausend Menschen ums Leben.
Aber auch schon die einfache Unbeherrschbarkeit von Prozessen in Welt läßt manche Menschen als eine Art »anonymer Bedrohung« empfinden. Sie finden sich nur in Kulturwelten (das sind von Menschen selbstgebastelte Welten) wohl. Andere wiederum erleben sich als von Kulturwelten mit ihren unmenschlichen Wohnsilos, ihrer hektischen Bewegung, ihrer Belastung der Umwelt, ihren Behörden und Gesetzen bedroht, selbst wenn die Bedrohung nicht akut sein sollte.
Die einfache Existenz von etwas, das ich emotional und/oder intellektuell, technisch und/oder sozial nicht beherrsche, verunsichert mich, mag es ein Sachverhalt der Kulturwelt (wie etwa ein Atomreaktor) oder der Naturwelt (wie etwa ein Erdbeben) sein. In jedem Fall verfüge ich nicht über ein Programm von verbundenen Zeichen, das es mir erlaubt, mich in diesen Welten biophil zu orientieren. In der Erfahrung fundamentaler Ohnmacht, existentiellen Ausgeliefertseins, weiß ich mein In-Welt-Sein durch Welt bedroht. Die Erfahrung des Antaios, dessen Kraft im Kampf gegen den Herakles immer wieder neu erstarkte, wenn er Kontakt mit seiner Mutter, Gäa (der »Erde«), aufnahm, ist manchen Menschen heute kein hilfreicher Mythos mehr. Die Berührung mit technisch unbeherrschter Welt mindert bei vielen, in der Erfahrung von Ohnmacht, Leben, ist nekrophil.

- »Reale Welt« ist immer auch als das ganz andere, als das vom Selbst nicht erreichbare Nichtselbst.

Und so wird nicht wenigen die Welt als Heimat fremd: So wie manche der frühen Christen ihre Heimat in einem fernen Himmel suchten, weil sie diese Welt (*kósmos hoûtos*) als böse und gefährlich wahrnahmen. Sie verstanden sich als in ein arges Schicksal hilflos Verbannte (als *»exules filii Hevae«*). Das Erleben der Fremde, ohne wenigstens gedanklich sich in eine himmlische Heimat zurückziehen zu können, ist keineswegs immer Symptom einer psychischen Störung. Wir sind alle Erben einer gewissen Heimatlosigkeit. Das Nichtwissen, wohin man denn eigentlich gehöre, ist oft auch Symptom normativer oder nicht-normativer Krisen eines gesunden Menschen. Die Welt ist nicht Heimat, dazu ist sie zu groß, zu fremd. Man kann sich in ihr verirren. Kein Kompaß weist den Weg.

Heimat gibt nur die Liebe eines Menschen, die Geborgenheit einer Wohnung, also gerade etwas, das uns aus Welt ausgegrenzt, das unser In-Welt-Sein einengt in Geborgenheit.

Das aber verkürzt Menschsein. Wir Menschen sind nur Menschen, wenn wir uns auch als heimatlos Entborgene wissen, ohne dieses Entborgensein kurzschlüssig religiös zu beenden. Es will vielmehr gelebt und durchlebt (oft auch durchlitten) werden. Nur in der Dialektik von Bekanntem und Unbekanntem, von Heimat und Fremde, von Geborgenheit und Entborgenheit, die uns reale Welt und unser In-Welt-Sein (das wohl immer als das Sein-in-realer-Welt-Sein verstanden wird) anbieten, kann menschliches Leben wachsen. Nicht die existentielle Gefährdung mindert Leben, sondern deren Abwehr (etwa durch Verdrängung), das Verleugnen, die Flucht wirken lebensmindernd – wie schon vor dem Anspruch des Todes ausgeführt. Im Sterben begegnen sich unser In-Welt-Sein und unser Nicht-in-Welt-Sein. Und im Tode hebt sich deren Dialektik auf.

Die Angst vor der Bedrohung des In-Welt-Seins ist menschlich. Sie kann biophil ausgehen – zu einer fruchtbaren Angst werden, die es uns erlaubt, Tapferkeit zu leben. Angst haben und fortlaufen ist keine Lösung vor den Problemen des In-Welt-Seins. Nur das Widerstehen in Tapferkeit (die immer auch Angst einschließt, wenn sie nicht zur Verwegenheit verkommen soll) entfaltet Leben.

6. Pathologische Formen des In-Welt-Seins

Im Vorhergehenden wurde schon einiges über pathologische Formen des In-Welt-Seins gesagt. Es wurde von der Erfahrung gesprochen, die Welt (und das In-Welt-Sein) ausschließlich als Bedrohung erleben läßt. Bei dieser Bedrohlichkeit sei noch ein paar Zeilen lang verweilt. Bedrohung steht gegen Vertrauen. Ein Mensch, der sich, anderen,

»der Welt« urvertrauend vertraut, wird die Ereignisse in der Welt nicht dauerhaft als bedrohlich empfinden. Ein Mensch dagegen, der urmißtrauisch allen Tatsachen begegnet, wird sie als bedrohlich und sich selbst als dauernd und dauerhaft bedroht wahrnehmen. Sicher kennt elementares Vertrauen auch die Bedrohung durch Ereignisse, Personen, Krankheiten und Tod. Doch eines wird in allem nicht wirksam bedroht: die Fähigkeit, sich selbst, wenigstens einem Menschen, dem Leben in Welt bedingungslos zu vertrauen. Das Wissen um eine fundamentale Geborgenheit bei aller Entborgenheit, bei aller Bedrohung und in allen Ängsten wird vielleicht verdunkelt, nicht aber enden.
Hier seien drei pathologische Formen des In-Welt-Seins vorgestellt:

1. *Die Weltangst*,
2. *der (vermeintliche) Weltbesitz*,
3. *die (vermeintliche) Weltherrschaft.*

a) Die Weltangst

Weltangst gründet zumeist entweder in einem etwa durch zahlreiche enttäuschende Erfahrungen gebrochenen Urvertrauen oder einem genuinen Urmißtrauen. Eine Lebensorientierung, die jedoch durch ein fundamentales Urmißtrauen bestimmt ist, wird *allem* mißtrauen, selbst dem, was Geborgenheit, Anerkennung, Sicherheit bietet, kurz: alles das, was In-Welt-Sein *auch* bedeuten kann. Er wird es stets mißtrauend als gefährdet oder gar als gefährlich ansehen. Vor Jahren war einmal ein Student mein Patient, der der Überzeugung war, alle Professoren trachteten danach, ihn im Examen durchfallen zu lassen. Selbst ermutigendes Zureden und die Vermittlung von Empathie interpretierte er als Versuch, ihn in seiner Wachsamkeit einzuschläfern. Sicherlich wird sich nicht jedes Urmißtrauen in solch paranoiden Episoden darstellen, aber die Überzeugung einer mehr oder minder latenten Gefährdung gerade auch in »glücklichen Augenblicken« (das sind Augenblicke, in denen wir wahrnehmen, daß uns unser Leben glückt) ist ein klassisches Symptom des Urmißtrauens. Ihm korrespondiert stets (wenn auch mitunter unbewußt) eine elementare Lebensangst.
Sören Kierkegaard meint, Furcht beziehe sich auf etwas Bestimmtes,

»während die Angst die Wirklichkeit der Freiheit als Möglichkeit für die Möglichkeit ist«. Auch *Martin Heidegger* ist der Ansicht, daß Angst *»nicht weiß, was es ist, wovor sie sich ängstigt«.* Und *Karl Jaspers* unterscheidet: *»Furcht ist auf etwas gerichtet, Angst ist gegenstandslos«,* was aber nicht ausschließt, daß sich Angst ihre Themen sucht. Während Furcht mit Hoffnung eine dialektische Einheit bildet (wer hofft, fürchtet auch, daß das Erhoffte nicht eintrifft; wer fürchtet, hofft, daß das Befürchtete nicht eintrifft), ist die Angst ohne Dialektik.

Aus der Antike bis hin zur Stoa ist uns kein Zeugnis überliefert, das von jener Weltangst, jener Angst, die sich mit allem In-Welt-Sein verbindet, berichtet. *H.-E. Richter* vermutet den Grund für dieses (manchen von uns vielleicht unverständliche) Fehlen in der Tatsache, daß im Allgemeinen Bewußtsein damals Welt als eine im Prinzip gute Ordnung vorgestellt wurde. Ein noch so arges Einzelschicksal fand sich eingebettet in eine kosmische Ordnung, die Vertrauen verdiente. Erst das unter dem Einfluß des Manichäismus im vierten Jahrhundert von Kaiser Konstantin erzeugte Christentum und die Gnôsis in der Lehre von der Möglichkeit eines totalen Scheiterns eines Menschenlebens in Welt (etwa in der Vorstellung ewiger Verdammung oder des Untergangs im Nichts) die Weltangst mit. Sie ist die zerstörte Dialektik des In-Welt-Seins und Nicht-in-Welt-Seins im Allgemeinen Bewußtsein. Soweit mir bekannt, gibt es keine andere Religion, die diese existentielle, Leben fördernde Dialektik so gefährdete wie das konstantinische Christentum.

Wer die Welt vernichtet, zum Nichts macht, legt das Fundament für jede Form der Weltangst, denn das einzige, wovor wir Menschen fundamentale Angst zu haben scheinen, ist das Nichts, das Enden im Nichts. Diese Angst, wie sehr sie sich auch aller rationalen Kritik entzieht, ist zwar eine Bedingung, unter der Menschsein allein möglich zu sein scheint, biophil ist aber diese Angst nur, wenn sie sich in dialektischer Einheit aus ihrer monopolaren Position aufgibt. Die Zerstörung des Kosmos, seine Wandlung in eine böse, dem Untergang geweihte Welt, ist sicher die wichtigste Quelle christlich vermittelter Weltangst.

Das kirchlich gewordene Christentum setzt sich als Hort zugesagter Hoffnung selbst der Weltangst gegenüber: Aber es vergaß das Hoffen.

Und so lehrte es, daß nur der christliche, zumeist inzwischen hoffnungslos gewordene Glaube nachhaltig von Weltangst befreie – im (leider meist hoffnungslos gewordenen) Glauben an ein Leben nach dem Tod. Hoffnungslos ist ein Glaube, wenn seine Inhalte nicht mehr in konkreter Hoffnung Lebensorientierung bieten. Und wer möchte leugnen, daß ein Christentum, das jahrhundertelang die Angst vor der Hölle predigte, nicht damit auch die Hoffnung tötete. Im Ende in Angst lag das Ende der Hoffnung. Dabei ist die Überzeugung der frühen Christen von der Gotthaltigkeit der Welt hoffnunggebend. Ich kann mich nicht verirren in dieser Welt, denn sie ist gotthaltig. Ich kann auch nicht endgültig scheitern in und an dieser Welt, denn sie ist gotthaltig. Wer solches akzeptiert, hat alle Angst vor dem In-Welt-Sein verbunden mit Hoffnung. Aber wer predigt, wer akzeptiert das schon?

An der Vorgabe des faktisch hoffnungslos gewordenen kirchlichen Christentums ändert auch nichts ein Wort des 2. Vatikanischen Konzils: Die Welt sei *»der Schauplatz der Geschichte des Menschengeschlechts, von seinen Anstrengungen, Niederlagen und Siegen geprägt . . . die nach dem Glauben der Christen . . . unter die Herrschaft der Sünde geraten, von Christus aber . . . , der die Macht des Bösen gebrochen, befreit und bestimmt hat . . . , verwandelt zu werden und so zur Vollendung zu kommen«*. Leider spricht der Text nur von einer »abstrakten Welt« und nicht von jener Welt, in der sich menschliches In-Welt-Sein gestaltet, in der wir leben und arbeiten, leiden und lieben, hoffen und fürchten, uns freuen und verzweifeln.

In *Sören Kierkegaard* verdichtet sich christliches Verstehen von Angst. Er vermutet: *»Die Folge der Erbsünde oder die Gegenwart der Erbsünde in dem Einzelnen ist die Angst.«* Obschon nur durch die Sünde die Angst in die Welt kam, ist zugleich *»die Möglichkeit der Freiheit, nur diese Angst ist, die den Glauben absolut bindet, indem sie alle Endlichkeiten verzehrt, alle ihre Täuschungen aufdeckt«*. Angst wird ihm also zur transzendentalen Bedingung von Freiheit und Religiosität.

Doch auch *Martin Heidegger* macht die Weltangst (in vermutlich ihm selbst nicht bewußter christlicher Tradition) zu einer Grundbefindlichkeit menschlicher Existenz: *»Die Aufsässigkeit des innerweltlichen Nichts und Nirgends besagt phänomenal: das Wovor der Angst ist die*

Welt als solche ... Wenn sich demnach als das Wovor der Angst als das Nichts, das heißt die Welt als solche herausstellt, dann besagt das: wovor die Angst sich ängstigt, ist das In-der-Welt-Sein selbst.«

Diese pathologische Orientierung des In-Welt-Seins ist nun keineswegs so verbreitet, wie ein einst weltfeindliches Christentum sie mit christlicher Religiosität legierte. Mit dem Zerbrechen des »Orbis christianus« in der frühen Neuzeit (der philosophischen Moderne) und seiner an die Erfüllung rigoroser Bedingungen geknüpften Überwindung von Weltangst wurde diese abgelöst durch eine ebenso pathologische – wenigstens aber pathogene – Einstellung der »Weltvertrauens«. Es war meist nichts anderes als die Spiegelung eines Vertrauens von Menschen in Menschen, die an die Stelle der alten Götter getreten waren.

Der Fortschrittsoptimismus, der das 18. und 19. Jahrhundert blendete, übersah meist in seiner schönenden Sichtweise das ökonomische, soziale und politische Elend des frühen und hohen Kapitalismus ebenso wie das soziale, kulturelle, politische und ökonomische Elend der von der europäischen Kultur heimgesuchten kolonialen Völker. Der Glaube an die Vernunft verdunkelte die Welt. *G.W.F. Hegel* meinte noch: *»Die Vernunft ist die Gewißheit des Bewußtseins, alle Realität zu sein.«* Wer Welt auf Vernunft reduziert und zugleich die Göttin der Vernunft anbetet, für den wird rational Welt nichts geben, was angst machen könnte – außer der Unvernunft. Wenn es gelingt, die politische, die soziale, die kulturelle, die religiöse, die moralisch individuelle wie kollektive Unvernunft zu bannen, wird dann ein angstfreies In-Welt-Sein möglich? Die Angst wird so zum Rest der Unvernunft im Innen der Vernunft reduziert.

Doch wer so denkt, weiß nichts von konkretem Menschsein, weiß nichts davon, daß Menschen ihr Leben keineswegs nach den Regeln der Vernunft orientieren, sondern vielmehr an denen ihrer Bedürfnisse, ihrer Hoffnungen, ihrer Werteinstellungen, ohne diese je vor dem Anspruch der Vernunft gerechtfertigt zu haben. Und das ist gut so. Wie schon gesagt: Es »gibt« diese Vernunft nicht, an der wir als Menschen als Abbild einer Weltvernunft partizipieren. Was »vernünftig« ist, diktieren uns allein unsere Interessen und unser Unbewußtes. So mußte denn diese Welt, die sich unter dem fatalen Schein der Vernünftigkeit zu organisieren versuchte, zerbrechen. Der scheinbar

vernunftgeleitete Fortschritt zeigte sein doppeltes Gesicht: seinen Segen wie seinen Fluch. Die Wissenschaften erkannten ihre Grenzen. Die Hoffnung, einmal zu wissen, was Materie, Gesellschaft oder Wirtschaft sei, um die Gesetze, die sie regulieren, nicht nur zu erkennen, sondern auch zu beherrschen und so nach eigenem Gutdünken einsetzen zu können, ist zerstoben. Die Sicherheit eines von Fortschritt zum Guten bestimmten naturwissenschaftlich-technischen Weltbildes, in dem alles (nach den Gesetzen der Mechanik) seine wohlgeordnete und letztlich auch beherrschbare Stelle hat, die Rekonstruktion des antiken Kosmos, ist uns gründlich mißlungen – und wir wissen darum.
Vertrauen und Mißtrauen in Welt, Hoffnung und Furcht, die uns unser In-Welt-Sein zuspielt, können nun nicht mehr von außen geliefert werden, sondern nur noch aus dem Innen unserer psychischen Struktur. Kein Weltbild, keine Religion und keine Ideologie wehrt mehr der Weltangst oder sichert gar Weltvertrauen.

b) Der (vermeintliche) Weltbesitz

Der Zustand der kosmischen Einheit, in dem ein Kind sich mit dem Kosmos eins wähnt und somit Welt besitzt, zerbricht schon während des ersten Lebensjahres. Wenn die Spannung, die Nichtidentität von Selbst- und Weltkonstrukt, entstanden ist, ist die Quelle von Angst und Vertrauen, von Furcht und Hoffnung unsere eigene Psyche. Unsere frühen Erfahrungen mit dem In-Welt-Sein bestimmen unser weiteres Leben. Manche Menschen bemühen sich, ihre Weltangst mit allerlei Rückversicherungen technisch zu überwinden. Sie versuchen etwa, sich Welt anzueignen, sie wieder in sich hineinzunehmen, den Zustand kosmischer Einheit wieder herzustellen, indem sie sich möglichst viel von Welt aneignen. Scheint doch vom Eigenen weniger Gefahr auszugehen als vom Fremden. Vielleicht macht uns Eigenes, insofern eigen, gar keine angst – es sei denn die, es zu verlieren. So ist es denn verständlich, daß Menschen ihre im Urmißtrauen gründenden Ängste zu mindern versuchen, indem sie sich Welt untertan zu machen versuchen. Dieses Untertanmachen kann sehr verschieden aussehen:

- Manche versuchen Einfluß zu erlangen oder Macht, um sich sozialen Bedrohungen oder dem Gefühl des ohnmächtigen Ausgeliefertseins zu entziehen.

- Andere suchen Vermögen und Eigentum zu erlangen, um auf die Fährnisse des Unvorhersehbaren disponibel reagieren und sie vielleicht abwenden zu können.
- Wieder andere flüchten in alle möglichen Formen der lebensmindernden Abhängigkeit (Süchte wie Alkohol, Arbeit, Sport, Tabak, Gruppen ...).

Wieder einmal begegnen wir hier dem »Geist des Habens«, der das defizitäre Selbst stützen soll.
Wenn jedoch aller Weltbesitz ständig bedroht ist, verlagert sich allenfalls das Angstthema. Manchen gelingt es, die Angst vor dem Nichts, dem Chaos, dem Unbeherrschbaren zu thematisieren in die Angst, das, was sie angehäuft haben, zu verlieren. Doch diese nun thematisierte Angst führt sie keineswegs in das dialektische Feld von Furcht und Hoffnung. Ihre Angst bleibt ohne Alternative. Das wiederum zeugt von ihrer Ohnmacht.

c) Die (vermeintliche) Weltherrschaft

Diese typisch europäische Fehleinstellung zu Welt gründet nicht selten in einer Form christlicher Religiosität, die im 18. und 19. Jahrhundert ihren Höhepunkt erreichte. Sie bestimmte das Verhältnis von Menschen zu Welt nicht durch In-Welt-Sein, sondern durch ein Über-Welt-Herrschen. Dabei berief sie sich oft auf göttliches Geheiß, so nennt der priesterschriftliche Schöpfungsbericht als göttliches Gebot: *»Seid fruchtbar und mehret euch, bevölkert die Erde, unterwerft sie euch.«* Menschen befolgten beide Teile dieses Befehls recht hemmungslos bis ins Heute. Doch berichtet das 1. Buch Mose, daß Gott offenbar den Eindruck hatte, daß die Menschen ihn mißverstanden, und er setzte die Welt wieder in den Widerspruch zum Menschen: *»Der Boden ist verflucht deinetwegen. Unter Mühsal wirst du von ihm essen alle Tage deines Lebens.«*
Das Mißverstehen der biblischen Botschaft führte Menschen dazu, die sich im Verlust ihrer Götter ohnmächtig fühlten auf dieser Erde, ein grandioses Drama des Weltmißbrauchs in Szene zu setzen. Die Welt wurde zum Steinbruch ihrer Träume – von denen sie allzu viele

verwirklichten. So viele jedenfalls, daß sie in der Schöpfung der Kulturwelt an ihr eigenes Schöpfersein glaubten. Dabei wurden sie sich, in der Bewunderung der selbstgeschaffenen Kulturwelt, die doch in so vielem der Naturwelt offensichtlich überlegen ist, zu (nahezu) allmächtigen Göttern, denen nichts unmöglich zu sein scheint. Daß solcher Allmachtswahn in kaum etwas anderem gründet als in dem neurotischen (weil zwecklosen) Versuch, Weltangst durch Agieren zu überwinden, dürfte heute kaum bestritten sein. Zwar wehren sich noch einige Fortschrittsenthusiasten gegen solche Deutung – aber sie sterben aus. Der offensichtlich nekrophile Weltmißbrauch offenbart die pathologische Weigerung, das In-Welt-Sein realitätsdicht zu gestalten.

Nicht wir sind, wie vermutet, zu Herren der Welt geworden, sondern wir gleichen Zauberlehrlingen, die einem Besen befahlen, Wasser zu schleppen, ohne die Zauberformel zu kennen, ihn wieder in die Ecke zu stellen. Und wir wissen, daß es so ist! So herrschen wir mit schlechtem Gewissen über Welt. Die Tünche, die wir über unseren Irrtum legten, blättert langsam ab. Die überdeckte Weltangst wird wieder sichtbar. Erst wenn wir lernen, diese Angst zu akzeptieren, uns ihr redlich zu stellen, werden wir wieder zu einem erfüllten Leben, zu einem entfalteten In-Welt-Sein zurückfinden.

Aber nicht nur die Bewältigung von Angst ist uns aufgegeben. Da die Welt seit Jahrhunderten unter uns Menschen gelitten hat, kommt es darauf an, ihre Wunden zu heilen. Solange die Güter der Welt (im Gegensatz zu denen, die wir Menschen erbringen oder schaffen) kostenlos angeeignet werden können, werden sie mißbräuchlich verbraucht, verschleudert. Zur Versöhnung mit Welt, die erst ein sinnvolles In-Welt-Sein ermöglicht, gehört auch, die Güter dieser Welt, weil nicht mehr zur beliebigen Verwendung anstehend, in die wirtschaftlichen und politischen Überlegungen konkret (und nicht im Anspruch irgendwelcher abstrakten und wirkungslosen schwärmerischen Ökologiebewegung) einzubeziehen. Seit langem rede ich einer Produktionsfunktion das Wort, in der die Optimierung der Produktion den Umweltverbrauch als entgeltlich zu erwerbenden Faktor einsetzt. So könnte man etwa der Cobb-Douglas-Funktion neben Kapital und Arbeit einen Umweltfaktor beifügen. Sie würde dann in ihrer einfachsten Form lauten:

$$Y = A^{\alpha} \times K^{\beta} \times U^{\delta}$$

(Y=Output; A= Arbeitseinsatz; K= Kapitaleinsatz; U= Umwelteinsatz; α=Elastizität des Outputs in bezug auf den Arbeitseinsatz; β=Elastizität in bezug auf den Kapitaleinsatz; δ=Elastizität in bezug auf den Umwelteinsatz [partielle Produktionselastität der Umwelt]). Dabei könnten die Skalenerträge durchaus steigen, das heißt: $(\alpha + \beta + \delta) > 1$. Dieser Ansatz ist unschwer auf betriebswirtschaftliche Kostenfunktionen zu transponieren.

Ähnliches müßte auch für private Haushalte gelten. Die in der Erzeugung und dem Konsum Umwelt verbrauchenden Stoffe (etwa Getränke, Autos, Dünger, Energie) müßten, wenn sie über dem Durchschnittsverbrauch aller privaten Haushalte einer zureichend großen Gebietskörperschaft liegen, so hoch besteuert werden, bis der Durchschnittsverbrauch langfristig deutlich (bis etwa auf einen Level von 50 Prozent des heutigen Verbrauchs) sinkt.

Unser In-Welt-Sein kann sich in dreifacher Weise gestalten:

- Wir können uns als Herren der Welt mißverstehen und versuchen, uns diese Welt zu unterwerfen. Dieser Versuch wird am Widerstand der Welt scheitern. Sie wird uns zeigen, daß wir niemals anderes waren als ihre Kinder, deren Größenwahn ein Selbstmordprogramm impliziert. Dann werden wir uns selbst vernichten.
- Wir können uns verstehen als Ausgelieferte. Dann wird uns die Welt zur Quelle nichtbeherrschbarer Ängste.
- Wir können uns verstehen als Verwalter dieser Welt (wie es etwa der Koran immer wieder betont). Dann wissen wir, daß wir einmal diese verwaltete Welt zurückgeben und (sei es einer Gottheit, sei es zukünftigen Generationen, sei es dem Leben) Rechenschaft über unsere Verwaltung ablegen müssen. Dann aber werden wir verantwortet mit Welt umgehen.
- Wir können uns (etwa mit den Naturreligionen) verstehen als Kinder dieser Welt, auf der andere Menschen, aber auch Tiere und Pflanzen unsere Brüder und Schwestern sind. Dann werden wir glücklich und geborgen sein in der Entborgenheit dieser Welt.

Kapitel 8

Über konkrete Grenzhaftigkeit

8

Als fünften Pol unseres dialektischen Pentagramms, das uns modellhaft die Struktur des personalen Systems »psycho-sozio-somatische Einheit« verdeutlichen soll, nannten wir die »Grenzhaftigkeit«. Personsein bedeutet immer auch ein existentielles Begrenztsein, ein Leben in und innerhalb von Grenzen.

Zwei Pole der personalen Dialektik, in der sich Personsein zeugt wie entfaltet, die auch Grenzhaftigkeit vorgeben, wurden schon vorgestellt. Zum einen sind wir geschichtliche Wesen, wenn wir uns auch nicht in Geschichtlichkeit erschöpfen, sondern sie auch in die Ungeschichtlichkeit transzendieren. Zum anderen sind wir weltliche Wesen, obschon wir uns nicht in Weltlichkeit verlieren, sondern sie auch in Unweltlichkeit überschreiten. Dabei begegneten wir als existentiellen Grenzen unserer Personalität der sozialen Herkunft, dem Altern und dem Sterben als Folgen unserer Geschichtlichkeit, der Angst als Folge unserer Weltlichkeit.

Hier sollen einige weitere Grenzen, innerhalb deren Personwerdung und Personsein allein spielen können, vorgestellt werden:

1. Die sozialen und emotionalen Grenzen, die uns unsere vergangenen Erfahrungen und deren Verarbeitung ziehen,
2. die Grenzen, die uns unser Körper vorgibt,
3. die Grenzen, die soziale, ökonomische, politische Gebilde, über die wir das Konstrukt »Institution« erreichten, vorgeben (einschließlich der Grenzen, die uns unsere »strukturelle Ohnmacht« vorgibt),
4. die Grenzen, die uns in unserem Umwissen vor dem Anspruch

dessen, was Wissenschaft und Technik beherrschen, bewußt werden,
5. die Grenzen unserer emotionalen, intellektuellen, musischen und sozialen und moralischen Begabungen,
6. die Grenzen, die uns durch die Grenzen unseres Habens an materiellem oder immateriellen Besitz (Einfluß, Macht, Ansehen) gezogen sind,
7. die Grenzen, die in einer Androkratie uns durch unser Mannsein oder Frausein gezogen sind,
8. die Grenzen, die uns unsere soziale, politische, religiöse Herkunft zieht.

1. Die Geschichte der Grenzhaftigkeit

Daß wir Menschen Wesen der Grenze sind, wird schon früh gewußt worden sein. Das Bemühen, diese Grenzen zu überwinden, zeugt davon. So dürften vor fast 50 000 Jahren die Menschen der Kulturprovinz des Mousterien (Angehörige der Subspezies der Neandertaler) während der Würmeiszeit erstmals ihre Toten in ihren Wohnhöhlen bestattet haben. Vermutlich glaubten sie also an ein »Leben nach dem Tode« – und sprengten in diesem Glauben die Fesseln der Zeitlichkeit. Wenig später wurden von Vorfahren der heutigen Menschen die ersten vermutlich religiös motivierten Opferkulte, deren Objekte das Hirn von Höhlenbären gewesen zu sein scheint, entwikkelt. Obschon Menschen seit mehr als 1 000 000 Jahren die Erde besiedelten, versuchten sie offenbar erst relativ spät, sich der Grenzhaftigkeit kultisch oder magisch zu entziehen. Man kann also kaum sagen, daß der Mensch »von Natur aus« religiös sei.
Ehe magische Kulte aufkamen, entwickelten Menschen eine andere Technik, ihre Grenzhaftigkeit zu sprengen. Es war das die Grenze, die ihnen ihr Körper vorgab. Sie erfanden Werkzeuge und Waffen, die ihnen das Überleben in einer oft feindlichen Naturwelt erleichterten. Vermutlich waren es Vertreter einer noch rätselhaften Art der Gattung Mensch (Angehörige der Spezies Homo habilis), die eine erste Werkzeugkultur (vermutlich der Geröllkultur des Prächelléen zuzurechnen) entwickelten. Grob zugeschlagene Schaber bestimmte diese

fast eine Million Jahre währende Kulturepoche. Vertreter einer anderen Art der Gattung Mensch (aus der Spezies Homo erectus) entwickelten Produkte der Kulturepoche des Chelléen (bzw. des Acheuléen): Faustkeile, die meist einseitig, und Schaber, die beidseitig bearbeitet waren.

Die europäische Philosophie betrachtete zunächst Grenze als die Bedingung der Möglichkeit, daß ein Endlichseiendes sei. *Platon* nennt »Grenze« in »Philebos« als das Prinzip, das die Schlechtigkeit und das Chaotische im Bereich der Zahlen, der Dinge und der Handlungen in Schönheit, Gesetz und Ordnung aufhebe. *Aristoteles* verweist in der »Physik« darauf, daß nur Begrenztes erkennbar sei und es Unendliches daher nur der bloßen Möglichkeit nach geben könne. Die Ab- und Ausgrenzung gegen andere oder anderes sei für die Konstitution von Sachverhalten unverzichtbar. *I. Kant* lehrt in den »Prolegomena«, daß in der Mathematik und den Naturwissenschaften die menschliche Vernunft keine Grenze erkenne. Sie erkenne, daß *»etwas außer ihr liege, wohin sie niemals gelangen kann, aber nicht, daß sie selbst in ihrem inneren Fortgange irgendwo vollendet sein werde«*. Dann aber kam die Wende hin zu einer existentiellen Bestimmung von Grenze.

Vermutlich lehrte als erster *J.G. Fichte*, daß das Ich aus sich heraus auf etwas verweise, das außerhalb seiner selbst liege. Es sei das Eine, das göttliche Leben. Die Grenze des Ich gegen das Göttliche werde erzeugt durch die Selbstbegrenzung des an sich unendlichen Ich, die es dazu bringt, Grenzen zu weiten. Diese eigentümliche Theorie wurde schon bald von *G.W.F. Hegel* als Täuschung erkannt. Für ihn ist Grenze die innere Bestimmung, die ein Etwas mit seinem »anderen« sowohl zusammenschließt als auch von ihm trennt. So weist jedes Etwas über sich hinaus – auf sein Nichtsein. Es wird zum Endlichen, dessen existentielles Merkmal ist zu vergehen. Grenze erlaubt also keine positive Bestimmung ihres Jenseits, sondern bloß die negative des Nichts. Ihre Erfahrung führt deshalb nicht etwa zu einem irgendwie real existierenden weltjenseitigen Wesen.

Vor allem im 20. Jahrhundert tauchen etwa bei *M. Heidegger* und bei *K. Jaspers* erste philosophische Versuche auf, die Grenzhaftigkeit durch die Erkenntnis dieser Grenzhaftigkeit zu sprengen. Sie folgten darin der (vermuteten) Ideologie der Neandertaler und führten die

Thesen Fichtes weiter: Wer um eine Grenze wisse, wisse auch um etwas, was jenseits dieser Grenze sei, denn sonst sei der Begriff der »Grenze« unsinnig. Im Wissen um seine Grenzhaftigkeit sprenge der Mensch also alle Grenzen und siedle auch in Gebieten, die im Jenseits dieser Grenzen liegen. Wer um den Tod als Grenze wisse, wisse damit auch um etwas »nach dem Tode«.
In »Sein und Zeit« hebt *Heidegger* die Grenze gegen den anderen in ein Mitsein auf: *»›Die Anderen‹ besagt nicht soviel wie: der ganze Rest der Übrigen außer mir, aus dem sich das Ich heraushebt, die anderen sind vielmehr die, von denen man selbst sich zumeist nicht unterscheidet, unter denen man auch ist. Dieses Auch-da-Sein mit ihnen hat nicht den ontologischen Charakter eines ›Mit-‹Vorhandenseins innerhalb einer Welt. Das ›Mit‹ ist ein Daseinsmäßiges ... Die Welt des Daseins ist Mitwelt.«* Damit hebt Heidegger die Grenze zum Du im »Mit« auf. Wir werden noch bedenken müssen, in welcher Bedeutung dieses Aufheben verstanden werden muß.

2. Das Werden der Grenzhaftigkeit

Es wurde schon deutlich gemacht, daß die Bildung von Selbst- und Weltkonstrukt beide gegeneinander abgrenzt. Beide sind definiert durch ihre (mehr oder minder durchlässige) Grenze, die sie gegeneinander haben. Und auch die Ichbildung ist eine Folge von Grenzerfahrungen.
Das Ich versucht als strategische Instanz unter konkreten sozialen Bedingungen, ein Optimum an Lust zu realisieren und Unlust tunlichst zu vermeiden. Quellen von Lust und Unlust sind also die gegen das Ich abgegrenzten sozialen Welten. Wie diese Grenzen von Selbst gegen Welt, von Ich gegen Du erfahren werden, bestimmen weitgehend die Strukturen von Selbst und Ich. Sie sind auch verantwortlich für die interaktionellen Dispositionen eines Menschen – aber auch deren Grenzen. In allen Interaktionen kommt sowohl die Grenze von Selbst gegen Welt als auch die Grenze von Ich gegen Du zur Sprache und wird auf ihre Brauchbarkeit getestet.
Das Ich weiß zeitlebens darum, wie eigene Interessen gegen andere strategisch durchzusetzen sind, es weiß also nur um das »anders« des

anderen. Das Selbst entsteht in der Rückspiegelungsarbeit der Mutter. Es realisiert zeitlebens das individuell–spezifische anders im Gegensatz zu Welt. So wird – meist zeitlebens geltend – festgelegt, wie sich Selbst und Nichtselbst zueinander verhalten, welche Brücken geschlagen werden können und welche nicht. In und aus der Spannung von Selbst und Nichtselbst entsteht die Kommunikationsfähigkeit eines Menschen. Kommunikation bedeutet immer ein partielles Verlassen des Selbst und ein Sicheinlassen auf fremdes Selbst.
Eine weitere Grenze begegnet dem vier- und fünfjährigen Kind im Versuch, herauszufinden, was es alles kann. Da es von einer Gleichberechtigung zwischen Erwachsenen und ihm ausgeht, vermutet es offensichtlich, daß es alles kann und darf, was Erwachsene können und dürfen. Bald aber schon wird es erfahren, daß diese Annahme falsch ist. Diese Erfahrung von Grenze wird das Kind kränken. Die Einsicht, daß es physisch schwächer, technisch ungebildeter, sozial weniger anerkannt ist, intellektuell gelegentlich überfordert wird, führt dazu, daß es sich seiner Unterlegenheit im Angesicht solcher Grenzen bewußt wird. Nun öffnen sich zwei Wege, um mit diesem Unterlegenheitsgefühl fertig zu werden: Entweder kommt das Kind zu dem (mehr oder minder endgültigen) Schluß: »Ich bin minderwertig!«, oder aber es erkennt, realitätsdichter, daß diese Unterlegenheit zu beheben (oft mit erheblichem Aufwand im Ansehen Gleichaltriger, im Sport, in der Schule. . .). Erlangt es in diesem Mühen die tatsächliche (und nicht nur eine strategisch-pädagogische) Anerkennung seiner wichtigsten erwachsenen Bezugspersonen (Eltern, Lehrer), hat es gute Chancen, seine erfahrene Minderung zu kompensieren. Andernfalls wird es resignieren und sich nicht selten über viele Jahre auf diese Überzeugung von der eigenen Minderwertigkeit fixieren. Solche Fixierung führt nicht selten dazu, daß kompensatorische Techniken entwickelt werden, um sich und andere von der Unstimmigkeit der Minderwertvermutung zu überzeugen.
Ein in seiner Ich- und Selbstbildung nicht vorgeschädigtes Kind entwickelt in dieser Phase ein optimales (mit seinen Grenzen versöhntes) Selbstwertgefühl, wenn

- die Eltern das Kind seine Unterlegenheit nicht spüren lassen und eventuelle Pannen im Versuch, das eigene Können zu erproben, nicht tragisch nehmen (also weder schelten oder sonstwie strafen noch das Kind auslachen),

- es möglichst als gleichberechtigt akzeptiert wird (indem es etwa lernt, daß seine Bedürfnisse, Interessen, Erwartungen ebenso ernst genommen werden wie die anderer Familienmitglieder),
- ihm größtmögliche Freiräume gegeben werden, in denen es auch sein Können erproben und erfahren kann,
- die ihm gezogenen Grenzen (Spielorte, Naschen, Schlafzeiten, Fernsehen . . .) stabil sind. Dabei wird jede wesentliche Bezugsperson die Grenzen anders ziehen dürfen, solange es nicht zur Konkurrenz kommt (wenn etwa das von der Mutter Verbotene vom Vater erlaubt wird).

Der so gebildete Mensch wird Dispositionen erwerben, die es ihm ermöglichen, ein sicheres Wissen über sein Können zu erwerben und zugleich mit seinen Grenzen versöhnt zu sein. Er wird nicht, wie der im nachhinein Kompensierende, zeitlebens damit beschäftigt sein, sich Herz und Hirn wund zu stoßen an seinen Grenzen.
Ein wichtiger Ort für frühe Grenzerfahrungen kann auch die Schule werden. Es geht hier nicht nur um die schulischen Leistungsgrenzen, sondern vor allem auch um die Tatsache, daß es nicht möglich ist, allen Menschen Freund zu sein. Das Sichabfinden mit der Tatsache, daß es immer einige Menschen gibt, die mich geringachten, mich auslachen, mich schmähen, widerspricht zwar dem narzißtischen Bedürfnis, von allen geliebt oder doch wenigstens geachtet zu werden, doch gilt es, dieses zu relativieren, wenn menschliches Miteinander-Umgehen auch jenseits der Sympathiegrenzen möglich sein soll. Diese Grenze des Nicht-geachtet-Werdens ist für viele Menschen zeitlebens erheblich, weil nie emotional und sozial beherrscht. Es gibt nicht wenige Erwachsene, die darunter leiden, daß andere sie verachten, hassen, ablehnen, unsympathisch finden. Sie akzeptieren nicht die Nichtidentität von Selbst-Ideal und Selbst-Real. Ihre Bildung des Selbstkonstrukts ist auf einer infantilen Entwicklungsstufe steckengeblieben. Sie gestatten anderen nicht, ein Bild von ihnen zu haben, das dem Selbstkonstrukt in wichtigen Zügen widerspricht. Das führt, wenn die Interaktionen nicht oberflächlich bleiben, oft zu erheblichen Kommunikationsstörungen, weil kommunikative Interaktionen schließ-

lich auch die Funktion haben, das Selbstkonstrukt zu bewähren. Solche Bewährung mißlingt aber, wenn kein die Konstruktbildung dynamisierender Prozeß in Gang gesetzt wird. Das Mißlingen eines derartigen Bestätigungsversuchs sei fremde Schuld.
Es wurde schon darauf verwiesen, daß eine völlige und dauernde Differenz zwischen Fremdbild und Eigenbild, die nicht dynamisierend wirkt, sondern zur Resignation führt, die Trennung beider Interaktionspartner angeraten erscheinen läßt.

a) Die Grenzerfahrung »Ohnmacht«

Eine frühe Grenzerfahrung kann auch aus der Begegnung mit institutionalisierten Sozialgebilden kommen. Zumeist wird sie im zweiten oder dritten Schuljahr erlebt: Das Kind bildet über solche Sozialgebilde das Konstrukt »Institution«, wenn es erfährt, daß solche Sozialgebilde nicht primär an seinen Interessen, Bedürfnissen, Erwartungen orientiert sind, sondern an ihren eigenen. Die Institution »Schule« sorgt für Ruhe und Ordnung, sie will möglichst konfliktfrei und mit geringem sozialen und psychischen Aufwand von ihren Agenten verwaltet werden. Sozial angepaßte Kinder neigen dazu, diesen Sachverhalt wie selbstverständlich und konfliktfrei zu akzeptieren. Sie kommen zumeist aus Elternhäusern, die geschlossene Gesellschaften mit geschlossener Moral realisieren. Sie haben zumeist – zureichende Selbstbildung vorausgesetzt – einen ausgesprochenen Hang zu faschistoiden Reaktionen.
Die Chance, die Grenze zwischen den Ansprüchen des Selbst und der Institutionen im Konflikt zu erfahren, sollte nicht geringgeschätzt werden. Wird sie genutzt und das Kind vor dem Anspruch der Institutionen nicht in seinem Wollen gebrochen, wird die Fähigkeit grundgelegt, Institutionen kritisch zu internalisieren. Wie wichtig diese Begabung ist, wurde schon verschiedentlich dargestellt.
Es geht hier um das für das Thema »Grenzhaftigkeit« wichtige Erfahren der eigenen Ohnmacht. Eine eher naive (undialektische) Anthropologie wird der (anonymen) Macht der Institutionen nur die eigene Ohnmacht entgegensetzen und sie als Entschuldigung für persönliches Versagen verwenden. In einer dialektischen Anthropologie ist Ohnmacht keineswegs der Gegensatz zu Macht, nicht die einzige Reaktion auf Macht. Es gibt sehr viel mehr der Macht dialektisch

entgegengesetzte Formen des Handelns, die zu beherrschen für menschliches Miteinander-Umgehen wichtig sind:

- Der wichtigste Gegensatz zu Macht ist der *Widerstand*, sei es der passive oder der aktive. Immerhin gelang es *Mahatma Gandhi* durch die Methode des passiven Widerstandes, Indien von britischer Macht zu befreien. Sicherlich muß nicht jeder Widerstand ähnlich passiv sein. Es gibt auch einen Widerstand, der jenseits des »bürgerlichen Ungehorsams« aktive Formen des Widerstehens entwickelt. Hier sind etwa zu nennen der Aufbau einer organisierten Konkurrenz gegen das machtausübende System, mit dem Ziel, es über die Korruption seiner Strukturen zu zerstören.
- Ein anderer Gegensatz zur Macht ist die *Entlarvung* der Macht als nicht legitimierbare Funktion eines institutionalisierten Sozialgebildes. So ist weder staatliche Macht noch die durch das Kapital ausgeübte unmittelbar legitimiert und legitimierbar. Es kommt allenfalls eine mittelbare Legitimation (etwa Verringerung der Transaktionskosten oder der Produktionskosten, über alle Mitglieder eines sozialen Großgebildes gemittelt) in Frage. Es ist nicht schwer, die Macht von Staat und Kapital zu delegitimieren. Macht (weder des Staates noch des Kapitals) legiert sich *niemals* mit Sittlichkeit. Die meisten machtausübenden Personen verkommen sittlich in der Ausübung von Macht. Sie ersetzen Sittlichkeit allenfalls durch die Normen einer exogenen Moral. Sie handeln persönlich sozialverträglich, um nicht sozial durch Rückstufung, Minderung der Aufstiegschancen, Minderung von Anerkennung, Ansehen, Einfluß . . . bestraft zu werden. In der Exekution der institutionalisierten Sozialgebilde, in denen sie Macht ausüben, orientieren sie sich an der »Grenzmoral«. Diese Pseudomoral (tatsächlich handelt es sich um eine rein ökonomische Kategorie) gibt Normen vor, deren Beachtung ökonomisch belohnt und deren Übertretung ökonomisch bestraft wird. In politischen Institutionen (Gebietskörperschaften) wird das Übertreten der Grenzmoral bestraft durch Minderung der Chancen, politische Macht auszuüben und/oder unter den Druck organisierter Interessen (etwa des ADAC, der Gewerkschaften, der Kirchen . . .) zu geraten. Die Normen dieser Grenzmoral werden (nicht selten mit Hilfe der Massenmedien, die nicht nur Allgemeines Bewußtsein zur Sprache

bringen, sondern es auch aktivieren) vom Allgemeinen Bewußtsein festgelegt.

- Ein dritter Gegensatz zur Macht ist die *aktive Verohnmächtigung* der Macht, indem man nicht nur auf ihre fehlende Legitimation verweist, sondern sie dem Gespött aussetzt. Das ist insoweit unschwer zu erreichen, als der Ausübung von Macht den sie Ausübenden in evidenter Weise verdummt, da die Bewahrung der Macht eine extreme Verschmälerung des Sichtfeldes und des Interesses zur Folge hat. Die »Kohl-Witze«, mögen sie noch so geschmacklos sein (sind sie doch nicht selten Wanderlegenden, die von Nazigrößen über den Bundespräsidenten Heinrich Lübke wanderten), machen in erster Linie nicht Personen lächerlich, sondern die von ihnen repräsentierte und exekutierte Macht.

b) Die Grenzerfahrung »Krise«

Früher oder später, etwa in den normativen Krisen der Adoleszenz oder der Lebensmitte, sieht sich ein Mensch konfrontiert mit seiner Vergangenheit. Sie erscheint ihm nicht selten als Phase verpaßter Gelegenheiten oder falscher Festlegungen. In vielen Menschenleben stellt sich diese Erfahrung sehr dramatisch als Lebenssituation vor, aus der es weder Entrinnen noch Umkehr gibt. Die wenigen Weichen, die das Leben noch offenhält, weisen in wenig wünschenswerte Richtungen oder sind zu risikobelastet.

Die Grenze, die bei nicht wenigen in der Lebensmitte existentiell bedrohlich erfahren wird, ist die gegenüber der unkorrigierbaren Vergangenheit. Nicht selten kapitulieren Menschen vor dieser absoluten, durch nichts mehr zu relativierenden, in keiner Weise mehr übersteigbaren Grenze in Resignation.

Die Krise der Lebensmitte bezieht sich zumeist auf den Beruf, in dem kein erfüllender Sinn mehr gefunden wird. Sicherlich kann man diese Erfahrung des Un-Sinns einige Zeit abwehren, etwa durch erhöhte Aktivitäten, beruflichen Erfolg, wachsende Anerkennung, doch all dieses kann die unendliche Leere im eigenen Inneren nicht füllen, kann nicht zur eigenen Mitte zurückführen.

Daß diese Desorientierung oft auch zu Partnerschaftskrisen führt, ist nur konsequent. Soll die Partnerschaft an dieser Klippe nicht kentern, müssen die Partner die Strukturen ihrer Beziehung neu definieren.

Das gilt vor allem für Partnerschaften, aus denen Kinder hervorgingen, die jetzt flügge geworden sind. Die Definition über die Kinder kann eine Partnerschaft einige Jahre pseudostabil halten, wenn die Kinder ihr Orientierung geben.
Die notwendige Neuorientierung der Strukturen der Partnerschaft umfaßt beides: das Sein (d. h., es müssen neue Formen des Miteinander-Umgehens gefunden werden) und das Bewußtsein (d. h., es müssen neue Wertorientierungen und Sinnvorgaben für das Zusammen entwickelt werden).
Tapfere Menschen verweigern sich der Resignation. Sie versuchen in Krisensituationen, nekrophile oder nekrophil gewordene Fesseln und Festlegungen der Vergangenheit zu überwinden. Sie bauen sich eine neue, nicht nur dem Schein nach biophile Welt auf. Das heißt: Sie dynamisieren ihre Konstrukte so lange und so erheblich, bis sie sich auf einem neuen, eigenes und fremdes Leben eher mehrenden denn mindernden Niveau stabiliseren.
Tritt an die Stelle der Überwindung die Flucht, der oft trotzige Ausbruch aus der bisherigen emotionalen und sozialen Welt, spricht man vom *»Gauguin-Syndrom«* (H. Schreiber). Einige solcher Fluchtschicksale sind bekannt; so floh

- Paul Gauguin vor Beruf und Eheweib mit 43 Jahren in die Südsee,
- Dr. Manfred Köhnlechner mit 48 Jahren aus seinem gut dotierten Beruf bei Bertelsmann in eine Praxis für Naturheilkunde,
- John DeLorean mit 48 Jahren aus seinem Beruf als Generalmanager bei Chevrolet in einen Job, der Angehörigen von Minoritäten Arbeitsplätze sichern sollte,
- der große Pianist Friedrich Gulda mit 45 Jahren in drei angemietete Zimmer an den Attersee, um mit seiner jugendlichen Freundin »restlos improvisierte, freie Musik« zu machen.

Diese Listung ist beliebig verlängerbar. Allen gemeinsam ist diesen »Aussteigern«, daß sie sich im Angesicht des »Punktes ohne Rückkehr« weigerten, ihr Leben als bloßes Zu-Ende-Leben zu verstehen. Sie erkannten unter dem Anspruch der Krise keinen Sinn in – teilweise – sozial hochakzeptierten Karrieren, die sie um ihr eigenes Leben zu bringen drohten. Sie hatten den Mut, ein neues Leben zu beginnen, einen Sinn, den sie (und nicht andere oder das Schicksal) ihrem Leben gaben, in die Tat umzusetzen. Die Erfahrung der Grenze befreite sie zwar nicht von Grenzen, aber von einer bestimmten, hinter der sie ein erfülltes Leben vermuteten – und das nicht immer zu Unrecht.

3. Die Grenzhaftigkeit

Menschen entwickeln also in ihrer Individualgeschichte ein Verhältnis zu ihren Grenzen. Sie können darunter leiden (wie viele Narzißten oder Borderline-Gestörte). Sie können sie aber auch akzeptieren und als Herausforderung empfinden. Sie können erfolgreich versuchen, die Grenzen zu dehnen, sie neu zu definieren. Horizont bedeutet stets Grenze. Aber Horizonte können sich weiten, wenn es gelingt, einen höheren Standpunkt zu finden. Diese Weitung des Lebenshorizonts ist eine wichtige Aufgabe jedes Menschenlebens, ist wichtige Aufgabe menschlichen Miteinanders.
Damit eine solche Weitung gelingt, müssen allerdings einige Voraussetzungen erfüllt sein:

- Ein Mensch muß sich mit seinen Grenzen versöhnt haben – sie als Teil seiner Persönlichkeit sehen und akzeptieren: »Ich bin ich nur in diesen Grenzen!« – und jeder Mensch hat andere.
- Ein Mensch muß in einer offenen Lebenswelt leben, die es ihm erlaubt, selbst ein anderer zu werden. Nur sie erlaubt jedem in ihr Lebenden ein Anderswerden und ein Anderssein.
- Ein Mensch darf nicht resigniert haben, weder vor der Macht der Institutionen noch vor geschehenem Unrecht, weder vor dem Haß seiner Neider noch vor persönlichen Mißerfolgen, weder vor eigenen noch fremden Grenzen. Er muß bereit sein, statt zu fliehen nicht nur standzuhalten, sondern auch zu kämpfen.

Bedenken wir nun einige der zu Anfang dieses Kapitels genannten Grenzen unter Berücksichtigung der Chance, sie zu weiten. Die Grenzen, die in unserem Erbgut gründen, lassen wir hier außer Betracht, obschon sie keineswegs immer unabwendbares Schicksal sein müssen.

a) Die Grenzen der Entfaltung von Emotionalität und Sozialität

Weitgehend sind wir der, den unsere gelungenen und mißlungenen Interaktionen im Laufe unseres Lebens aus uns gemacht haben. Interaktionen waren die Vorlagen der Entwicklung unseres psychischen und sozialen Lebens – seines Werdens und seines Entfaltens. Vor allem die Interaktionsmuster, die das Helfersyndrom ausmachen, dürften schon im Verlauf der primären Sozialisation gelernt werden. Wird vom Kind eine Person internalisiert, die an einem Helfersyndrom leidet, bestehen gute Chancen, daß es neben den für dieses Symptom typischen Werteinstellungen auch wichtige Interaktionsmuster lernt. So nimmt es nicht wunder, wenn manche Menschen, familiär belastet, Ärzte, Pfarrer, Lehrer werden. Sie lernten, daß Interaktionsangebote, die anderen Hilfe anbieten, wertvoller seien als jene, die um Hilfe bitten, obschon menschliches Leben sich nur optimal entfaltet im Spannungsfeld von Hilfe und Hilflosigkeit. Sie wurden zu Helfern dressiert. Entsprechendes gilt für die Muster

- Richter – Missetäter,
- Lehrer – Schüler,
- Ratender – Ratsuchender,
- Hirt – Schaf,
- Lebenstüchtiger – Lebensuntüchtiger.

Die Beschränkung auf solche Interaktionsangebote, verbunden mit dem (oft unbewußten) Bemühen, Situationen zu erzeugen oder aufzusuchen, in denen solche Angebote willig angenommen werden, verkürzt die interaktionelle Begabung und damit auch die beherrschten Rollen nicht weniger (vgl. Seite 76). Vor allem dominant narzißtisch organisierte Menschen sehen sich in ihrer (scheinbaren) Größe bedroht, wenn sie Hilfe gegen sich gelten lassen (müssen). Oft realisieren sie nicht die nahezu triviale Einsicht, daß es schwer ist, mit einem Menschen menschlich zu leben, der viel gibt und wenig (möglichst gar nichts) nimmt.
Ein Mensch, der sich im Stolz nicht verwiesen weiß auf die Hilfe und die Güte anderer, wird Interaktionen meiden, die den Eindruck

erwecken (könnten), er brauche sie. Für das Hilflossein ist im Selbstkonstrukt kein Ort. Daß damit auch Weltkonstrukt und die Konstrukte über soziale Systeme (wegen deren wechselseitiger dialektischer Bezogenheit) deformiert werden, dürfte offensichtlich sein.
Um menschlich miteinander umgehen zu können, benötigen wir alle die ungeschuldete Güte anderer Menschen, ihr Verzeihen, ihre selbstlose Großmut, ihre Hilfe, die keine Belohnung erwartet. Jeder Mensch, der nicht um sich herum ein menschliches Vakuum erzeugte, der sich nicht in eine Wolke der Unmenschlichkeit zurückzog, weiß um seine elementare Hilfsbedürftigkeit. Sie begegnet uns an unseren Grenzen, vor denen wir selbst uns als ohnmächtig und hilflos wahrnehmen. Ärger aber sind jene Grenzen, die einem Menschen gezogen werden, der seine eigene Hilflosigkeit, sein eigenes Verwiesensein auf fremde Hilfe und fremde Güte, nicht mehr in seiner narzißtischen Gloriole erkennt. Er zieht seine Grenzen eng um sich herum. In seiner Dornröschenexistenz kann er sich wohl fühlen – aber einsam bleibt er hinter seinen Dornenrosen allemal.
Sicherlich ist Dornröschens Schicksal beklagenswert. Noch ärger aber ist das jener Menschen, die in einer Familie aufwuchsen, die sie ausschließlich funktionale, verzwecklichte Interaktionen lehrte. Es sind das Familien vom Typ geschlossene Gesellschaft mit geschlossener Moral.
Funktional nennen wir Interaktionen, die folgendem Muster gehorchen:

A tut B, um C zu erreichen, um D zu realisieren.

C soll dabei ein Zweck sein, der nicht in der Interaktion selbst gründet. *Funktionale* Interaktionen sind also Interaktionen, die einen Zweck erreichen sollen, der der Interaktion selbst äußerlich ist. Beispiele für solche bewußt verzwecklichten Interaktionen mögen sein:

- Der Partner soll (in Realisierung der Kontrollmetapher) dazu gebracht werden, etwas zu tun oder zu lassen. So soll die Interaktion, die auf Abschluß eines Kaufvertrags angelegt ist (das C der

Interaktion), zu einer komplementären Willenserklärung des Vertragspartners führen (also etwa: Angebot – Annahme eines Angebots). Der Kauf selbst ist jedoch der Interaktion äußerlich, obwohl intentional die interaktionellen Handlungen von ihm bestimmt wurden.

- Der Partner soll (in Realisierung der Containermetapher) dazu gebracht werden, Informationen zu geben, zu nehmen, zu verarbeiten.
- Der Partner soll (in Realisierung der Kampfmetapher) bewußt dazu gebracht werden, seine Orientierungen und Werteinstellungen zu meinen Gunsten zu ändern. Daß wir Menschen gar nicht miteinander umgehen können, ohne solche Änderungen *unbewußt* anzustreben, sei nicht geleugnet. Aber hier geht es um bewußte Zwecke.
- Der Partner soll (wiederum in Aktivierung der Kampfmetapher) dazu gebracht werden, seine Wertorientierung oder seine Interaktionsmuster zu ändern.

D bezeichnet das unbewußte Handlungsziel. Jede interaktionelle Aktivität verfolgt immer auch unbewußte Handlungsziele. Oft sind die Handlungszwecke C nichts anderes als in einer konkreten Situation aktivierte Epiphänomene des Unbewußten. Die unbewußten Handlungsziele wiederum sind bestimmt von unbewußten Bedürfnissen, Interessen, Vorstellungen, Erwartungen. D ist also insofern der interaktionellen Handlung äußerlich (exogen), als es nicht unmittelbar in sie einzugehen scheint, nicht unmittelbar identisch ist mit B. Doch gilt es zu bedenken, daß D die interaktionelle Situation und die Interaktionspartner definiert. Beides, Situation und Partner, kommen in konkreter Interaktion nur als Objekte (bzw. als Konstrukte) vor und nicht als ein »an sich«. Insofern diese Objekte Konstrukte des sich in D vorstellenden Selbst sind, ist also D den Interaktionen (betrachtet man sie nun als Objekte oder als »etwas an sich«) endogen.

Personal nennen wir Interaktionen, die folgendem Muster gehorchen:

A tut B, um D zu realisieren.

Personale Interaktionen haben ihren Zweck in sich selbst. Das (meist unbewußte) Ziel der Interagierenden ist die wechselseitige Realisation von D, vor allem der wechselseitige Versuch, Konstrukte zu bewähren. Solche Interaktionen kann man »selbstlos« nennen, insofern sie nicht exogen verzwecklicht sind. Beispiele für solch personale Interaktion mögen sein:

- X hilft Y, ohne Lohn zu erwarten.
- X liebt Y (»Liebe« im Sinne eines erotischen Begegnens).
- X plaudert mit Y, ohne bewußt Signale zu Informationen verarbeiten oder Y beeinflussen zu wollen.
- X spielt mit Y Tennis, nicht um zu siegen oder zu imponieren, sondern weil Tennisspielen beiden Spaß macht.

Nicht wenige konkrete Interaktionen werden *funktional-personal gemischt* sein. Das aber ist nicht unser Problem: Es gibt Menschen, die mit anderen nur noch funktional interagieren können. Personales Interagieren haben sie entweder nie gelernt oder wieder verlernt. Nahezu ausschließlich funktionale Kommunikation realisieren

- Systemagenten.
- Menschen, die der Überzeugung sind, die Zeit sei zu schade »für so etwas«.
- Menschen, die sich von irgendeiner Form des Habens definieren. Sie halten nur solche Interaktionen für wichtig, die Haben sichern oder mehren.

Diese Grenze dürfte die am meisten entmenschlichende aller Grenzen sein: Sie entpersonalisiert beide Partner einer Interaktion. Aber nicht wenige Menschen haben diese Grenzen um sich gezogen. Personale Interaktionen sind – so meinen sie – nicht rational zu vertreten, weil die Größe des Aufwands in keinem sinnvollen Verhältnis zu irgendeinem objektivierbaren Ertrag steht. Das Argument wäre stimmig, wenn es nicht auch nicht-objektivierbare Erträge gäbe – und die gerade es sind, die menschliches Leben (etwa das soziale und emotionale) entfalten.
Die Unfähigkeit zu personalen Interaktionen kann auch Krankheits-

wert haben. Wir sprechen dann von schizoiden (= von anderen abspaltenden) Neurosen. Schizoide Menschen suchen meist von Jugend auf wenig engen Kontakt zu anderen. Kommt es (nicht sehr häufig) zu einer stabilen Partnerbeziehung, geht der Schizoide im Partner unter. Auch in diesem Fall kommt keine personale Beziehung zustande. Von anderen werden Schizoide meist als kalt und gefühlsarm empfunden. Sie kompensieren ihre Schwäche nicht selten durch Leistungs- und/oder Verstandesorientierung. Einige Schizoide entwikkeln eine reiche Phantasie, die sie bis zur Realitätsablösung führen kann. Ursache schizoider Störungen sind Fehler der mütterlichen Zuwendung vor allem im ersten Lebensjahr. Das Kind erhält entweder zu viele (nicht verarbeitbare) oder zu wenige emotionale Signale. Das Selbstkonstrukt ist nahezu frei vom Emotionen. Sie gehören nicht zur Selbstdefinition des schizoid gestörten Menschen.
Um menschlich miteinander umzugehen, ist es wichtig, die Grenzen des anderen zu kennen. Nicht immer sind sie zu dehnen. Dann müssen sie akzeptiert werden. Ein Mensch, der zu stabilen personalen Interaktionen unfähig ist, muß in diesen seinen Grenzen akzeptiert werden. Sie können allenfalls im Verlauf einer gelingenden Psychotherapie gesprengt werden. Andererseits können Menschen prophylaktisch oder auch frühtherapeutisch etwas gegen ihre Neigung tun, die Interaktionen mit anderen zu verzwecklichen. Die bewußte Kultur der sozialen Erlebnisfähigkeit kann dabei sehr hilfreich sein.

b) Die Grenzen, die uns unser Körper vorgibt

Das Verhältnis eines Menschen zu seinem Körper kann Ausweis seiner psychischen Gesundheit sein. Versuchen wir das Verhältnis jedoch in Worte zu fassen, greift unsere Sprache immer zu kurz. Beides ist falsch: »Ich *bin* mein Körper!« und »Ich *habe* meinen Körper!« Die Wahrheit liegt irgendwo in unergründlicher Mitte.
Auch unser Körper gibt uns Grenzen vor. Gemeint sind hier nicht die Grenzen, die allen Menschen auf Grund ihrer Körperlichkeit gemeinsam sind (wie etwa nicht fliegen können, erkranken können, nicht an zwei Orten zugleich sein können), gemeint sind vielmehr jene Grenzen, die einem Menschen als diesem zu eigen sind oder sein können.

Hier sind etwa zu nennen:

- Ich bin nicht schwindelfrei – also kann ich nicht das Matterhorn besteigen.
- Ich bin nicht sehr kräftig – also werde ich mich nicht prügeln.
- Ich bin geräuschempfindlich – also werde ich billige Hotels meiden.
- Ich bin handwerklich nicht geschickt – also werde ich kein guter Handwerker werden können.
- Ich reagiere verlangsamt – also werde ich nie gut Tischtennis spielen.
- Mein IQ ist mittelmäßig – also werde ich vermutlich keine geistig anspruchsvolle Tätigkeit ausüben oder »schwere« Bücher mit Gewinn lesen können.
- Ich lerne schlecht Sprachen – also wird sich meine Kenntnis über fremde Länder kaum über Touristenniveau erheben.
- Ich bin ängstlich – also werde ich wenig Zivilcourage zeigen.
- Ich habe einen Herzfehler – also fallen viele Sportarten für mich aus.
- Ich bin unmusikalisch – also werde ich die Schönheit von Musik nie recht erleben können.
- Ich bin im vegetativen Ungleichgewicht – und also werde ich nie ein geduldiger, einfühlsamer Zuhörer sein können.

Diese Liste läßt sich nahezu beliebig verlängern. Es ist wichtig für den Aufbau jedes realistischen Selbstkonstrukts, die Grenzen der eigenen körperlichen Leistungsfähigkeit zu kennen. Nicht wenige Menschen sind mit ihren eigenen Grenzen unversöhnt. Sie testen sie nicht nur gelegentlich – wie viele –, sondern sie verleugnen sie, wollen sie nicht wahrhaben. Sie unternehmen »Expeditionen«, um ihre Grenzen nicht akzeptieren zu müssen. Typisch ist etwa die Ansicht nicht weniger alternder Männer, sie seien jungen Männern (etwa beim Joggen oder beim Sex) körperlich wenigstens gleichwertig.
Gelingende Akzeptation der eigenen körperlichen Grenzen bedeutet nicht, daß man, je nach Art der Grenze, nicht versuchen sollte, sie zu erweitern. Durch ein ärztlich begleitetes Training können viele Menschen wenigstens zu einem positiven Körpergefühl kommen, das für sinnvolle und gelingende personale Interaktionen schwer verzichtbar ist. Nur wenn wir Menschen uns körperlich und sozial wohl befinden,

werden wir unfragmentiert wir selbst sein können, realisieren wir uns in unserer psychisch-sozial-somatischen Einheit. Die Fähigkeit, die Wahrnehmung körperlichen und sozialen Wohlbefindens zu reproduzieren, ist eine wichtige Voraussetzung für die Fähigkeit, auch interaktionell der zu sein, der man ist. Die Blockaden, die sich auch einer gelingenden Interaktion bei körperlichem (aber auch sozialem und psychischem) Unwohlsein entgegenstellen, sollten nicht verkannt werden: Ein Mensch, der sich unwohl fühlt, hat aus seiner psycho-somatisch-sozialen Einheit einen Bereich abgespalten, der ihn in eine Form der Uneigentlichkeit bringt.
Das soll nun wiederum nicht heißen, daß Menschen, die sich auf Grund eines psychischen, physischen oder sozialen Leidens dauerhaft nicht wohl fühlen, nicht in der Lage seien, in dem durch das Unwohlsein gezogenen Horizont ein interaktionelles Selbst aufzubauen, das durchaus zu gelingender Interaktion führen kann. Mir sind nicht wenige Menschen bekannt, die gerade durch die Integration eines schweren Leidens, das sie zu andauerndem Unwohlsein verurteilte, in besonderer Weise die Begabung zu personaler Interaktion entwikkelten. Sie machten die Fragmentierung rückgängig, vermieden sie gar, indem sie ihre Grenzen anerkannten und akzeptierten. Manche aber zogen sich auch in die Einsamkeit der Resignation zurück.

c) Institutionen und Grenzen der Freiheit

Daß personale Freiheit für ein gelingendes personales Leben und damit auch für menschliches Miteinander-Umgehen unverzichtbar ist, scheint erst eine Einsicht des 20. Jahrhunderts zu sein. Schauen wir uns doch einmal in der »Geschichte der Freiheit« ein wenig um. Umschau ist um so nötiger, als in den letzten Jahrzehnten mit dem Wort »Freiheit« arger Mißbrauch getrieben wurde und noch wird. Es ist/war nicht nur das Lieblingswort der Nazis, des Präsidenten George Bush oder des Bundeskanzlers Helmut Kohl, sondern auch der Prestigepresse. Man sollte aber schon wissen, was man meint, wenn man von Freiheit spricht. Zudem verspricht die Geschichte des Freiheitsverstehens ein Ausflug in das Werden des europäischen Menschenbildes zu werden.
Die attische Philosophie unterschied zwar zwischen freiwillig-absichtlich (*hekón*) und unfreiwillig-unabsichtlich (*ákon*), doch war damit

nicht das gemeint, was wir heute unter Freiheit verstehen. Selbst das, was die meisten Übersetzer als »Freiheit« (*eleuthería*) zur Sprache bringen, war nichts anderes als die Bezeichnung für »Bürger einer Pólis sein«. Erst seit *Sokrates* (und in seiner Folge bei *Platon* und *Aristoteles*) beginnt ein eher subjektives Verstehen von Freiheit. Freiheit sei die Realisierung des Vortrefflichen in der Politik und im theoretischen Lebenskonzept. Das setzt schon eine ethisch verantwortete Wahl voraus – oder doch eine Bestimmung dessen, was denn das »Vortreffliche« sei.

Die Schule der Kyniker, der praktischen Philosophie des Sokrates verpflichtet, orientierte Freiheit an der Bedürfnislosigkeit. Sie kamen damit einem auch heute noch gelegentlichen Verstehen von Freiheit nahe. *Diogenes von Sinope* bestimmte um 330 v. Chr. die »innere Freiheit«, die ihm, wie allen Kynikern, allein wichtig war, als radikale Unabhängigkeit von inneren (durch Bedürfnisse und Leidenschaften bestimmten) wie äußeren (durch Gewalt bestimmten) Zwängen. Seitdem ist die Grenzhaftigkeit von Freiheit in der Antike geistiger Allgemeinbesitz. Selbst *Epikur* war der Ansicht, daß Freiheit zwar das durchhaltende Dasein größtmöglicher Lust bedeute, aber doch unter der Begrenzung der Selbstgenügsamkeit.

Die christliche Philosophie und Theologie fand erst spät zu einem heute noch verständlichen Gedanken über Freiheit. Sie wurde zumeist als Teilhabe an der Freiheit Gottes verstanden oder doch auf diese hingeordnet. Reste dieses Freiheitsverstehens finden wir selbst noch bei *Erasmus von Rotterdam*, der bestimmte: *»Unter Freiheit verstehen wir die Kraft des menschlichen Willens, durch die sich ein Mensch das aneignen kann, was zum ewigen Heil führt oder das, was von ihm wegführt«*, wennschon diese Bestimmung wenigstens – erstmals – den Aspekt der Alternative einschließt. Die Ablösung von theologischen Konzepten versuchte – mit Folgen – vermutlich erstmals gegen Ende des 16. Jahrhunderts der Jesuit *Luis de Molina*, mit dessen Theorie wir uns noch später beschäftigen wollen. Verlassen wir damit die Geschichte.

Daß personale Freiheit sehr wohl von der von Sozialgebilden (wir werden hier von systemischer Freiheit sprechen) zu unterscheiden ist, dürfte unmittelbar einsichtig sein, denn Freiheit bedeutet etwas anderes, wenn ich von einem »freien Menschen«, von einem »freien Staat« oder von »freier Marktwirtschaft« spreche. Daß aber personale Freiheit eine Folge menschlicher Grenzhaftigkeit ist, mag manchem schwer einleuchten, scheint das Wort doch eher das Gegenteil auszusagen. Die Grenzhaftigkeit als Möglichkeit von Freiheit wird jedoch offensichtlich, wenn wir die notwendigen Bedingungen auflisten, die erfüllt sein müssen, damit wir sagen können: »Ein Mensch handelt frei!« Wir nennen hier vier solcher Bedingungen, wohl wissend, daß sie möglicherweise dem nicht gerecht werden können, was dem Existenzial (das ist ein Merkmal, unser dessen Anspruch erfülltes Menschsein erst möglich wird) »Freiheit« entspricht. Es könnte sein, daß noch weitere Bedingungen realisiert werden müssen, damit ein Mensch frei sein kann. Die vier Bedingungen sind:

1. Innere und/oder äußere Zwänge dürfen einen Menschen nicht hindern. Freiheit setzt Kontingenz voraus. Erzwingen Zwänge Handlungen oder Unterlassungen, geschehen diese nicht aus Freiheit.
2. Freiheit geschieht immer nur in Handlungen. Insoweit muß ein Mensch bereit und fähig sein, zu handeln (und nicht, sich bloß zu verhalten).
3. Freiheit realisiert sich nur in Systemen vom Typ Kommunikationsgemeinschaft. Insoweit muß also ein Mensch fähig und bereit sein, in Kommunikationsgemeinschaften erfolgreich zu interagieren.
4. Freiheit unterscheidet sich von Willkür, insofern sie Willkür begrenzt oder ausschließt.

Bedenken wir die Punkte im einzelnen.

① *Sicher ist eine notwendige Bedingung das Fehlen nötigender innerer und äußerer Zwänge.*

Zu den inneren rechnet man:

- Zwänge, die vom Über-Ich (dem moralischen Gewissen, dem Selbstideal) ausgehen. Dazu können die Zwänge gehören, sekundäre Tugenden wie Fleiß, Gehorsam, Pünktlichkeit, Verläßlichkeit zu üben, aber auch die Zwänge, Erfolg, Anerkennung, Ansehen suchen zu müssen, können dazugezählt werden.

- Zwänge, die von den Internalisierungen von institutionalisierten Sozialgebilden im Verlauf späterer Sozialisationen (etwa in Unternehmen, beim Militär, in Kirchen, Verbänden, Familien und Vereinen) ausgehen. Dazu können etwa gehören die Zwänge, sich anzupassen, Erwartungen nicht zu enttäuschen, Ehrgeiz zu entwickeln, den Wertvorstellungen der Gesellschaft zu entsprechen (etwa die Zehn Gebote des Moses zu beachten, die hierarchische Ordnung zu berücksichtigen, ungerechte Behandlung durch Vorgesetzte zu tolerieren, die Gewähr zu bieten, »jederzeit für die freiheitlich-demokratische Grundordnung im Sinne des GG einzutreten« . . .).

Zu den äußeren gehören:

- Zwänge, die von nichtinternalisierten Sozialgebilden ausgehen. Hierzu mögen etwa zählen die Zwänge, sich an Gesetze und Verordnungen zu halten, für seinen guten Ruf zu sorgen, sich nicht mit dem Staat anzulegen, seine Steuern unverkürzt zu zahlen, ein bestimmtes Verhalten zu zeigen, um politische, soziale, ökonomische Nachteile zu vermeiden (etwa ein statusgerechtes Auto zu fahren, sich statusgerecht zu kleiden, statusgerecht in der Öffentlichkeit aufzutreten, sich von Geld beeindrucken zu lassen). Aber auch soziodynamische Zwänge können von außen nötigen.
- Zwänge, die einzelne Personen auf uns ausüben. Dazu gehören etwa Nötigungen durch den Ehepartner (»Wenn du nicht . . ., dann . . .), durch den Vorgesetzten (»Ich erwarte von Ihnen, daß Sie . . .), durch Freunde (»Wenn du unsere Freundschaft nicht gefährden willst, dann . . .«).

Sicher sind nicht alle diese Zwänge effektiv nötigend (d. h. freies Handeln ausschließend). Aber sie können nötigend sein und so jede Alternative de facto unmöglich machen.
Das Fehlen äußerer Zwänge über das Maß des zum Erhalt des Sozialgebildes Notwendigen hinaus wird oft (vor allem von soziologisch orientierten Positionen) als »politische Freiheit«, »ökonomische

Freiheit« oder »religiöse Freiheit« bezeichnet. Es handelt sich hierbei nicht um die Fähigkeit und Bereitschaft einer Person, ihr Leben selbstverantwortet zu gestalten und so frei zu handeln, sondern um die Eigenschaft eines Sozialgebildes, personale Freiheit nicht unnötig zu behindern. Wir nennen ein soziales Gebildes (Staat, Kirche, Familie, Unternehmen, Wirtschaftsform) genau dann frei, wenn es folgende Bedingungen erfüllt:

a) Es muß strukturell arm sein. Das bedeutet, daß es in seinen Strukturen nicht mehr an Zwängen ausübt, als zum Bestand eines sozialen Gebildes notwendig sind, damit dieses seine legitimen Aufgaben erfüllen kann. Ein Staat etwa, der strukturell ausladender ist als zur Wahrnehmung solcher Funktionen notwendig, ist strukturell unfrei, weil er mehr an Interaktionen regelt und mehr an Orientierung an seinen Werteinstellungen einfordert, als zur Wahrnehmung legitimer Funktionen notwendig ist. Hierher gehören etwa:

   - die Staaten des alten Ostblocks,
   - die katholische Kirche vor dem 2. Vatikanischen Konzil,
   - ein Unternehmen, das de facto seinen leitenden Mitarbeitern keinen Raum zu privater Entfaltung läßt,
   - eine Familie, in der Widerspruch nicht geduldet wird,
   - eine Truppe, die keinen kreativen Ungehorsam zuläßt,
   - jede Form einer Kollusion.

   Strukturelle Freiheit setzt also nicht nur eine strukturelle Selbstbegrenzung des tendenziell ausufernden Sozialgebildes voraus (etwa durch einklagbare Normen, welche die expansive Aktivität des Sozialgebildes hemmt), sondern auch ein tolerantes Norm- und Wertesystem, das es einem »außengeleiteten« Menschen erschwert, durch unkritische Introjektion des Sozialgebildes über eine Art von sekundär erworbener Moral intolerant zu agieren. Dabei ist allerdings zu berücksichtigen, daß eine Toleranz, die gegenüber Intoleranz Toleranz einfordert, sich selbst ad absurdum führt. Die vermittelte Toleranz schließt also reaktive Intoleranz gegen aktive Intoleranz zwingend mit ein.

b) Es muß funktionell arm sein. Das bedeutet, es muß seine Strukturen mit einem möglichst geringen Aufwand an Zwängen durchsetzen. Wir sprechen dann von funktionaler Freiheit. Jedes Sozialgebilde ist in Gefahr, seine strukturell legitimen Funktionen immer repressiver durchzusetzen. Größere Gebilde verwenden dazu vor allem das Instrument der Bürokratie. Diese reglementiert zunehmend mehr, was ein Bürger, ein Gläubiger, ein Mitarbeiter, ein Familienmitglied darf und was nicht. Bürokraten stellen sich als Systemagenten weitgehend unkritisch in den Dienst des von ihnen vertretenen Sozialgebildes und seiner endogenen Zwecke – hier vor allem unter das Gesetz von der Expansion des Gebildes in seine innere Umwelt. Viele »westliche Staaten«, vor allem aber die Bundesrepublik, haben – bei aller struktureller Freiheit – die funktionale Unfreiheit so kultiviert, daß man kaum mehr von einem »freien« Staat sprechen kann. Die Ministerialbürokratie macht nicht einmal halt vor einer schleichenden Beschränkung der grundgesetzlich garantierten Grundrechte, um der von ihr gesteuerten Exekutive das Regieren zu erleichtern.

Es ist nötig, sich über diese systemische Freiheit etwas ausführlicher auszulassen, weil sie von Politikern und den systemhörigen Massenmedien (wegen institutionalisierter Dummheit meist wohl unbewußt) mit personaler Freiheit verwechselt wird. Dabei wird vergessen, daß in einem strukturell freien Staat über innere Zwänge sehr viel mehr personale Freiheit gefährdet werden kann als in einem strukturell unfreien Staat, dessen Bürger sich nicht mit ihm identifizieren. Doch nun zurück zu unserem Thema: der personalen Freiheit.

Daß innere Zwänge personaler Freiheit sehr viel dramatischere und stärker nötigende Grenzen schaffen als äußere, etwa von Sozialgebilden ausgehende, dürfte unstreitig sein.

Nun ist die Minimierung der inneren und äußeren Zwänge, die uns zu sozialkonformem (und das ist nicht dasselbe wie sozialverträgliches) Verhalten veranlassen (wollen), nicht schon personale Freiheit, sondern allenfalls eine Bedingung, die Freiheit ermöglicht.

② *Eine zweite notwendige Bedingung von Freiheit ist die Bereitschaft und Fähigkeit, zu handeln (und nicht etwa, sich nur zu verhalten).*
Handlungen müssen folgenden notwendige Bedingungen gehorchen:

- Handlungen haben ein bewußt angestrebtes Ziel. Das Ziel kann der Handlung exogen sein, wie bei der funktionalen Zweckhandlung; es kann aber auch der Handlung endogen sein, wie bei personaler Kommunikation.
- Handlungen müssen verantwortet werden können, die Handlungsfolgen müssen also plausibel vertreten werden können. Die Verantwortbarkeit setzt keineswegs nur eine die interaktionelle Situation transzendierende Sozialverträglichkeit voraus, sondern auch interaktionellen Sinn.
- Handlungen müssen über den Transfer von Energie (wirkursächlich) und/oder über den Transfer von Signalen (informationsursächlich) irgend etwas in sozialer, physischer Welt verändern. Reines Denken, das nicht zu strukturellen Veränderungen beim Denkenden und damit zu mittelbaren Veränderungen handlungsleitender Einstellungen führt, ist also kein Handeln.
- Handlungen müssen kontingent sein. Wenn vor dem Anspruch eines Problems nur eine einzige Reaktion möglich zu sein scheint, muß alternativlos diese gewählt werden. Das Handeln geschieht dann aus Notwendigkeit. Es ist nicht kontingent. Die Möglichkeit, zwischen Alternativen zu wählen, galt vor allem der frühen Neuzeit schon als Freiheit. Heute wissen wir, daß die Wahl zwischen Alternativen nicht nur jedem Tier eigen ist, sondern allenfalls etwas mit Willkür, kaum aber etwas Unmittelbares mit Freiheit zu tun hat. Weltzustände autonom (und nicht fremdgesteuert) herstellen zu können, ist eine weitere notwendige Bedingung von Handeln.
- Handlungen müssen in D – siehe Seite 258 – (dem eigenen, oft unbewußten Lebensentwurf) gerechtfertigt sein. Diese Bedingung erfüllt zwar vor allem manches Verhalten, doch wäre es denkbar, daß sich ein Mensch, durch äußere Zwänge genötigt, gegen D entscheidet.

③ *Eine dritte notwendige Bedingung für Freiheit ist die objektive Möglichkeit und subjektive Fähigkeit und Bereitschaft, in Kommunikationsgemeinschaften zu interagieren.*

Das individualorientierte Denken verstand Freiheit als abstraktes

Merkmal von Individuen. Es komme ihnen zu, unabhängig von jeder Möglichkeit der Realisation. Das interaktionistische Denken weiß, daß Freiheit keine Eigenschaft von Individuen ist, sondern ein Ereignis, das sich in Kommunikationsgemeinschaften einstellen kann. Frei ist ein Mensch nicht, sondern er wird es, wenn er in strukturell und funktional biophilen Kommunikationsgemeinschaften mit anderen interagiert. Hier erhält er die konkrete Chance, jetzt kann er die subjektive Bereitschaft und Fähigkeit entwickeln, selbstverantwortet sein Leben in solchen Gemeinschaften zu gestalten. Er kann die Strukturen und Funktionen der Gemeinschaft so beeinflussen, daß diese dazu dienen, eigenes und fremdes Leben zu entfalten.

④ *Freies Handeln setzt – in Abgrenzung von Willkürhandeln – voraus, daß Willkür durch ein Prinzip ausgegrenzt wird.*
Sind diese drei (notwendigen und keineswegs hinreichenden) Bedingungen erfüllt, ist nicht schon freies Handeln gewährleistet. Auch »Willkürhandlungen« erfüllen diese Bedingungen. Deshalb dürfte personale Freiheit nur möglich sein, wenn Handeln durch Prinzipien, die Willkür begrenzen, geleitet wird.
Im Zeitalter des Individualismus gab es Philosophen und Theologen, die Freiheit mit Willkür verwechselten. Vor allem der Jesuit *Luis de Molina* gab diesem Freiheitskonzept gegen Ende des 16. Jahrhunderts seinen klassischen Ausdruck: *»Frei ist derjenige, der, nachdem alles zum Handeln (agere) Notwendige vorhanden ist, handeln und nicht handeln kann oder so oder anderes handeln kann.«* Obschon diese merkwürdige Definition im Jesuitenorden bis in die sechziger Jahre unseres Jahrhunderts vertreten wurde, setzten schon bald Versuche ein, Willkürfreiheit durch Prinzipien zu begrenzen. Der erste Versuch stammt meines Wissens von Francisco Suárez (ebenfalls ein Jesuit), der, obschon dem Molinismus verpflichtet, als einschränkendes Prinzip für freies Handeln die Voraussicht (*praevia cognitio*, nicht Berücksichtigung!) der Handlungsfolgen einforderte.

Massive Kritik an diesem Freiheit auf Willkür reduzierenden Verstehen übte *Cornelius Jansen*, der zu Beginn des 17. Jahrhunderts darauf verwies, daß die Definition des Molina jede Tugend als Minderung von Freiheit verstehen müsse. Zudem entferne sie sich von der Umgangssprache, die Freiheit als Eigenschaft einer Handlung und nicht als Fähigkeit des Wollens verstehe. Sie sei also völlig unbrauchbar (unsere zweite und dritte Bedingung für personale Freiheit wurde schon diesem Bedenken gerecht).

Willkür, die es uns gestattet, unter Berufung auf Freiheit das zu tun oder zu lassen, was uns gerade beliebt, ist schon im Allgemeinen Bewußtsein durch die Existenz von Mitmenschen begrenzt. Ein Handeln, das nicht auf deren Bedürfnisse, Interessen, Werteinstellungen und Erwartungen Rücksicht nimmt, das sich also sozialunverträglich organisiert, dürfte kaum mit dem positiv besetzten Wertbegriff »personale Freiheit« bedacht werden. Damit haben wir ein erstes, Willkür begrenzendes Prinzip von Freiheit eingeführt: *»Du handelst frei, wenn du in deinem Handeln die Interessen, Bedürfnisse und Erwartungen deiner Mitmenschen insoweit berücksichtigst, als die Nichtberücksichtigung dir langfristig schaden würde.«*

Dieses Prinzip ist das der *»sozialen Ökonomie«*, das uns auffordert, mit einem Minimum an sozialem Aufwand (etwa durch soziale Strafen) ein Optimum an sozialem Ertrag (etwa durch soziale, ökonomische, politische Belohnung) zu erlangen. Nun stellt sich die Frage: Wird eine solche ökonomische Betrachtung dem gerecht, was Freiheit meint? Müssen nicht weitere Prinzipien erfüllt sein, um von personaler Freiheit zu sprechen? Es wurden und werden vor allem folgende diskutiert:

1. Frei ist der, der den Regeln der Vernunft gemäß handelt oder doch als von der Vernunft vorgegeben plausibel machen kann. So bestimmte *G.W. Leibniz* um 1700: *»Um so mehr Freiheit, je mehr aus Vernunft gehandelt wird, um so mehr Unfreiheit, je mehr aus Leidenschaft gehandelt wird.«* Und *I. Kant* war der Meinung, daß selbst, wenn man Freiheit als Gebrauch von Willkür verstünde, *»doch ihre Gesetze, als reine praktische Vernunftgesetze für die freie Willkür überhaupt, zugleich innere Bestimmungsgründe derselben seien«*.
2. Frei ist der, der sein Handeln und die von ihm verfolgten Zwecke auf Grund vorhergehender Überlegungen über die angestrebten und zugelassenen Folgen seines Handelns in verantworteter Güterabwägung bedenkt.

3. Frei ist der, der in Kommunikationsgemeinschaften seiner Spontaneität folgen kann. Schon *I. Kant* nannte »Freiheit im kosmologischen Verstande« ein Vermögen, einen Zustand, von selbst anzufangen.
4. Frei ist der, der in seinem Handeln sich auf »das (moralisch, ökonomisch, sozial, politisch ...) Gute« ausrichtet.
5. Frei ist der, der die Gesetze der Natur, der Gesellschaft, der Wirtschaft beherrscht und sie nach seinem Willen gebrauchen kann (so etwa vorbereitet von *G.W.F. Hegel* und *K. Marx*).
6. Frei ist der, der sich selbst will. So schreibt *H. Lotze*: Freiheit ist die *»Billigung oder Mißbilligung, mit welcher der ganze Mensch sich selbst will oder nicht will, sich selbst annimmt oder verwirft«.*
7. Freiheit ist gleichbedeutend mit menschlicher Existenz. So schreibt *M. Heidegger* in »Sein und Zeit« über Freiheit: Sie sei eine *»leidenschaftliche, von den Illusionen des Man gelöste, faktische, ihrer selbst gewisse und sich ängstigende Freiheit zum Tode«*. Auch für *J.-P. Sartre* liegt Freiheit der menschlichen Existenz, diese begründend voraus. Er notiert in »Das Sein und das Nichts«: *»Die fundamentale Wahl, in der ich über mein Sein entscheide, geht allen Willensakten voraus. Sie ist eins mit dem Bewußtsein, das ich von mir selbst habe.«*

Ich unterscheide Willkür von Freiheit, insofern Handeln unter dem Anspruch von Freiheit voraussetzt,

- daß sich ein Mensch für oder gegen die ethisch reflektierte und verantwortete Wahl eines »höchsten Gutes«, von dem alles menschliche Tun seine sittliche Gutheit (oder Verwerflichkeit) erhält, entschied,
- daß er ernsthaft im interaktionellen Geschehen versucht, seine Wahl zu realisieren.

Wie schon mehrfach erwähnt, entschied ich mich in der Wahl des höchsten ethischen Gutes für die Erhaltung und Mehrung personalen Lebens. In dieser Entscheidung und in der Bereitschaft, sie interaktionell praktisch zu machen, sehe ich den Kern und das Wesen menschlicher Freiheit. Formal könnte man definieren: *»Freiheit ist die*

Fähigkeit und Bereitschaft, interaktionell sein Leben selbstverantwortet vor dem Anspruch eine höchsten ethischen Gutes zu leben.«
Sobald sich diese Freiheit praktisch macht, tritt dieses höchste ethische Gut in Konkurrenz mit psychischen, sozialen, moralischen, ökonomischen und politischen Gütern. Wie in dieser Konkurrenzsituation zu entscheiden ist, kann (sieht man einmal von Grenzsituationen ab) nur das individuell entwickelte sittliche Gewissen ausmachen. Freiheit wird also kaum verwirklicht, wenn ein Mensch sich für die Akzeptation eines höchsten ethischen Gutes entschieden hat, er dieses Gut aber aus seiner Güterabwägung ausschließt. Unfrei ist er aber auch dann, wenn er das konkurrierende Gut ausschließt. Solche Mehrzielentscheidungen können niemals das Optimum eines Gutes realisieren.
Mit diesen vier Bedingungen für die Möglichkeit personal-freien Handelns ist das Freiheitsproblem jedoch keineswegs erschöpft. Vor allem wären noch die Beziehungen zwischen systemischer und personaler Freiheit im einzelnen abzuklären. Seit wir Menschen den tragischen Einfall hatten, uns in institutionalisierten Horden zu organisieren, um funktionale Zwecke leichter zu erreichen (wie die Verteidigung eines Jagdreviers, die Erleichterung der Erlegung größerer Jagdbeute wie Bisons, Höhlenbären oder Mammuts), begrenzten wir Freiheit durch den Anspruch von Institutionen. Eine neue Situation war entstanden. Bedeutete Freiheit bis dahin vermutlich so etwas wie

- das Fehlen nötigender Fremdbestimmtheit (etwa in der Sklaverei)
- oder die mehr oder minder deutliche Forderung, auf die Interessen, Bedürfnisse und Erwartungen seiner Mitmenschen Rücksicht zu nehmen,

muß sie heute im Anspruchsbereich institutionalisierter Sozialgebilde (meist gegen sie) gelebt werden. Menschen, die in die Kritik ausschließenden Fänge von Institutionen geraten, werden in erschreckender Weise unfrei. Wie leicht man in solche kritisches Vermögen lähmende Fänge fallen kann, demonstrierten eindrucksvoll die Versuche *St. Milgrams*. In entsprechende Situationen gebracht, sind auf Grund undurchschauter soziodynamischer Prozesse die weitaus mei-

sten Menschen bereit, (aus meist läppischen Gründen) ihre Mitmenschen nicht nur zu quälen, sondern auch zu töten. Das aber ist das Ende freien Handelns.
Das berühmte Wort *Rosa Luxemburgs: »Freiheit ist immer Freiheit des Andersdenkenden«*, mit der sie das Grundgesetz eines demokratischen Kommunismus formulierte, greift zu kurz. Nicht das Andersdenken begrenzt Freiheit radikal, sondern die bloße Existenz institutionalisierter Sozialgebilde. So verstanden, erhält das Wort Rosa Luxemburgs einen anarchisch-revolutionären Sinn: *»Laßt Eure Freiheit nur von der Freiheit des Andersdenkenden begrenzen und niemals von Institutionen!«*

d) Die Grenzen des Fortschritts

In unserem Bemühen, uns Welt untertan zu machen, schufen wir eine Kulturwelt, die keineswegs immer als Optimierung von Naturwelt verstanden werden kann. Obschon die Schaffung einer menschlichen Bedürfnissen angepaßten Kulturwelt für lange Jahrtausende Menschen half, auf dieser Erde zu überleben, beginnt diese Kulturwelt, mit ihren Folgen das Überleben von Menschen zu bedrohen. Was einmal hilfreich war, wird nun in vielen Ausprägungen gefährlich. Wenn wir diese Gefahren übersehen oder zu spät erkennen, wird menschliches Überleben immer unwahrscheinlicher. Menschliches Miteinander-Umgehen wird nicht nur psychisch und sozial, sondern heute sogar physisch bedroht. Welche Bedrohungen zeichnen sich ab, die wir, da sie sich meist unauffällig eingeschlichen haben, kaum zureichend in ihrer Wichtigkeit wahrnehmen?

1. Die Bedrohung durch *Übervölkerung* der Erde mit wachsender Verelendung vieler Milliarden Menschen, die erst durch die »technischen Errungenschaften« ermöglicht wurde.
2. Die Bedrohung von Erde, Luft und Wasser durch *Verschmutzung* mit den Produkten unserer Kulturwelt (fallen sie nun bei der Produktion, beim Gebrauch oder bei ihrer Entsorgung an).
3. Die Bedrohung durch *Massenvernichtungswaffen*. Solange sie in den Händen populistischer Politiker (wie etwa der Präsidenten der USA oder der Regierungschefs Israels) oder ehrgeiziger Militärs (wie etwa Saddam Husseins) liegen, ist ihr Einsatz niemals ganz

auszuschließen. So haben die USA nach Oktober 1988 für 800 000 Dollar biologische Waffen in den Irak geliefert. So erhielten britische Unternehmen noch nach der Besetzung Kuwaits durch den Irak die behördliche Erlaubnis, Plutonium und andere radioaktive Substanzen sowie Grundstoffe für die Produktion von Giftgas in das okkupierende Land zu liefern.

4. Die »Vernichtung veralteter Waffensysteme« durch Export in Länder der dritten Welt (wie etwa Israel, afrikanische Länder) ist vielleicht nicht ganz so problematisch wie die klassische (durch einen Krieg zwischen den produzierenden Ländern), verwerflich ist sie immerhin. Diese Länder sollten statt ihrer »Investitionen in Sicherheit« die vergeudeten Devisen für sinnvolle Investitionen, Senkung der Steuern, Einfuhr notwendiger Lebensmittel, Subventionierung der Ärmsten verwenden. Der private Waffenhandel sollte (wie der Handel mit verwerflichen Gütern überhaupt) in öffentliche Hände übergehen.
5. Die Waffentechnik sollte auf dem heutigen Stand eingefroren werden. Es geht nicht an, daß für Forschung, Entwicklung, Produktion, Vernichtung von »neuen Waffensystemen« (SDI, »Jäger 90«) große Teile des Sozialprodukts vernichtet werden.
6. Die Bedrohung durch *Inweltverschmutzung* der Menschen der ersten Welt. Einige Aspekte oder Symptome solcher Inweltverschmutzung haben wir bereits kennengelernt:
   - Die Fähigkeit zu kritischem Denken nimmt (unter aktiver Begleitung der Massenmedien) immer weiter ab. Nicht Kritikfähigkeit ist gefragt, sondern Wissen, Erfahrung und das Beherrschen von Techniken. So wußten im April/Mai 1991 von etwas über 100 befragten deutschen Managern nur einer, wer der Kriegsgegner des Irak im 2. Golfkrieg war, obschon alle feste Meinungen zur Sache vertraten. So wußte keiner der Befragten, nach wieviel Reaktorjahren ein GAU wahrscheinlich ist, obschon alle eine positive oder negative Einstellung zur Atomkraft hatten.
   - Das im Raum realisierter Technik legitime funktionale Miteinander-Umgehen verläßt die technischen Räume und beginnt nahezu alle zwischenmenschlichen Beziehungen zu beherrschen. Während 1975 etwa 22 Prozent der Teilnehmer meiner

Kurse in nichttechnischer Situation funktionale (statt personale) Interaktionen bevorzugten, waren es 1990 schon immerhin 61 Prozent.

- Die politische Bildung nimmt zugunsten fachorientierter Spezialbildung ab. Während 1975 weniger als 40 Prozent der befragten Manager der Meinung waren, Politiker strebten in der Regel auch dann nach Mehrung des Gemeinwohls, wenn es zum eigenen politischen Schaden wäre, waren es 1990 mehr als 67 Prozent. Und das im Zeitalter der »Ökonomischen Theorie der Politik« – lange nach den Einsichten *J. Schumpeters* zur Sache.
- *Vorurteile* (als Ausdrucksformen intellektueller Bequemlichkeit auf den Gebieten, in denen man glaubt, sich solche Bequemlichkeit leisten zu können) werden verfestigt. So waren von den erwähnten gut 100 befragten Managern
  - 95 Prozent der Meinung, Sozialismus und Marktwirtschaft seien miteinander unverträglich,
  - 82 Prozent der Meinung, Marktwirtschaft und Demokratie seien aneinander gebunden,
  - 91 Prozent der Meinung, der ehemalige Staatschef Polens, Wojcieck Jaruzelski, sei Kommunist,
  - 93 Prozent der Meinung, es gäbe in der Bundesrepublik keine politischen Strafgefangenen.

7. Die technische Beherrschung von materieller und biologischer Welt entwickelt sich weiter zur Soziotechnik und Psychotechnik. Menschliche Psyche und menschliches Beisammen wird damit technisch manipulierbar. Nicht selten geht das Anfangsbedürfnis meiner Seminarteilnehmer in ebendiese Richtung.

Daß diese Grenzen menschliches Miteinander-Umgehen erheblich erschweren, wenn nicht auf die Dauer unmöglich machen, dürfte einsichtig sein. Es kommt also darauf an, diese Grenzen durchlässiger zu machen. Das bedeutet im einzelnen:

1. Es müssen vor allem in den Drittweltländern Instrumente entwikkelt werden, die die Familien zu einer Familienplanung anleiten, die die Überbevölkerung mindert.
2. Umweltverbrauch muß so lange verteuert werden, bis er zur auch

ökonomisch knappsten (und damit teuersten) Ressource geworden ist. Die ökonomische Entwicklung hat sich an der ökologischen Tragfähigkeit zu orientieren. Eine weitere Zunahme von Schadstoffen in Wasser, Boden und Luft kann nicht toleriert werden.

3. Die Massenvernichtungswaffen aller Länder (auch der USA und der UdSSR) müssen in wenigen Jahren vernichtet werden. Wer in Zukunft solche Waffen baut, weiterentwickelt, lagert, wird von der Völkergemeinschaft geächtet. Die Massenmedien stellen sich in den Dienst der Ächtung.
4. Die Umweltverschmutzung wird vermieden, indem das Edukationssystem vom Kindergarten bis zur Hochschule primäre Tugenden einübt und ihre Realisierung belohnt.
5. Der Waffenexport (auch in »befreundete« Länder) wird vermieden, wenn er unter drakonische Strafen gestellt wird. Da nicht einzusehen ist, warum der Export von Heroin verwerflicher sein sollte als der von Waffen, sind analoge Strafen angemessen. Exportlizenzen gibt es nicht.
6. Ähnliches gilt für Forschung, Entwicklung, Produktion von Waffen. Sie ist vergleichbar mit der Herstellung synthetischer Betäubungsmittel ohne medizinische Indikation.
7. Psychologie und Soziologie verzichten auf die Entwicklung sozio- und psychotechnisch verwertbaren Wissens außerhalb therapeutischer Anwendungsfälle. Die Anwendung nichttrivialer (also auf wissenschaftlichem Wissen beruhender) sozialer und psychologischer Techniken ohne die Zustimmung des durch die Anwendung Beeinflußten wird ein Straftatbestand.

Keiner dieser Vorschläge hat auch nur die geringste Chance, weltweit verwirklicht zu werden. So müssen wir damit rechnen, daß menschliches Leben auf dieser Erde immer unwirtlicher wird. Nun birgt die Erkenntnis einer Gefahr wenigstens im begrenzten Umfang auch die Chance, ihr auszuweichen. Wenn es uns gelingt, diese von unbeherrschter Technik ausgehenden Gefahren ins Allgemeine Bewußtsein zu bringen, wäre schon einiges erreicht.
Solange entsprechende Versuche jedoch ohne Erfolg bleiben, haben wir nur die Chance, wenigstens in den interaktionellen Welten, in

denen wir leben, etwas mehr Menschlichkeit praktisch werden zu lassen. Die Träume großer Entwürfe einer menschlichen Welt sind ausgeträumt. Sie haben in einer zwangsneurotischen Realität ihre Grenze gefunden. Menschen konstruierten sich physische, psychische und soziale Welten, in die sie selbst nicht mehr hineinpassen. Das wäre kein Problem, wenn es noch in ihrer Macht stünde, daran etwas zu ändern. Doch unter dem Schein der Macht, die eine besiegte Naturwelt vermittelte, gelang es nicht, die Aktivitäten der Kulturwelt (bzw. die ihrer Agenten) zu modifizieren. Damit stehen wir zugleich auch vor der folgenreichsten Grenze, die uns gezogen ist. Erst jenseits dieser Grenze erscheint menschliches Leben möglich. Dieses Jenseits aber zu erreichen ist uns unmöglich – es sei denn um den Preis der weitgehenden Vernichtung unserer Kulturwelten.
Sie würden uns aber in ihrem Untergang vermutlich mit sich reißen.

e) Die Grenzen unserer Begabungen

Wir alle stoßen alltäglich auf Grenzen unserer physischen, psychischen, emotionalen, moralischen, religiösen, intellektuellen, musischen und sozialen Begabungen. Die Versöhnung mit den Grenzen dieser Begabungen ist eine wichtige Voraussetzung menschlichen Miteinanders. Wer die Grenzen seiner Begabungen leugnet, gerät in die Gefahr einer manischen Selbstüberschätzung. Doch auch die Selbstunterschätzung ist keineswegs konstruktiv. Selbstüber- wie Selbstunterschätzung gründen zumeist

- in unsicherer Kenntnis der eigenen Begabungen,
- in Unversöhntheit mit den eigenen Grenzen (etwa in Minderwertgefühlen),
- im Bemühen, begabter zu sein als andere (im relativen Ehrgeiz also).

Es kommt darauf an, die eigenen Begabungen in ihren und mit ihren Grenzen zu kennen, um sie im Horizont möglicherweise geweiteter Grenzen – zum eigenen und fremden Nutzen (im Sinne der Biophilie) – zu entwickeln. Es kommt auch darauf an, die eigenen Begabungen in und mit ihren Grenzen zu akzeptieren, um auch die Begabungen anderer Menschen und deren Grenzen nicht nur zu tolerieren, sondern zu akzeptieren. Ein Mensch ohne Grenzen ist ein Phantom. Ein Mensch, der nicht mit andern umgeht in der Realisation eigener und fremder Grenzen, wird leicht ein Unmensch. Im Gegensatz von Selbst-Ideal, das in der Regel nur solche Begabungsgrenzen akzeptiert, die von der kindlichen Umwelt positiv gesehen werden (»Du brauchst kein Mathe zu können, dein Vater konnte auch keine und hat es doch zu was gebracht!«), muß das Selbstkonstrukt auch das Wissen und Akzeptieren eigener Begabungsgrenzen enthalten, wenn es sich interaktionell bewähren soll. Ein Selbstkonstrukt, das in der Nähe des Selbstideals konstruiert wurde, wird sich jeder Bewährung entziehen, weil es in jedem Bewährungsversuch scheitern muß. Ein solches Konstrukt wird Menschen in eine unendlich Einsamkeit führen, in der sie ihr pathogenes Konstrukt kultivieren können.

Wir Menschen können nur als vielfach-begrenzte Menschen sein. Nur im Innen von Grenzen – auch der unserer Begabungen – bietet sich uns Heimat an, denn wir leben in ihnen.

Problematischer noch als ein Mensch, der nicht um seine Begabungsgrenzen weiß, ist eine Menschheit, die die Grenzen ihres Könnens und Nichtkönnens, ihrer Macht und ihrer Ohnmacht nicht erkennt und – wenn sie sie erkennt – nicht akzeptiert. Die Moderne ging in ihrer naiven Fortschrittsgläubigkeit davon aus, daß zwar die Grenzen der Begabung einzelner bald erreicht sind, nicht aber die Grenzen aller. Sie erschienen im Prinzip beliebig dehnbar. Und in der Tat erschlossen sich unserem Erkennen und der technischen Verwertung dieses Erkennens immer wieder neue Welten – und ein Ende ist nicht abzusehen.

Doch im Inneren der kollektiven Vernunft wucherte wie eine Krebsgeschwulst das Ungeheuer *kollektiver Unvernunft*. Und hier wird eine gefährliche Grenze offenbar: Wir können nicht mehr sicher (etwa vor dem Anspruch des Biophiliepostulats oder irgendeines anderen Menschlichkeit sichernden Prinzips) erkennen, wo und wie die Grenze zwischen Vernunft und Unvernunft verläuft. Das bedeutet, daß wir im Bereich technischer Verfügung nicht mehr wissen, was vernünftig und was unvernünftig ist. Sollten wir, bis zum Beweis des Gegenteils, von der Vermutung ausgehen, daß neue Technik den Regeln der Unvernunft gehorcht? Hier stehen wir wieder vor einer Grenze, die wir akzeptieren müssen. Und doch ist solches Akzeptieren Kapitulation und Ausdruck einer selbstgeschaffenen Ohnmacht. Denn selbstgeschaffene Grenzhaftigkeit, die entstand aus dem Versuch, jede Grenze zu sprengen, birgt in sich das Schicksal des Untergangs.

f) Die Grenzen, die uns unser Haben zieht

Wir können alles mögliche haben: materiellen Besitz, Ansehen, Einfluß, Intelligenz, angenehmes Aussehen, heftige Emotionen, verbreitete Interessen ... – doch von allem, was wir haben, können wir, wie schon mehrfach betont, auch *gehabt werden.* So zieht uns also nicht nur unser Nichthaben (etwa Armut, Einfalt, Ohnmacht, Desinteresse), sondern auch unser Haben Grenzen. Nicht alles, was wir haben, macht uns (im Sinne des Biophiliekriteriums) reicher, sondern vieles läßt uns auch verarmen, zieht uns neue Grenzen der Ohnmacht.

Die verbreiteten Formen, unter denen sich diese Ohnmacht präsentiert, sind Habgier und Neid. Offensichtlich ist Habgier (neben dem Geiz) vor allem ein Symptom des Besessenwerdens von materiellem Besitz.

Es ist schon einer der kuriosen Einfälle eines an kapitalistische Werte überangepaßten institutionalisierten Christentums, den Geist des materiellen Habens zu kultivieren. Diese Kultur ist um so merkwürdiger, als auch innerhalb der Kirchen niemand daran zweifelt, daß alles Haben in Gefahr steht, gegen uns auszugehen. Liegt denn da der von manchen Formen der Kirchenkritik geäußerte Verdacht fern, daß die Kirchen nur ihr eigenes Streben nach materiellem Besitz rechtfertigen wollten?

Wenn dieser Verdacht auch heute weniger Nahrung findet, so mag er doch in vielen Jahrhunderten der Vergangenheit berechtigt gewesen sein. Der arme Jesus und die reiche Kirche waren jahrhundertelang ein Skandal. Warum tut sich die Kirche so schwer, die naturrechtliche Rechtfertigung privaten Eigentums abzulehnen und die des persönlichen skeptisch zu betrachten? Immerhin erklärte 1323 Papst Johannes XXII. die Meinung für häretisch, Jesus und die Apostel hätten nicht einmal gemeinsames Eigentum gehabt.

Vor allem die katholische Kirche betont seit einhundert Jahren immer wieder recht undifferenziert eine Art von »Naturrecht« auf materielles Eigentum. Dabei dürfte es sich herumgesprochen haben, daß es keineswegs der »menschlichen Natur« entspricht, mehr zu besitzen, als zur Erhaltung und Entfaltung des eigenen Lebens und des Lebens der Menschen, die von uns abhängig sind, notwendig ist. Naturrechtliche Ansprüche können also allenfalls für solches persönliche (niemals für privates) Eigentum geltend gemacht werden, wenn, solange und in dem Umfang, als persönliches Eigentum notwendig ist zur Erhaltung und Entfaltung personalen Lebens. Daß dazu in einem kapitalistischen Staat auch eine vernünftige Daseinsvorsorge gehört, ist unbestritten. Jedoch kann mir kein Mensch plausibel machen, daß er in der Lage sei, sein Leben und das seiner Familienmitglieder erfolgreicher zu erhalten und zu entfalten, wenn er jährlich statt 150 000 DM 250 000 DM verdiene. Oder eine sinnvolle Daseinsfürsorge fordere ein Vermögen von 1 000 000 DM. Das tritivale Wissen, daß Einkommen und Vermögen eine »Biophiliegrenze« kennen, jenseits derer ein Mehr Leben eher mindert als mehrt, ist in der Lebenspraxis nicht oft realisiert. Sicher werden diese Grenzen bei jedem Menschen anders gezogen sein. Nicht wenige aber sind, jenseits der Grenze der Menschlichkeit lebend, der Habsucht verfallen. Persönliches Eigentum wird nekrophil. Und darauf wird wohl kaum ein naturrechtlicher Anspruch geltend gemacht werden können.

Materielles Haben zieht uns eine relativ enge Grenze, weil sowohl das Haben wie das Nichthaben nekrophil ausgehen können. Biophil kann Haben nur sein, wenn es freiwillig nach oben begrenzt wird. Da es »von Natur« keinen Grenznutzen hat, sondern sich der materielle Nutzen mit dem materiellen Mehr beliebig (wenn auch nicht linear) mehren läßt, muß also eine biophile Nutzendefinition eine Begrenzung nach oben festlegen. Geschieht das nicht, sind alle Menschen, die mehr als das zum Lebenserhalt Notwendige besitzen, gefährdet. Geiz und Habsucht sind die offensichtlichen Symptome einer nicht bewältigten Gefahr. Wenn man sich die Mühe macht, die nicht sehr häufigen Kommunikationsversuche zwischen Habenden und Nichthabenden zu verfolgen, wird sehr bald ein stereotypes Muster deutlich: Die Habenden verteidigen ihr Gehabtes, und die Nichthabenden verlangen von den Habenden ein Teilen. Das gilt nicht nur für individuelle Kommunikationsformen, sondern auch für kollektive. Der »Dialog« zwischen Ländern der ersten und der dritten Welt, der Dialog zwischen Ost und West nach der deutschen Wiedervereinigung sind beredte Zeugen solcher Stereotype, die mit menschlichem Miteinander nichts mehr zu tun haben.

Aber auch andere Formen des Habens dürfen hier, weil uns Grenzen ziehend, nicht vergessen werden. Daß sich ein Mensch (eine Gesellschaft) jenseits der Grenzen befindet, in denen Haben biophil realisiert wird, machen Emotionen wie *Neid* und Mißgunst deutlich. Wenn ich einem anderen Menschen Ansehen, Einfluß, Intelligenz, Bildung, gutes Aussehen neide, ist solches Neiden sicherlich nekrophil. Zwischen Neider und Beneideten kann es kaum menschlich sinnvolle Kommunikation geben. Oft stellt sich der Neid unter den Anspruch des Rechts. Ihm sei Unrecht geschehen, meint mancher Neider.
Da der Neid nicht nur als Quelle der »sozialen Gerechtigkeit« (die ihn beheben soll, um in einem Sozialgebilde Ruhe und Ordnung zu sichern), sondern auch des Wettbewerbs (und damit als konstruktiv für eine Wettbewerbsgesellschaft) gesehen wird, müssen wir uns ein wenig mit dieser Emotion aus dem aggressiven Formenkreis beschäftigen.
Weil Ungleichheiten im Besitz Ursache des Neides zu sein schienen, versuchten schon die Griechen in archaischer Zeit, dem Neid durch die Einführung »sozialer Gerechtigkeit« in der Gestalt der Gleichheit die Grundlagen zu entziehen. Im fünften vorchristlichen Jahrhundert wurde jedoch diese »soziale Gerechtigkeit« wieder abgeschafft, weil Menschen nun einmal nicht in einer Weise gleich sein oder gleich gemacht werden können, so daß der Neid als überwunden gelten könnte. Es ist eines der Rätsel unserer politischen und gewerkschaftlichen Sonntagsredner, die trotz zweieinhalbtausend Jahren entsprechender Erfahrungen wieder von »sozialer Gerechtigkeit« reden, um Gleichmacherei zu rechtfertigen. Mit *Aristoteles* unterscheiden wir drei Formen des Neides:

- Neid als der Schmerz über den eigenen Schaden, der aus fremdem Besitz entstehen könnte. Dieser Neid (so argumentieren *M. Scheler* und *L. Klages*) dürfte stets auf ein mangelndes Selbstwertgefühl zurückzuführen sein. Der Neider täuscht sich, wenn er den Grund des Neides bei dem Beneideten und nicht bei sich selbst sucht. Im Hintergrund steht ein Ohnmachtsgefühl, das eigene Los entscheidend verändern zu können.

- Neid als Quelle von Ehrgeiz und Wettbewerb. Er gönnt dem anderen sein Besitzen, will ihm aber gleichziehen. *A. Smith* war 1776 der Meinung, das Gewinnstreben sei Voraussetzung des wirtschaftlichen Wachstums. Die dadurch erzeugten Ungleichheiten führten zum Neid, die Recht und Ordnung gefährdeten. Es sei eine wichtige Aufgabe der Politik, erworbenes Eigentum vor Neidern zu schützen.
- Neid als Trauer oder Schmerz über fremdes Besitzen. Der Neider strebt nicht einen entsprechenden Besitz an, sondern wünscht, daß der andere seinen Besitz verliere. Der Neider wendet sich gegen den Beneideten, ohne seine eigene Situation durch eigene konstruktive Aktivitäten (sondern allenfalls durch revolutionäre) ändern zu wollen. Der Neid ist nach *K. Marx* die leitende Emotion in der ersten Phase des Kommunismus, in der *»der allgemeine und als Macht sich konstituierende Neid«* herrsche.

Nun sind die erste und dritte Gestalt des Neides unstreitig kontraproduktiv. Sie machen menschliches Miteinander-Umgehen des Neiders mit dem Beneideten (und umgekehrt) nahezu unmöglich. Der Neid schlägt eine tiefere Bresche als der Haß, da er in der Regel nicht eingestanden wird, sondern den kommunikativen Untergrund vergiftet.
Die zweite Gestalt des Neides dagegen wird in unserem »Kulturraum« nicht negativ besetzt, haben doch alle Formen des Wettbewerbs (des sportlichen wie der ökonomischen, des politischen wie sozialen) hier ihre Wurzel. Kontraproduktiv wird aber auch solcher Neid, wenn

- der Neid außerhalb genau begrenzter Interaktionsräume zum handlungsleitenden Motiv wird (die Kampfmetapher also generalisiert wird),
- die von Neid motivierten Handlungen nicht durch Normen (moralische oder juristische) sozialverträglich reguliert werden.

Beides ist nicht selbstverständlich. Ein neidischer Mensch wird bald nahezu alles zum Gegenstand seines Neides machen können. Der Neid wird zwanghaft. Es manifestiert sich etwa

- in der Unfähigkeit, zu verlieren,
- im Zwang, Bester (Erfolgreichster, Anerkanntester, Reichster) sein zu müssen,
- im Zwang, andere klein (zu Verlierern, zu Versagern, zu Ignoranten) zu machen,
- im Zwang, nicht zu behebende Defizite (etwa im Bildungsbereich, im körperlichen Aussehen, im sozialen Ansehen) zu kompensieren. Vergeblichkeitserfahrungen bringen den Neider dazu, Strategien zu ersinnen, sie doch noch durchzusetzen.

4. Zwischen Grenze und Grenzenlosigkeit

Wir Menschen sind wesentlich Wesen der Grenze. Doch wäre es falsch, Menschsein bloß von dem Begrenztsein her zu verstehen. Zwar überwinden wir nicht schon Grenzen, indem wir sie erkennen und anerkennen, doch ist das Versöhntsein mit den eigenen Grenzen schon ein Schritt ins Unbegrenzte der Grenzenlosigkeit. Da unser Selbst-Ideal kein Wissen, geschweige denn eine Akzeptanz unserer Grenzhaftigkeit zuläßt, kann sich die fruchtbare Dialektik im Spannungsfeld von Grenzhaftigkeit und Unbegrenztheit nur im Selbstkonstrukt entfalten.
Was aber meint das »Grenzenlos« menschlicher Existenz? Für einen religiös gläubigen Menschen verdichtet sich dieses Wissen von der Grenzenlosigkeit im Glauben an ein grenzenloses Leben nach dem Tod. Das Umfangenwerden vom Göttlichen vollendet das schon in diesem Leben geglaubte Geborgensein, das schon in diesem Leben erfahrene Umhülltsein vom Göttlichen. Die Erfahrung des vielfachen Begrenztseins tritt in eine dialektische Einheit mit dem Glauben an die Grenzenlosigkeit. Seine Grenzhaftigkeit wird im Horizont von Grenzenlosigkeit erlebt und die der Grenzenlosigkeit immer im Anspruchsbereich konkreter Grenzerfahrung. Er lebt sein Leben in der Spannung zwischen der Grenzhaftigkeit vor dem Tod und einer Grenzenlosigkeit nach dem Tod.
Und sicherlich kann im Erfahren dieser Spannung menschliches Leben gelingen, wenn es sich nicht mit dem individualistischen Ansatz

auf die Frage zurückzieht: »Wie bekomme ich einen gnädigen Gott?«, sondern im Horizont des Interaktionismus fragt: »Wie bekommen wir einen gnädigen Gott?« Diese Frage führt, wenn sie existentiell erfahren und beantwortet wird, mit ziemlicher Sicherheit dazu, daß ein Mensch lernt, mit anderen menschlich umzugehen.
Was aber bedeutet »grenzenlos« für einen Menschen, der nicht religiös gläubig ist? Sicherlich erfährt auch er das Grenzenlose, etwa in der Erfahrung

- eingebettet zu sein in den unendlichen Fluß des Lebens,
- der Liebe, die die Grenzen des Selbst sprengt,
- der Hoffnung, die die Grenzen des Gegenwärtig bis ins Unendliche einer »absoluten Hoffnung«, des unendlichen Voraus, dehnen kann.

Aber kann er das Grenzenlose in eine dialektische Einheit mit der Erfahrung seiner Grenze bringen? Die Erfahrung negativer Grenzenlosigkeit, in der sich das Wissen einstellt, aus der Menge menschlichen Können und Wissens nur einen winzigen Ausschnitt zu beherrschen, dürfte nicht ausreichen, um eine Grenzenlosigkeit jenseits der Grenze in eine dialektische Einheit zu bringen mit dem Diesseits der Grenzhaftigkeit. Doch auch dem nicht religiös Gläubigen Menschen öffnet sich, wie aufgezeigt, das Tor zur Erfahrung positiver Grenzenlosigkeit. Sie erlaubt es, die eigenen Grenzen in eine dialektische Einheit zu führen. Damit werden Erfahrungen der Grenze nicht dauerhaft mit sich allein gelassen. Erfahrungen von Grenze übersteigen sich, wegen ihrer dialektischen Einheit mit Grenzenlosigkeit, wenigstens gelegentlich selbst.

5. Zur Pathologie der Grenzhaftigkeit

Pathologisch können sein sowohl ein Vergessen der Grenzhaftigkeit wie ein Vergessen der Grenzenlosigkeit.

a) Das Vergessen der Grenzhaftigkeit

Wie können wir Menschen, die wir doch alltäglich Grenze erfahren, Grenzhaftigkeit vergessen? Da bieten sich mehrere Möglichkeiten:

- Ein Supranaturalismus, der die Bedeutung des eigenen Lebens in Grenzen leugnet. »Dieses« Leben wird in die Uneigentlichkeit abgeschoben, wird unwichtig, ja, unwirklich vor dem Anspruch »jenes« Lebens. Es gab einmal Zeiten christlicher Verkündigung, die eben dieses lehrten. Unter der Decke eines so entweltlichten Christentums konnte sich mancherlei Unmenschlichkeit einnisten. Der Schein des Jenseits machte blind für das Diesseits. Als wenn die Botschaft Jesu Christen nicht verpflichten würde, das Diesseits menschlich zu gestalten. Ehe man von einem »Leben im Jenseits« spricht, sollte man daher das »Leben im Diesseits« humanisieren. Dieses Anliegen der Religionskritik des 19. Jahrhunderts dürfte heute im Raum »öffentlicher Religiosität« unstreitig erfüllt sein. Das aber schließt nicht aus, daß es noch Menschen gibt, die »dieses« Leben nicht in das Verhältnis einer dialektischen Spannung zu »jenem« setzen, sondern es nur hin auf jenes leben. Daß damit nicht unbedingt die Begabung einhergeht, mit anderen menschlich umzugehen, dürfte einsichtig sein.
- Ein kultivierter Narzißmus, der entweder alle Erfahrung der Grenzhaftigkeit abwehrt oder Situationen vermeidet, die Grenzhaftigkeit erfahrbar machen könnten. Es ist sicher nicht einfach, der vortäuschenden Suggestion des Selbst-Ideals zu entgehen, das – wie gesagt – von keiner Grenze weiß. Es ist das sicherlich eine der erheblichsten Krisen im Menschenleben, wenn diese Illusionen (vor allem im vierten und fünften Lebensjahr) als Schein entlarvt werden. Nicht immer gelingt dieses Entlarven. Dann werden Menschen Erfahrungen der Grenze verdrängen oder sonstwie abwehren. Nicht wenige werden psychisch und/oder sozial krank, weil sie es niemals lernten, das Trugbild des Selbst-Ideals zu relativieren und ein realistisches (d. h. bewährungsfähiges) Selbstkonstrukt aufzubauen.

b) Das Vergessen der Grenzenlosigkeit

Was aber gilt für einen Menschen, der weder im Göttlichen, noch im Leben, weder in der Liebe, noch in der Hoffnung die eigene Grenzhaftigkeit in dialektische Einheit zur Grenzenlosigkeit stellen kann? Nicht selten entartet sie, monopolar aus ihrem dialektischen Zusammen mit Grenzenlosigkeit entlassen, in pathogenen Episoden (wie sie

jeden Menschen einmal überfallen können, wenn es im Leben dunkel wird) und Zuständen (bei denen die Dunkelheit keinem Tag mehr weichen mag).
Die wohl tragischste Form der Grenzhaftigkeit ist die – der absoluten Hoffnung entgegengesetzte – absolute Verzweiflung. Für sie ist unter Umständen nicht einmal mehr die äußerste Hoffnungslosigkeit »selbst die letzte Hoffnung, der Tod, vorhanden« (*S. Kierkegaard*). Sehen wir einmal von dieser existentiellen Grundsituation der offenen oder verborgenen Verzweiflung ab, dann sind alle Formen einer dauerhaften Resignation im Angesicht der Grenzen Ausdruck pathogener Orientierung im Umgang mit Grenzen. Einige seien hier aufgelistet. Schubartig werden folgende Symptome entwickelt:

- Die Resignation manifestiert sich in einem Gefühl des »leeren Lebens«. Die Möglichkeit, soziale Situationen bestimmen zu können, wird nicht mehr wahrgenommen. Personale Werteinstellungen werden immer weiter zurückgenommen (bis hin zur Unfähigkeit, zwischen »gut« und »böse« unterscheiden zu wollen). Nichts lohnt sich mehr. Und das alles ist verbunden mit Gefühlen der Angst vor der Zukunft.
- Die Resignation manifestiert sich in dem Gefühl, vor den Ansprüchen des Lebens versagt zu haben. Die personalen Werteinstellungen der Kindheit werden reaktiviert. Die dominante Emotion ist die der Schuld. Diese Form läßt auch Phasen unwirklichen Optimismus und gesteigerten Antriebs zu.
- Auf Verluste gleich welcher Art wird übermäßig heftig durch Niedergeschlagenheit reagiert. Alles wird möglichst negativ interpretiert. Gefühle der Verbitterung treten in den Vordergrund. Nicht selten begleiten sie soziale Absonderung.

An dieser Stelle erscheint es angebracht, etwas über Interaktionen mit psychisch kranken Menschen zu sagen. Da die Fähigkeit menschlichen Miteinander-Umgehens sich in diesen Situationen in besonderer Weise bewähren muß, können hier gelingende Interaktionen einen Maßstab für das Maß gelungener Menschlichkeit liefern. Wir bezeichnen einen Menschen als psychisch krank, wenn er seine Konstrukte dauerhaft so organisierte, daß er in seinem Handeln fremdes und eigenes personales Leben regelmäßig eher mindert denn mehrt. Vor allem das emotionale und soziale Leben ist betroffen. Alle Fehlorganisationen der Konstrukte lassen sich deuten als Fehlorganisationen im Horizont unseres anthropologischen Pentagramms. In jedem Fall wird dem Interaktionspartner ein hohes Maß an Einfühlung, Geduld und Mut abverlangt, kommt es doch darauf an, daß der Partner, der sich außerhalb der Norm stabilisierte, sich zum einen interaktionell voll akzeptiert findet, zum anderen jedoch seine Konstrukte im interaktionellen Geschehen labilisiert – und nicht etwa stabilisiert – werden.

Im Umgang mit psychisch kranken Menschen werden menschliche Begabungen und die Grenzen objektiv getestet. Ich kenne Personen, die für sich in Anspruch nehmen, hohen sittlichen Idealen zu folgen, sich jedoch der Kommunikation mit psychisch Kranken verweigerten. So kann man sich über sich selbst täuschen!

Aber auch viele Menschen, die ihre Grenzen – auch ihre moralischen und sittlichen – erkennen und akzeptieren, reagieren in solchen Situationen falsch (d. h. personales Leben eher mindernd denn mehrend). Muster solcher Fehlreaktionen sind:

① *Angst vor dem Partner*

Nicht wenige Menschen haben besonders vor Wahnkranken merkwürdige Ängste (bis hin zu der, das eigene Leben sei bedroht). Sie beschränken sich deshalb auf möglichst kurze, von Formeln und Floskeln bestimmte kommunikative Begegnungen. Selbst wenn sie darum wissen, daß ihre Ängste unbegründet sind (Wahnkranke Menschen neigen nicht häufiger zu Gewalttaten als Nichtwahnkranke), bleibt ihre Angst. Es ist die Angst vor der Widervernunft des Wahns im Innen der eigenen Vernunft, die Angst vor der Vorstellung, daß wahnkrankes Weltausweichen auch eine der eigenen Möglichkeiten ist. Nicht wenige wahnkranke Menschen haben ein sehr gutes Gefühl, ob jemand ihnen gut will oder nicht. Da hilft nicht mehr das wohltrainierte Theaterspielen, das sich manche Menschen angewöhnt haben, um mit unliebsamen sozialen Situationen durch Rituale fertig zu werden. Hier zeigt ein Mensch, wer er ist.

Der Wahn ist nichts anderes als ein dauerhaft erheblich vom Standard abweichender Aufbau der Konstrukte. Auch der Wahnkranke will sich interaktionell bestätigen. Wenn seine Interaktionsangebote regelmäßig scheitern, verzichtet er bald auf jeden Bestätigungsversuch und kapselt sich in seine Wahnwelt ein. Biophil wäre es, seine Interaktionsangebote so aufzunehmen, daß sich der Kranke darin akzeptiert sieht. Zugleich aber gilt es, seine Konstrukte zu dynamisieren, damit sie sich nicht weiter festigen (wie es der Fall ist, wenn sich der Kranke nicht menschlich akzeptiert fühlt oder man versucht, ihm seine »Wahnvorstellungen« auszureden).

② *Unverständnis des Partners*
Vor allem depressiven Menschen begegnet, oft nach anfänglichem scheinbaren Verstehen, völliges Unverständnis. Weil wir alle gelegentlich traurig sind, interpretieren wir die Depression als Trauer – und versuchen zu trösten. Sobald aber feststeht, daß sich der kranke Mensch nicht trösten lassen will, da er eben nicht trauert (das muß er mitunter erst im Verlauf einer Therapie lernen), kommt es zu Kommunikationsstörungen. Der Ermutigung und Trost Anbietende ist enttäuscht. Solche Enttäuschungen sind vor allem bei Menschen eher die Regel, die sich als Helfer verstehen und die eigene Hilflosigkeit nicht akzeptieren können/wollen. Hier erfahren sie dann selbst Hilflosigkeit.
Mir ist der Fall einer depressiven Studentin bekannt. Ihre Umwelt versuchte sie mit Redensarten aus der Platitüdenkiste der Helfer zu »trösten«: »Du bist doch noch jung, es kommen auch noch schöne Tage in deinem Leben!« – »Das geht vorüber, hab nur etwas Geduld!« – »Du hast doch keinen Grund, traurig zu sein. Vielen Menschen geht es noch viel schlechter!« Der jungen Frau blieb nach eigener Sicht der Dinge nur die Flucht vor ihren Tröstern. Es war die Flucht in den Tod. Dazu kann es kommen, wenn ein Kommunikationspartner letztlich nur sich selbst zu verwirklichen versucht. Es müht sich um seinen persönlichen Erfolg, statt mitzuleiden. Das ungefragte Ratgeben ist eine der übelsten Formen der Arroganz: Der Ratgeber bildet sich ein, besser um die psychische und soziale Situation des Hilflosen informiert zu sein als dieser selbst.

③ *Die Ungeduld des Partners*
Vermeintlich triftige Gründe der Ungeduld gibt es viele.

- Ungeduldig werden viele Menschen, wenn sie Interaktionspartnern begegnen, die am »Klammeräffchensyndrom« leiden, die sich also an andere anklammern und nicht bereit sind, sie wieder loszulassen. Störungen in der Selbstbildung (sie brauchen ein Übermaß an Rückspiegelung, um herauszufinden, wer sie sind) und/oder in der Ichbildung (sie entwickelten keine realitätsgerechten Strategien, um dauerhaft in sozialer Umwelt wichtige Erhaltungs- und Entfaltungsbedürfnisse zu befriedigen) sind oft der Grund für dieses Verhalten. Da sie meist nicht bereit sind, ihre Bedürfnisse gegen die anderer abzugleichen, überfordern sie die Geduld vieler Partner.
- Ungeduldig werden viele Menschen, wenn sie Interaktionspartnern begegnen, die am »Autobiographiesyndrom« leiden. Es gibt Menschen mit dem stark ausgeprägten narzißtischen Bedürfnis autobiographischer Selbstdarstellung. Sie reden nahezu ohne Unterlaß über sich, ihre Großtaten, ihre Erlebnisse, ihren Nachwuchs, ihre Krankheiten, was sie sich alles leisten können usw., usw. Sie sind für sich selbst das Interessanteste, was man sich denken kann. Unbewußt gehen sie davon aus, daß andere Menschen auch dieser Überzeugung sind oder doch sein sollten. Meistens überdecken solche Autobiographen aber nur irgendwelche Mindergefühle (Minderanerkennungs-, Minderleistungs-, Minderwertgefühle).
- Ungeduldig werden viele Menschen, wenn sie Interaktionspartnern begegnen, die am »Unfehlbarkeitssyndrom« leiden. Es gibt Menschen, die dazu neigen, nicht nur alles zu wissen, sondern auch alles besser zu wissen. Sie realisieren permanent die Kampfmetapher. Nahezu alles, was andere sagen, muß ergänzt, oft gar korrigiert werden. Sie können nicht damit leben, daß andere Menschen ihr Recht auf unkorrigierten Irrtum realiseren. Sicherlich hat der Volksmund nicht ganz unrecht, wenn er gehäuft Lehrer unter diesen Unfehlbaren vermutet. Aber es gibt sie auch anderswo. Vor allem tatsächliche oder selbsternannte Fachleute neigen dazu, den tatsächlichen oder vermeintlichen Nichtfachmann nahezu zwanghaft belehren zu müssen. In den meisten Fällen kann man davon ausgehen, daß gestörtes Wertempfinden sich mit einem mehr oder minder ausgeprägten Helfersyndrom legiert.
- Ungeduldig werden viele Menschen, wenn sie Interaktionspart-

nern begegnen, die am »α-Syndrom« leiden. Es gibt Menschen, die ohne Ende reden. Meist sind es Menschen, die unbewußt ihren sozialen Status testen wollen. Gilt doch die Regel, daß in einer Gruppe der die α-Position besetzt, der am längsten ungestraft reden kann. Solche α-Tester finden sich sowohl auf den Vorstands etagen mancher Unternehmen als auch in manchen Partnerschaften. Auch hier dürfte ein instabiles Selbstwertgefühl das Syndrom erzeugen.

- Ungeduldig werden viele Menschen, wenn sie Interaktionspartnern begegnen, die am »Reinkriechersyndrom« leiden. Es gibt Menschen, die ein gestörtes Verhältnis zum Distanzverhalten haben. Sie können anderen vor allem dann beschwerlich fallen, wenn sie die Gesprächsdistanzen kleiner halten als nach soziokulturellem Standard üblich. Sie drängen ihre Partner beim Spaziergang in den Straßengraben. Sie nähern sich, möglichst frontal, auf Blickdistanz von weniger als 80 Zentimetern ihren Mitmenschen. Gestörtes Distanzverhalten kann (muß nicht) Anzeichen einer ernsthaften psychischen Störung sein. So ist bei nicht wenigen an einer Krankheit aus dem Formenkreis der Schizophrenie Erkrankten das Distanzverhalten gestört. Es gibt jedoch auch ansonsten »gesunde« Reinkriecher.

Vermutlich ist die Ungeduld, das vermeintliche Keine-Zeit-Haben, der Grund, daß viele kommunikative Situationen bestimmt sind durch das unverantwortete Geschwätz (Es bleibt keine Zeit, das Gerede auf seine sittliche Qualität zu prüfen!) oder die Ungeduld (Es bleibt keine Zeit, den anderen Menschen ernst zu nehmen!) eines oder beider Partner.

Daß alles Vergessen der eigenen Grenzenlosigkeit zu schweren Kommunikationsstörungen führen kann, wird einsichtig sein. Angst, Unverständnis und Ungeduld sind wichtige Gründe unmenschlichen Miteinanders. Sie zu überwinden und abzubauen ist wichtige Aufgabe jeder gelingenden Kommunikation.

Ein Wort zum Schluß

26 Jahre bin ich nun schon als Hochschullehrer tätig. Seit mehr als 20 Jahren versuche ich als Psychotherapeut, kranken Menschen zu helfen. Mehr als 18 Jahre vermittle ich Managern Formen menschlicher Kommunikation. Die Erfahrungen aus diesen drei Bereichen haben mein Menschenbild geprägt. Diesem Menschenbild entsprechen meine beruflichen (und privaten) Aktivitäten. Meine Hörer und Patienten, aber auch viele hundert Manager haben es sich, ohne daß es sich ausdrücklich machte, angeeignet. Mit diesem Buch versuche ich, es zur Sprache zu bringen und verständlich zu machen. Da die aus diesem Menschenbild geführte Praxis sich immer wieder bewährte – und das seit Jahrzehnten –, wurde es jetzt Zeit, es zum Gegenstand eines öffentlichen Diskurses zu machen.
Es wird dem Leser mit Sicherheit die Chance bieten, sein eigenes Menschenbild – sei es dem hier vorgestellten ähnlich oder nicht – zu bedenken und im Bedenken zu verantworten.

Personen- und Sachregister

Weitere ECON-Bücher von Rupert Lay

Die Macht der Moral

280 Seiten, gebunden, mit Schutzumschlag

Umweltskandale, Korruption, Waffenschiebereien, Selbstbedienung – das Bild der Wirtschaft hat in der Öffentlichkeit einige schwarze Flecken bekommen.
Rupert Lay stellt hier eine umfassende Gesellschaftstheorie vor. Er fordert die Offene Moral, die unbedingt mit einer offenen Kommunikation einhergehen muß.

Kommunikation für Manager

216 Seiten, gebunden, mit Schutzumschlag

Der Erfolg jeden Unternehmens hängt entscheidend von einem gut funktionierenden Corporate Behaviour ab. Die Kenntnis optimaler Kommunikationstechniken ist eine unerläßliche Voraussetzung dafür, gewinnbringende Problemlösungen zu erreichen.

Ethik für Manager

256 Seiten, gebunden, mit Schutzumschlag

Der Manager von morgen wird nur mit Hilfe einer qualitativen Expansion den Konkurrenzkampf bestehen können. Ethik ist eine wirtschaftliche Herausforderung, die sich in jedem Unternehmen stellt, denn die Zukunft verlangt ein neues Denken.

Philosophie für Manager

224 Seiten, gebunden, mit Schutzumschlag

Philosophie hilft, in Situationen des allgemeinen Bewußtseins gegründete Zustände und Trends zu erkennen und zu nutzten. Rupert Lay möchte Manager den Weg ins Philosophieren erleichtern beziehungsweise erst möglich machen. Es ist ein wichtiger Beitrag zur Reformierung etablierter Managementmethoden.

ECON Verlag · Postfach 30 03 21 · 4000 Düsseldorf 30